최팀장의
보도자료 전략

홍보 주니어를 위한 현장 멘토링

이팀장의 보도자료 전략

지은이 • 이상헌

홍보 주니어를 위한 현장 멘토링

Prologue

홍보담당자, 특히 홍보 주니어라면 누구라도 '말을 잘하고 싶다'는 공통된 로망이 있다. 그렇다면 말을 잘한다는 것은 어떤 의미일까? 화자와 청자, 각 개인의 상황과 환경에 따라 차이가 있겠지만 말을 듣는 사람의 기분을 좋게 하면서 자신의 뜻을 전달하는 것이라 본다.

홍보담당자들은 거기에 더해 '글을 잘 쓰고 싶다'는 소망 또한 가지고 있다. 글을 잘 쓴다는 것 역시 읽는 사람의 마음을 움직여 자신의 의중을 관철시키는 것이다. 결국 글을 잘 쓰는 것과 말을 잘하는 것은 같은 목적을 가지고 있다고 할 수 있다.

신身・언言・서書・판判. 중국 당나라 때 관리를 선발하는 시험에서 인재를 평가하던 기준이다. 우선순위가 달라질 수는 있겠지만 21세기에도 여전히 유효한 조건이다. 동서고금을 막론하고 4가지 기준을 모두 충족한 인재가 환영을 받는 것은 당연한 일이다. 하지만 그런 인재를 찾는 일이 어디 쉬운 일이겠는가?

기업에는 4가지 기준을 모두 갖춘 사람들만 있는 것이 아니다. 직장에는 풍모가 좋거나, 말을 잘하거나, 글을 잘 쓰거나, 판단력이 좋은 사람들이 다양하게 모여 있다. 풍모를 비롯해서 말을 잘하거나, 혹은 글을 잘 쓰거나 판단이 뛰어난 사람에게 유리한 업무들이 있지만 그러한 능력들은 특히, 홍보 업무에 필요한 능력이라는 생각을 한다.

위에서 언급한 네가지 기준 중 '언言'은 말하기와 비슷하고, '서書'는 글쓰기와 가까워 상호보완적인 관계다.

이 책에서는 비즈니스 글쓰기 중에서도 홍보 분야의 영역 특히, 보도자료에 초점을 맞춰 다루고 있다. 위에서 말했던 '서書'에 해당하는 보도자료를 어떻게 쓸 것인지에 대해서 알아본다.

보도자료는 기자들에게 '우리 회사가 최고입니다'라고 알리는 글이다. 따라서 바쁘게 움직이는 기자들이 단번에 이해할 수 있을 정도로 쉽고 명쾌하게 의미를 전달해야 한다.

사실 보도자료는 주제도 다양하고, 홍보담당자는 물론 받아보는 기자들도 다양하다. 보도자료를 잘 쓰는 법을 제안하는 글을 쓰면서 필자 역시 '과연 가능한 작업일까?' 하는 생각을 했던 이유이다.

보도자료를 받아보는 고객은 기자들이다. 바쁜 기자들이 제목만 보고도 '기사로 써야겠다'는 생각이 들도록 만들고, 최단 시간에 기사로 작성할 수 있도록 보도자료를 작성해야 한다. 필자는 그 Tip이 있다고 생각한다.

화려한 글솜씨까지 필요하지는 않지만 5W1H(언제, 어디서, 누가, 무엇을, 어떻게, 왜)로 알리고자 하는 내용을 간결하고 명확하게 기술해야 한다.

홍보 주니어들이 경험까지는 할 수 없더라도 이론적인 무장이라도 미리 할 수 있도록 돕고 싶었다. 막연한 환상이 아닌 실제 긴박하게 돌아가는 홍보맨의 전부를 가감없이 소개하고 싶었다.

사실 예전처럼 팀에서 홍보 주니어를 도제식으로 가르치기에는 세상이 너무 바쁘게 돌아가고 기업 내외의 경영 환경도 치열하다. 홍보 주니어들이 홍보 현장에서 깨지고 부딪치며 시행착오를 통해 경험을 쌓아 제대로 된 역할을 할 때까지 기다려주지 않는다.

기업 홍보팀마다 뛰는 것은 물론 날아다니는 선수(?)들이 넘쳐난다. 평시라면 선배들이 홍보 주니어들에게 업무 지시도 여유 있게 하고 조언도 부드럽게 하겠지만 이슈나 위기가 발생했을 때에는 모든 일들이 긴박하게 돌아가기 마련이다. 정신없이 바쁜 판에 사소하고 세세한 업무까지 봐 줄 여유는 없다.

오더가 떨어지기만을 기다리며 선배들 얼굴만 쳐다볼 것인가? 분위기 파악은 물론 업무 흐름을 미리 파악하고 마음의 준비를 하고 있을 것인가. 이 둘 사이에는 큰 차이가 있다.

기업 간 경쟁에서 홍보담당자의 역할은 회사를 알리는 데만 그치지 않는다. 홍보담당 임원부터 팀장, 사원에 이르기까지 각자의 위치에 맞는 역할이 있다. 그들이 각자가 맡은 역할을 수행하며 유기적으로 움직일 때 성과는 극대화된다.

이 책은 홍보 영역 중에서도 보도자료에 대해 다루면서 그 위상과 역할에 대해 과장하지도 않았고 그렇다고 축소하지도 않았다. 최소한 요점을 짚고자 했고 최대한 명확하고 간결하게 쓰고자 했다. 이 책에 언급한 필자의 생각들이 홍보 주니어들에게 질문을 불러일으켰으면 좋겠다. 이는 다변화되는 홍보가 지속적으로 성장하기 위한 밑거름이 될 것이라고 믿기 때문이다.

이 책은 『이팀장의 언론홍보 노트』와 마찬가지로 홍보 주니어들을 대상으로 썼다. 모두 5장으로 구성되어 있으며, 1장 '언론홍보에 대한 이해'는 보도자료에 대한 이해에 앞서 언론홍보에 대한 이해가 선행되어야 한다는 생각으로 관련 내용을 서술했다. 왜 언론홍보를 하는지, 언론 환경은 무엇인지, 홍보담당자의 역할 등등에 대해 설명했다. 그리고 2장 '보도자료 전략과 언론관계'는 보도자료 작성과 배포 등을 위한 전략 및 보도자료를 받아보는 주 고객인 언론과 기자에 대한 이해를 돕기 위한 내용을 제시했다. 일반 보도자료와 기획 보도자료에 대한 이해, 기자들의 세계와 소통 방법 등을 정리했다. 3장 '전략적인 보도자료 작성법'은 홍보 주니어들이 보도자료 기획은 물론 보도자료를 작성할 때 참고할 만한 Tip을 제시했다. 보도자료 작성을 위해 참고할 만한 아니 참고해야 할 요건들을 정리했다. 그리고 4장 '보도자료 배포에 대한 이해'는 보도자료 배포 전략 외에 배포 방법과 형식, 대상 등과 배포할 때 어떻게 하면 효과적으로 배포할 수 있는지에 대한 방법을 설명했다. 마지막으로 5장 '현직 기자의 조언'은 보도자료에 특화하여 주니어들이 궁금해할 만한 내용을 질문과 답변 형식으로 인터뷰했다.

글을 쓰면서 문득 인류는 과연 언제부터 '홍보'를 했을까? 라는 생각이 들었다. 홍보라는 단어를 쓰지는 않았더라도 조직이든 개인이든 정책과 업적을 알리는 홍보 행위는 역사의 곳곳에 스며들어 있을 것이다. 조선시대만 해도, 인재를 뽑는 근간이 된 과거제도 역시 홍보를 통해 자리를 잡았고 저잣거리에 방을 붙여 정책을 알리고 죄인을 찾았던 것도 홍보다. 정적을 제거하고 입지를 굳히기 위해 벽서를 붙인 것도 홍보를 활용한 사례다. 전쟁에서 승리를 거둔 장수들이 자신의 업적을 알리기 위해 왕에게 올리는 장계도 일종의 자기 홍보였다. 이렇듯 역사 속에는 헤아릴 수 없는 홍보 사례들이 넘쳐난다.

현재의 비즈니스 또한 홍보와의 전쟁이고 홍보에 의한 전쟁터와 다름없다고 해도 과언이 아니다. 홍보는 대기업만 하는 것이 아니다. 규모 차이는 있지만 중소기업은 물론 스타트 업에서도 홍보를 하고 있다.

어떤 회사는 순환 보직을 통해 여러 부서를 돌기도하지만 필자는 홍보팀으로 입사해 줄곧 홍보맨으로서 일을 하고 있다. 홍보 주니어 시절에는 힘들게 쓴 보도자료를 배포할 수 있다는 것도 좋았지만 배포 뒤에 신문에 기사화되는 것이 신기하고 신이 났었다. 사람을 만나는 것을 좋아하는 것도 있지만 기본적으로 홍보 업무가 적성에 맞았던 것 같다.

주니어 여러분들이 홍보팀으로 입사했거나 홍보팀으로 발령이 났다면 사람들을 만나는 것을 좋아하고 다양한 사람들과 소통하는 능력이 뛰어나기 때문일 것이다. 그 소통 능력은 술을 잘 마시는 것일 수도 있고 다른 사람과 융화가 잘 되는 성격 덕분일 수도 있다. 뭔가 잘하는 것이 있기 때문에 회사의 얼굴인 홍보 업무를 맡긴 것이다. 결코 우연히 홍보 업무를 맡은 것이 아니므로 홍보맨으로서 자부심을 가지는 것이 좋겠다.

『李팀장의 언론홍보 노트』를 출간하고 몇 번 홍보 관련 강의를 했다. 강의을 하다보면 홍보 주니어들 중에 "언론홍보를 잘 하는 비결이 궁금하다"는 질문을 하는 사람들이 있다. 사실 비결은 없다. 하지만 공중에게 전하는 메시지가 명확한가, 메시지가 신뢰성이 있는가, 공중이 궁금해하는 내용인가, 고객 입장에서 보도자료를 작성했는가 등등 몇 가지 중요한 규칙은 있다.

  홍보 특히, 언론홍보를 하다 보면 '저절로 되는 것은 없다'는 말을 실감하게 된다. 모든 현상은 유기적으로 연관되어 원인과 결과가 있는 것처럼 현재의 상황 역시 일어날 만한 원인과 결과가 있었기에 발생한 것이다. 따라서 현재 상황이 비관적이더라도 거부하거나 피하지 말고 할 수 있다는 자신감과 해결될 것이라는 긍정적인 마인드를 가지고 적극적으로 부딪쳐야 한다.

  세상일이 그렇다. 직접 눈으로 보고, 귀로 들은 것만 신뢰하고, 직접 경험한 것만 믿고, 이미 알고 있는 것들에 갇혀 지내면 아무런 발전도 없다. 홍보 주니어들이 이 책을 통해 갇힌 생각을 걷어내고 더 넓은 세상으로 정진하는 데 작은 보탬이 되기를 바란다.

知之者 不如好之者, 지지자 불여호지자
好之者 不如樂之者, 호지자 불여락지자
아는 것은 좋아하는 것만 못하고,
좋아하는 것은 즐기는 것만 못하다.

  필자가 생각하기에 「논어」만큼 홍보담당자의 마음가짐에 대해 잘 정리한 책도 없는 것 같다. 일이든 사람이든 즐길 줄 아는 홍보맨에게 영광이 있으라.

2016년 9월 이상헌

차례

Prologue

chapter1 언론홍보에 대한 이해

우리는 홍보맨 • 17
왜 언론홍보를 하는가? • 21
광고보다 뉴스를 신뢰한다 • 25
언론홍보는 관심과 흥미를 부른다 • 29
뉴스 가치가 있어야 기사화 된다 • 31
언론은 트렌드를 주도한다 • 35
언론은 경쟁과 갈등에 주목한다 • 37
홍보는 지속적으로 해야 효과가 나타난다 • 38
언론홍보는 광고와 다르다 • 41
언론홍보, 경험이 중요하다 • 43
언론환경이란 무엇인가? • 45
뉴미디어를 이해하고 활용하라 • 48
언론사를 차별하지 마라 • 50
통신사를 활용하라 • 52
인터넷 여론은 중요하다 • 54
언론홍보, CEO를 내세워라 • 56
홍보담당자는 CEO와 가까워야 한다 • 59
홍보담당자는 기업의 대변인 • 62
아이템을 발굴하고 언론에 배포하라 • 65
밥, 술보다 중요한 아이템 • 67
특별한 아이템을 찾아라 • 69
혁신적일수록 뉴스 가치가 크다 • 73
예외적인 현상을 놓치지 마라 • 75
기획특집도 기사다 • 77

chapter2 보도자료 전략과 언론 관계

보도자료도 전략이 중요하다 • 81
전략을 세우면 실행 계획은 따라온다 • 87
보도자료 전략은 미디어 이해가 기본 • 90
신문 미디어를 이해하라 • 93
방송 미디어를 이해하라 • 98
특정 언론사를 편애하지 마라 • 106
스마트폰, 뉴미디어 대세로 부상하다 • 111
모니터링은 홍보의 에너지원 • 114
모니터링은 스크랩으로 완성된다
조간 스크랩 보고서는 8시 전에 보고하라 • 122
좋은 보도자료에는 스토리가 있어야 한다 • 124
기획 보도자료로 기사를 키워라 • 126
좋은 취재원이 좋은 홍보맨 • 130
일간지 1면 톱기사 • 133
말 한마디가 1면 톱이 된다 • 135
미디어 릴레이션이 중요하다 • 138
출입기자들에게 업계 동향을 공유하라 • 141
미디어 리스트를 만들어라 • 143
기자, 그들은 누구인가? • 148
기자들의 언어를 이해하자 • 152
프레스킷을 만들어라 • 155
기자들과의 소통은 신뢰가 핵심이다 • 158
기자 대상 설명회를 하라 • 161
기자간담회를 가져라 • 163
오보를 차단하라 • 165
기자 대응에도 노하우가 있다 • 169

chapter 3 전략적인 보도자료 작성법

기자는 왜 보도자료를 요청하는가 • 179
보도자료 쓰는 법은 따로 있다 • 182
홍보를 원하면 보도자료를 만들어라 • 185
최초, 최고는 꼭 확인하라 • 187
쉬운 단어로 쉽게 써라 • 189
핵심내용은 정확하게 알려라 • 191
한 문장에는 하나의 주제만 담아라 • 193
전문용어는 꼭 필요한 경우만 써라 • 196
공부해야 보도자료도 잘 쓴다 • 198
기자에게 먹히는 보도자료를 쓰라 • 201
보도자료 초안은 기사를 참고하라 • 205
애드버토리얼을 활용하라 • 207
제목은 보도자료의 얼굴이다 • 209
보도자료는 역피라미드 형식으로 쓰라 • 213
보도자료는 5W1H가 기본이다 • 216
보도자료, 첫 문장이 중요하다 • 218
좋은 아이템은 다양한 정보에서 나온다 • 220
스토리텔링형 보도자료를 써라 • 223
기자 입장에서 작성하라 • 225
고위 관계자의 코멘트를 붙여라 • 227
보도자료 끝에 회사 소개를 하라 • 228
언론은 사람 이야기를 좋아한다 • 230
중요한 발표는 기자회견을 하라 • 234
성공 스토리를 찾아라 • 236
'직원'도 좋은 뉴스거리다 • 238
좋은 칼럼은 기사보다 낫다 • 242
인사·부고·인물 동정 보도자료 방법 • 244
좋은 사진은 기사를 키운다 • 245
행사를 놓치지 마라 • 250
보도자료에 넣는 사진의 용량을 줄여라 • 255

chapter4 보도자료 배포에 대한 이해

보도자료 배포는 전략적으로 하라 • 257
퍼블리시티를 이해하라 • 265
누구에게 배포할 것인가 고민하라 • 267
보도자료에 맞는 지면은 다양하다 • 269
보도자료 배포는 타이밍이다 • 271
어떤 방법으로 배포할 것인가 • 274
배포 양식을 만들어라 • 278
보도자료를 배포할 때도 제목을 강조하라 • 280
보도자료 내용은 배포전에 한 번 더 확인하라 • 281
보도자료는 동시에 배포하라 • 284
보도자료를 배포할 때 간단한 편지를 써라 • 286
보도자료는 메일 본문에 얹어라 • 287
중요한 사안은 기자회견을 통해 발표하라 • 289
기자회견을 하기 전에 리허설을 하라 • 295
뉴스현장에 기자들을 초청하라 • 298
이메일 수신확인 기능을 활용하라 • 302
보도자료 배포 후 기자의 전화를 잘 받아라 • 305
오보는 신속하게 대응하라 • 307
정정요청은 신속하게 하라 • 310
방송용 보도자료는 영상이 중요하다 • 313
부정적인 기사에 대응하는 법 • 317
현직 기자가 말하는 보도자료 이야기 • 320

Epilogue

Chapter 1

언론홍보에 대한 이해

우리는 홍보맨

홍보는 'Love Me', 광고는 'Buy Me', 선전은 'Follow Me'라는 말이 있다. '뜨는 홍보, 지는 광고'라는 말에서도 알 수 있듯이 대중은 광고를 신뢰하지 않는 편이라고 한다. 광고량이 많은 탓도 있지만 대중들의 의식이 성숙해진 탓이다.

스타벅스는 광고를 하지 않고도 현재의 브랜드 파워를 만들었다. 퍼블리시티, 즉 홍보 덕분이라는 의견이 많다. 이렇듯 홍보가 하는 일은 기업 이미지 홍보를 통해 대중과 쌍방향 커뮤니케이션을 하는 것이다.

사실 우리 사회에는 반反 재벌 정서가 남아 있다. 하지만 대기업을 비롯한 기업들이 사회 구성원으로서 국가와 경제 발전을 위해 중요한 역할을 하고 있는 것도 사실이다.

여러 기업들이 사회 구성원으로서 공존하기 위해서는 커뮤니케이션이 중요하다. 그 역할을 홍보가 담당하고 있다고 생각한다. 상호 이해나 긍정적인 네트워크가 형성되지 않으면 영속은 물론 존립 자체가 어렵다. 홍보를 다른 의미에서 커뮤니케이션이라고 하는 이유다.

기업 홍보는 '기업 활동이 국가 경제를 발전시키는 근간'이라는 공익적 이미지를 심어 줄 필요가 있다. 그런 의미에서 언론홍보를 비롯한 홍보 본연의 목적은 긍정적인 기업 이미지 구축이다. 그 중 절반 이상이, 즉 보도자료의 역할이다. 혁신적인 신제품도 기업 이미지를 제고하는 요소다.

보도자료 작성에서 가장 중요한 포인트는 기사가 되도록 작성하는 것이다. 기사가 될 만해야 기사가 된다. 뉴스 가치가 없는 건 아무리용을 써도 기사가 안 된다. 하지만 홍보를 하다 보면 뉴스 가치가 부족함에도 기사로 내야 할 때가 있다. 이런 경우에는 기자와의 신뢰 관계가 형성되어 있어야 가능하다. 평소에 기자와 커뮤니케이션을 해왔다면 이슈가 있을 때도 커뮤니케이션이 가능하다.

기자들은 자기가 아는 사실 중에서만 골라서 쓰는 사람들이다. 모르는 내용을 기사로 쓰지는 않는다. 다만 믿을 만한 홍보담당자가 배포한 보도자료라면 믿고 기사를 쓸 수도 있다. 기자들을 비롯한 홍보 전문가들은 유능한 홍보맨의 역할을 구원투수와 같다고 말한다. 기업과 관련된 부정적인 사건이 발생했을 때 언론에 대처하는 수준이 기업의 홍보 품질과 홍보맨의 역량을 입증하기 때문이다.

프로가 되려면 준비를 해야 한다. 위기라는 것이 언제 어떤 상황에서 발생할지 모른다. 기업이 겪는 위기 상황은 다양하다. 회사와 관련된 사건 사고 외에도 임직원 개인 문제에서 비롯될 수도 있고 기업이나 조직문화의 문제일 수도 있다. 아직도 이슈가 발생하면 기자의 취재를 피하고 전화를 받지 않는 홍보맨들이 있다고 한다. 처음부터 기사화될 여지를 없앤다는 생각에서 그럴 수도 있겠지만 겁을 먹고 전화를 받지 않는 것과 마찬가지로 뭘 해야 할지 모르는 것도 큰 문제다.

언론홍보에서 이슈와 위기관리는 힘든 일이지만 내부적으로 대책회의를 통해 신속하게 전략을 세우고 입장을 정해 경영진에 보고해야 한다. 물론 기자들에게 전략적으로 대응하며 적절하게 후속 조치를 했을 때 기업은 물론 홍보맨도 내공과 역량을 키울 수 있다. 언론을 대상으로 전략적으로 설명을 하기 위해 법무적인 검토를 받은 입장 자료를 작성하는 것도 홍보맨의 역할이다. 보고를 위한 보고서 작성을 우선시하고 상황 관리만 하거나 다른 동료들에게 묻어가는 것도 능력이라고 말하는 사람들이 있기는 하다. 하지만 그것이 진짜 실력이 아니란 것은 자신이 제일 잘 알 것이다. 공식 입장 발표까지는 아니더라도 언론의 문의에 적절하게 대응한다면 기업의 입장과 현재의 상황을 기자들에게 이해시킬 수 있을 것이다. 결과적으로 법률적인 해결이 중요하지만 진행되는 상황을 지켜보는 국민들과 이해관계자들의 정서도 그에 못지않게 중요하다. 그 정서에 많은 영향을 미치는 것이 언론 보도다.

기업 위기는 홍보맨들이 해결할 수 있는 것이 아니다. 홍보맨의 역할은 위기를 없애는 것이 아니라 그 위기 상황에 대한 여론을 어떤 국면으로 끌고 가느냐이다.

정확히 기억은 나지 않지만 어디에선가 'PR(Public Relations)은 침투하기도 하고 스며들기도 한다'는 말을 어디에선가 읽은 적이 있다. 드러나지 않고 인지하지 못할 뿐 홍보는 우리가 생활하는 곳곳에 퍼져 있다. 홍보의 주된 목적은 기업과 조직의 목표를 성취하는 데 결정적인 역할을 하는 고객이나 이해관계자들과 소통함으로써 기업과 조직에 긍정적인 이미지를 제고하고 나아가 성장과 지속경영에 기여하는 것이다. 홍보가 학문으로 정립된 후 수십 년 동안 기업 등 영리 부문, 그리고 비영리 부문을 가리지 않고 광범위하게 활용되어왔고 긍정적 기여를 해왔다. 전통적인 경영 방식에도 변화를 가져왔고 다양한 홍보 전략이 개발되면서 경영 활동에도 활용되고 있다.

홍보는 투자를 유치하기 위해, 성공적인 사업 시작을 위해, 신제품이나 새로운 서비스를 성공적으로 런칭하기 위해, 판매를 촉진시켜 이익을 창출하기 위해, 성공적인 수주 결과를 위해, 공중으로부터 이해와 지지를 얻기 위해, 입장 발표를 통해 논란을 잠재우기 위해, 공중에게 전달된 정보를 바로잡거나 확인하기 위해, 자신을 알려 명성을 지키기 위해, 다른 사람들에게 인정받기 위해서 등 셀 수 없는 이유로 기업 경영에 반드시 필요한 요소로 평가받고 있다. 또한 홍보는 영역을 넓혀가며 위상을 발전시켰으며 그 과정에서 여러 가지 신조어를 만들어 냈고 여러 기업에서 경영 전략을 수립하고 실행하는 데 있어 홍보의 역할은 더욱 중요해지고 있다.

홍보를 직접 활용해본 경험이 없는 사람들은 홍보가 기업의 성공적인 경영을 위해 과연 무엇을 해줄 수 있는지 측정하고 싶어하는 경향이 있다. 공중들 중 일부는 PR과 홍보라는 말이 과장, 과시, 속임수, 책략 등을 내포한다고 믿는다. 이러한 사람들은 홍보 업무의 특수성, 효과에 대한 측정 방법, 소요 비용 등을 우선적으로 고려한다. 그래서 셀프홍보를 넘어 과하게 자랑을 늘어놓는다면 의혹과 냉소를 불러일으킬 수도 있다.

홍보 활동이 진행되면 홍보맨은 여러 고객과 커뮤니케이션하게 된다. 또한 현 상황에 대한 면밀한 분석과 이해를 바탕으로 홍보 활동을 전략적으로 관리해야 한다. 체계적인 이론과 실용적인 경험을 바탕으로 홍보맨이 홍보 활동에 관한 지침과 방향을 제대로 제공할 때 홍보는 성공할 수 있다.

왜 언론홍보를 하는가?

'왜 언론홍보를 하는가?'라는 질문은 '언론홍보를 어떻게 해야 하는가?'라는 질문과 일맥상통한다고 생각한다. 홍보맨이라면 매일 신문과 방송을 보면서 '도대체 이 회사, 이 사람은 어떻게 나오게 됐을까?' 궁금해하는 것이 정상이다. 물론 신문에 나올 만한 회사고 방송에 나올 법한 사람들이 대부분이라고 하더라도 '어떻게 나오게 됐을까?'에 대한 의구심을 갖는 사람과 '나올 만한 사람이군'하고 부러워하기만 하는 사람이 있을 것이다. 홍보담당자라면 당연히 "어떻게 해야 우리 회사도 신문에 나올 수 있을까? 우리 회사 직원들은 어떻게 해야 기사의 주인공이 될 수 있을까?"라는 생각이 들어야 한다. 그동안 그런 생각이 들었던 적이 없다면 홍보담당자로서 자격이 있는지 반성해야 한다. "왜 언론홍보를 하는가?"의 화두는 어느 누구도 아닌 우리 홍보담당자들이 풀어야 할 숙제이기 때문이다.

몇 년이라도 홍보 업무를 해본 사람은 알겠지만 아이템을 발굴해서 언론보도를 시도하느냐, 시도조차 하지 않느냐에 따라 홍보담당자의 등급이 나눠질 수 있다. 이러한 시도가 선배들에게는 곧 근성으로 보이고 열정으로 비춰질 수 있기 때문이다. 화제가 될 만한 직원을 찾거나 홍보가 될 만한 아이템을 찾아 회사를 뒤지는 홍보담당자와 기자가 알아서 전화를 할 때까지 기다리는 홍보담당자 중 어떤 홍보담당자가 되고 싶은가?

물론 신문과 방송에 자주 등장하는 기업은 회사의 지원으로 홍보전문가들이 포진한 조직을 갖춘 탓에 평소 언론홍보를 편하게 할 수 있는 환경이 갖춰져 있다. 하지만 그런 환경을 갖춘 회사는 주요 그룹을 제외하면 대한민국에서 손에 꼽을 만큼 적다. 대기업은 홍보조직을 운영하고 있지만 그나마 기획팀이나 총무팀 등에서 다른 일을 하면서 홍보담당자를 겸하도록 하는 데도 많다. 홍보할 일이 많지 않아서 그럴 수도 있지만 홍보라는 것은 시간과 노력을 들여야 하는 업무이다.

평소에는 다른 일을 하다가 이슈가 있을 때 갑자기 홍보 업무를 시키면 홍보하는 사람이나 대응하는 기자도 흥이 나지 않고 답답할 것이다. 그렇다고 주 업무가 따로 있는 홍보담당자가 홍보에 대한 감이 있어서 기획을 기발하게 할 수 있는 것도 아니고 최소한 면피만 하려고 할 확률이 많기 때문에 결과도 신통치 않을 것이다. 결과를 보고하는 사람도 작은 성과에 자족할 것이고 보고받는 경영진도 만족스럽지 못하지만 어쩔 수 없다고 생각할 것이다. CEO가 파격적으로 홍보 조직을 만들고 지원하지 않는 이상 위와 같은 상황들은 뫼비우스의 띠처럼 끝없이 반복될 것이다. 결국 그 회사의 홍보는 경영진의 홍보 마인드가 좌우하는 것 같다.

기업들은 왜 기업의 화젯거리나 홍보 아이템을 찾아 언론에 보도하려고 하는 것일까?

기업이 신제품을 개발했다고 치자. 하지만 신제품의 기능이 소비자들에게 알려지지 않는다면 소용이 없다. 최고의 제품이라는 점을 소비자들이 알아야 구매가 시작된다. 물론 제품 품질이 뛰어나서 입소문을 타고 알려질 수도 있지만 언제까지나 기다릴 수 있을까? 또 경쟁사가 소문을 듣고 언제 더 좋은 제품을 출시할지도 모른다. 제품 출시 후 골든타임 내에 소비자에게 제품의 존재를 알려 승부를 봐야 한다.

신제품 출시 소식은 물론 성능 등을 짧은 시간에 시장에 알리는 가장 빠른 방법은 언론을 통해 기사화하는 것이다. 최대한 빨리 제품을 소비자들로 하여금 써보게 한 뒤 고객들로부터 최고의 제품이라고 객관적인 인정을 받아 시장을 선점해야 한다. 소비자 접점에서 제품을 판매하는 상인들도 인지도가 있는 제품을 진열대 중 잘 보이는 곳에 놓고, 소비자들도 인지도가 있는 제품을 구매한다.

하지만 최고의 제품이 아니거나 레드오션에 가까운 시장임에도 불구하고 홍보 덕분에 성공한 사례도 많다. 유명한 사람이 아닌데도 홍보를 잘 활용해 그 분야의 오피니언 리더로 인정받는 사람도 있다. 그 분야에서 '선수'로 불리는 사람들이 언론을 통해 자신을 홍보함으로써 인지도가 높아져 오피니언 리더로 거듭나기도 한다는 얘기다.

자신이 속한 분야에서 십수 년 동안 열심히 일을 한 덕분에 일반 대중에게 인정을 받은 사람들이 있다. 열심히 일을 하는 것도 중요하지만 리더라면 자신을 알릴 줄도 알아야 한다. 연예인이나 정치인들이 끊임없이 홍보를 하는 이유도 자신을 알리고 그 자리를 지키기 위한 것이다. 잊혀지는 순간 생명이 끝나기 때문에 언론홍보를 통해 자기의 업적을 홍보하는 것이다. 잊혀지는 순간 생명이 끝나기 때문이다. 기업 CEO와 함께 뉴스 메이커로 불리는 그들은 지속적으로 언론 관계 (Media Relations)를 관리하고 기자들을 만난다. 어떤 사람은 인생이 바뀌기도 하는데 그것이 언론홍보의 힘이 아닐까 싶다.

개인 성향은 물론 기업이 처한 환경에 따라 다르겠지만 CEO가 언론에 관심을 가지고 전략적인 관계를 맺는 것이 기업 발전에 도움이 된다고 본다. CEO의 관심은 기자들을 직접 챙기는 것보다는 언론을 담당할 조직을 만들고 홍보 전문가를 통해 언론 관계를 관리하고 유지하도록 하는 것이 아닐까?

언론은 사회를 감시하고 또 움직이는 힘을 갖고 있다. 언론과의 관계 맺기를 통해 경영 정보를 얻을 수도 있고 그 정보를 통해 여론을 파악할 수 있다. 언론을 통해 정보를 획득하고 여론 조성을 통해 기업 경영에 도움이 되도록 활약(?)하는 것이 홍보담당자들의 역할이다. 보도된 기사나 업계 동향 등을 단순히 보고하는 것은 언론홍보에서 가장 낮은 단계의 일이다.

직원들과 팀장, 그리고 임원이 하는 일은 달라야 한다. 전체 홍보 전략을 짜고 기획을 해야 할 임원이 보고서나 만들고 데스크보다는 현장 기자를 만난다면 팀장과 직원들은 업무에 혼란을 겪을 수 있다. 물론 임원이라고 기자를 만나지 말라는 것은 아니다. 홍보담당자들은 자기 자리와 역할에 맞는 일을 하는 것이 중요하다. 뭔가 폼이 나는 일을 해서 인정받고 싶겠지만 홍보 업무, 특히 언론홍보는 종합예술이라고 생각한다. 보도자료를 쓰거나 기자를 만나는 일 등 어느 것 하나 버릴 것이 없는 소중한 일이고 경험이다.

기업은 지속경영을 통해 생존할 때 의미가 있다. 지속경영을 위해 사회에 기여하고 있음을 국민과의 소통을 통해 알려야 한다. 그런 과정을 통해 인지도가 올라가 소비자들이 제품을 구매하는 것이다.

그렇다면 이러한 인지도는 누가 만들어 줄까? 그 역할을 하는 것이 바로 언론이며 인지도를 올리기 위한 기업의 활동이 언론홍보다. 언론홍보가 제품 알리는 데에만 국한되지 않는다는 것이 언론홍보의 매력이다. 기업이 생존하기 위해서는 소비자들이 잊지 않도록 해야 하는데, 그 역할을 언론홍보가 담당한다고 생각하면 된다. 이쯤 되면 기업에서 언론홍보를 담당하는 홍보맨들은 그 책임이 막중하다는 생각이 들 것이다.

광고보다 뉴스를 신뢰한다

광고보다는 언론홍보가 비용이 적게 든다고 하지만 그렇다고 언론홍보가 공짜로 되는 것은 아니다. 언론에 보도가 되려면 먼저 뉴스 가치가 있는 아이템을 찾아내야 한다. 물론 그전에 언론과의 좋은 관계는 기본이다. 언론에 어필할 수 있는 아이템은 그냥 나오는 게 아니다. 언론에 보도되기를 원한다면 언론과 상대하는 것을 즐겨야 한다. 윗사람이 시켜서 억지로 해서는 좋은 결과를 얻을 수 없다. 언론은 열정을 가진 홍보담당자들을 도와주기 마련이다. 자주 찾아오고 얘기가 되는 뉴스거리를 전달하는 기업과 조직의 뉴스를 게재하는 것이 인지상정이다.

광고 예산이 많으면 언론홍보도 조금 쉬워질 수 있겠지만 돈을 많이 들인다고 해서 언론홍보가 잘 되는 것은 아니다. 언론홍보는 기획이고 전략이 절대적으로 중요하기 때문이다.

때로 잘된 광고는 광고주에게 대박을 안겨 준다. 그것이 제품에 대한 것이면 엄청난 매출을, 기업에 대한 것이면 긍정적인 이미지 효과를 만들어 낸다. 언론홍보 역시 마찬가지다. 광고가 일시에 터져 나왔다가 순식간에 사라지는 것이라면, 홍보는 지속적으로 기사가 꼬리를 물고 나오고 인터넷 등을 통해 확산된다. 브랜드와 기업의 이미지가 더 긍정적으로 구축된다.

광고는 비주얼을 통해 소비자의 오감에 호소하는 커뮤니케이션인 데 반해 언론 보도는 기본적으로 텍스트로 전달된다. 광고는 노출 직후 기억에서 사라진다. 6개월이든 1년이든 일정 기간 지속적으로 노출되는 이유가 그것이다. 하지만 언론보도는 의미와 메시지를 읽은 사람이 정보를 유의미하다고 판단하게 되면, 주변 사람들에게 전달하고 그 정보가 퍼져 나간다.

기업은 출시를 앞두고 신제품을 소비자에게 알릴 경우 광고에 의존하는 전략을 택할 것인지, 언론홍보를 통해 홍보할 것인지를 사전에 계획한다.

언론홍보는 새로운 브랜드 이미지를 구축하는 데 효과적이다. 반면 광고는 새로운 브랜드의 출시를 알리는 것은 물론 언론홍보를 통해 형성된 이미지를 유지하기 위해 필요한 활동이다.

언론홍보는 제품을 생산한 뒤에 시작할 필요가 없다. 특히 상장사의 경우, 혁신적인 제품 개발 소식이 주가를 상승시키기도 하기 때문에 제품 기획 단계에서 제품 개발에 대한 기자회견을 하기도 한다. 연구기관에서 세상에 없던 기술을 개발했다고 발표하는 것도 마찬가지다. 향후 그 제품이나 기술이 상용화되었을 때 언론의 관심을 더 받을 수 있기 때문이다. 따라서 관련 부서가 협의를 통해 홍보 아이디어를 모으는 것이 현명하다고 본다.

예를 들어 어떤 기업이 혁신적인 제품을 개발 중이라는 것을 발표하면 언론은 이 사실을 보도한다. 그래서 홍보 전문가들은 제품을 발표하기 전에는 가급적 언론홍보를 먼저 하고 시장에 진입한 이후에 광고로 전환해야 한다고 말한다.

언론은 홍보 매체의 성격이 강하다. 종이신문이 쇠퇴하고 인터넷 매체가 영향력이 커진 것이 언론환경의 큰 변화고 흐름이다. 실제로 IMF 이후 기업마다 광고 예산을 줄이면서 신문 광고 수요도 줄어든 것이 사실이다. 언론사도 매출이 줄어들고 경영 환경이 악화되면서 홍보성 기사의 비율이 늘어났다.

요즘 대중들은 정치나 사회문제에 관심이 많지만 삶의 질적인 환경을 중요시하면서 문화 정보나 생활 정보에도 관심이 많다. 언론사도 제품에 대한 실질적인 정보를 제공하면서 언론사 매출에도 기여할 수 있는 방법으로 홍보성 기사를 많이 다루고 있다. 흔히 기업 특집이라고 하는 것이다.

언론에 자주 등장하는 기업이나 조직, 그리고 제품은 대국민 인지도나 신뢰성 그리고 브랜드에 대해 긍정적인 이미지를 구축하게 된다. 투자자 역시 언론에 보도된 기업에 관심을 갖고 투자하게 된다. 언론에 자주 보도되는 기업의 주가는 보통 상승하기 마련이다.

홍보 전문가들에 따르면, 대중들이 브랜드에 대해 갖는 이미지는 광고보다 언론보도를 통해 형성된다고 한다. 언론을 통해 지속적으로 노출되다 보면 브랜드 이미지가 자기도 모르게 정착되는 것이다. 소비자나 대중은 제품을 구매할 때 머릿속에 떠오르는 그 브랜드의 제품에 손이 가게 된다. 최고의 브랜드가 아니면 살아남기 힘들다 보니 삼성이나 현대자동차, SK, LG 등 대기업들은 언론홍보를 통해 강력한 브랜드 이미지를 구축하고 지키기 위해 노력하고 있다. 브랜드 이미지를 강화하는 도구에는 언론홍보 외에도 광고, 사회공헌활동 등 다양한 방법들이 있다는 것쯤은 홍보담당자라면 기본적으로 알고 있어야 한다.

언론홍보는 수주 결과를 알리는 단발성 홍보도 있고 꼭 수주해야 할 사업을 위해 일정 기간을 진행하는 기획 홍보도 있다. 언론홍보는 단번에 승부가 나는 것이 절대 아니다. 언론에 보도자료를 보낸다 해도 보도된다고 장담할 수 없다. 물론 광고주라면 얘기가 달라지겠지만 절대 쉬운 것이 아니다. 배포한 보도자료가 게재되거나 거절되었다고 해서 그냥 넘어가면 안 된다. 시행착오의 원인이 무엇인지, 언론 등 기자와의 관계를 점검하고 관계 강화를 위해 노력하다 보면 서서히 효과가 나타나게 된다.

    분명 언론홍보는 한 번에 끝나는 게 아니라 지속적으로 노력하다 보면 효과를 볼 수 있다는 점을 잊지 말아야 한다.

언론홍보는 관심과 흥미를 부른다

인지도를 끌어올리는 데는 신문기사나 방송뉴스만한 것이 없다. 공중파 방송 메인뉴스나 메이저급 신문에 보도가 되면 그 파급효과는 엄청나다. 요즘은 인터넷 검색을 통해 나중에도 뉴스를 볼 수 있으므로 보도 효과는 과거보다 더 커졌다고 할 수 있다. 또 뉴스는 일반 대중들만 보는 것이 아니라 기업 활동과 관계된 정부기관이나 공무원 그리고 미래 투자자들도 본다. 취업준비생들에게는 기업의 성과와 하는 일을 알릴 수 있고, 오피니언 리더를 통해 기업의 긍정적인 지지를 얻을 수도 있다. 무엇보다 언론의 건전한 비판과 대안 제시를 통해 여론을 형성하고 인지도가 올라가면 언론의 문의도 많아지고 자연스레 보도 횟수도 많아진다.

인지도는 기업 활동을 원활하게 만들어 준다. 어디선가 들어보았거나 사람들이 많이 사용하고 있는 브랜드는 친숙하고 안전하게 느끼게 되어 그 제품을 구매하기 마련이다. 그러다 보면 시장에서 리더로 인정을 받게 되고 소비자들은 자연스레 제품을 구매하게 된다.

언론이 좋아하는 홍보담당자는 기업과 제품에 대한 기본적인 지식을 갖추고 기자의 문의 전화를 잘 받는 것은 물론 질문하는 내용을 쉽게 설명해 주는 사람이다. 훌륭한 홍보담당자는 기업에 이슈가 터졌을 때 그 이슈에 대해 적절한 코멘트를 해 주고, 인터뷰를 하고, 보도자료를 만들어 배포하는 사람이다. 한 번 언론에 인용이 되면 다른 기자도 그 사람에게 전화를 걸어 코멘트나 글을 요청하게 되고 계속해서 이런 연쇄 반응이 일어나면서 영향력 있는 홍보담당자나 전문가가 되는 것이다. 정보와 지식이 있으면 좋겠지만 그렇다고 꼭 많이 알고 있어야 하는 것은 아니다. 아무리 많은 정보를 알고 있더라도 언론과 네트워크가 형성되어 있지 않고 기자에게 쉽게 설명을 해 주는 훈련이 되어 있지 않다면 기자 입장에서 볼 때는 훌륭한 홍보담당자라고 할 수 없다.

따라서 기업이나 조직이 성장을 하려면 언론이 늘 접촉할 수 있는 홍보담당자를 반드시 두어야 한다. 그래야 언론은 그 기업에 대해 관심을 갖게 되며 기사화할 것이 있을 때 연락을 하게 된다.

기사는 몇 년이 지나도 정보를 원하는 사람에게 인터넷을 통해 노출된다. 광고와 달리 언론의 보도내용은 사라지지 않고 인터넷에 남아 연쇄적인 반응을 일으키게 된다. 신문에 보도된 내용은 기록으로 남고, 인터넷 사이트에 남아 있고, 대형 포털 사이트로 전송되고, 데이터베이스에 저장된다. 뿐만 아니라 어느 한 매체에 실리게 되면 타 매체에서도 관심을 갖게 되고 다른 신문이나 방송에도 보도될 가능성이 높아진다.

인지도는 회사의 명성이 전부가 아니다. 홍보담당자의 역량에 따라 올라가기도 하고 떨어지기도 한다. 언론홍보는 공중의 관심과 흥미를 불러일으키는 일이다. 기업은 언론홍보를 통해 존재를 세상에 알린다. 또 인지도를 끌어올리고 기업이나 조직이 전하고자 하는 메시지를 세상에 알릴 때도 유용하다. 제품 구매를 유도하고 투자를 이끌어 내고 제휴를 맺게 해 준다.

신제품에 대한 보도자료를 보냈는데 언론에 한 줄도 보도가 되지 않는다면 어떨까? 경쟁사가 언론을 통해 여론을 장악한다면 그 제품은 어떻게 될까? 분명 회사는 타격을 받을 것이고 제 역할을 못한 홍보 조직도 회사 내에서 인지도가 약해질 것이다.

뉴스 가치가 있어야 기사화된다

지면마다 차이가 있겠지만 신문 기사 셋 중 적어도 하나는 언론홍보의 결과라고 한다. 기업마다 홍보 전문가들이 포진한 홍보실을 운영하는 것은 '언론의 위력이 막강하다'는 명제를 전제로 하고 있기 때문이다.

넓은 의미의 홍보, 즉 PR(Public Relations)은 두 가지 뜻이 있다. 하나는 광고이고 또 하나는 홍보다. 광고는 광고주가 신문 광고 지면이나 방송 광고 시간대를 구매하는 것이기 때문에 내용을 컨트롤할 수 있다. 물론 광고주 의지에 따라 결과 예측도 가능하다. 광고나 애드버토리얼(광고형 기사)은 몇몇 매체를 지정해 지면을 사야 하는 반면, 언론홍보는 신문사나 방송국에 보도자료를 전달하고 보도를 요청할 수 있다. 그리고 광고나 광고형 기사는 기자보다 광고국, 사업국과 협의해 노출되는 경우가 많으므로 기자와의 관계가 형성되지 않지만, 언론홍보를 통한 기사는 기자에 의해 보도되므로 기자와의 관계가 먼저 형성되어야 하고 관계 형성 이후에는 계속 보도자료를 보낼 수 있다. 하지만 기자가 직접 취재한 영역을 제외하고 보도자료만 놓고 봤을 때 기업에서 보도자료를 배포한다고 해도 보도가 될지 안 될지, 언제 어느 정도 크기로 나올지는 알 수 없다.

신뢰도 면에서도 언론홍보는 광고와 차이가 난다. 기업이나 조직에서 발표한 보도자료는 액면 그대로 받아들이지 않지만 신문에 게재되고 방송을 통해 뉴스로 보도되면 대중은 대부분 사실로 받아들이고 전파하게 된다. 대중은 언론에 보도된 뉴스가 기자들의 검증과 추가 취재 등을 통해 보도된 것이기 때문에 신뢰하는 것이다.

신문이나 방송에 보도된 내용은 이를 본 독자와 시청자에게만 전달되는 것이 아니라 정보를 필요로 하는 사람들에게 구전이나 모바일을 통해 확산된다. 보도자료를 배포한 기업의 뉴스나 조직의 주장은 언론을 통해 독자나 시청자들로부터 신뢰성을 획득하게 된다. 이를 미디어의 게이트 키핑(Gate-Keeping) 기능이라고 한다. 대중의 신뢰를 얻은 뉴스는 더 빨리 전파되고 파급효과도 크다. 뉴스를 정보로 생각하고 만나는 사람들에게 화젯거리로 이야기하게 된다. 반면 광고는 독자들이 그대로 받아들이지는 않는다. 광고는 광고비를 지불하면 얼마든지 구매할 수 있기 때문에 대중의 신뢰를 받기 어렵다.

하버드 비즈니스스쿨 연구 결과, 기사화된 것은 똑같은 크기와 시간 동안 신문이나 방송에 나온 광고보다 10배의 효과가 있다고 한다. 신문 지면의 절반 정도가 광고지만 정보 신뢰성 측면에서 광고에 주목하는 사람들은 많지 않다. 그래서 어떤 광고는 기사처럼 위장(?)을 하기도 한다.

기자는 보도자료 외에 제보나 취재한 내용을 아침에 데스크에게 보고를 한다. 이를 '발제'라고 한다. 데스크 역시 제보를 받는데, 본인이 받은 제보와 기자들이 보고한 정보 중에 뉴스 가치가 높은 것을 골라 편집국장이 주재하는 편집회의에 안건으로 올린다. 모든 부서 부장들이 모인 이 편집회의에서 다음날 신문에 게재할 기사가 결정된다.

각 부장들은 1면에 게재될 만한 아이템을 찾는다. 어떤 뉴스가 1면 톱이 되고 주요 면의 톱기사가 될 것인지, 아니면 버려질 것인지는 순전히 아이템의 '뉴스 가치'에 따라 결정된다. 그렇기 때문에 편집회의에서는 어느 기사를 키우고 어느 기사를 킬(?)할 것인지를 놓고 토론이 벌어진다. 매일 수십 개의 아이템 가운데 어떤 것이 뉴스 가치가 높은지 검토하면서 자기 부서의 기사를 주요 뉴스로 게재하기 위해 노력한다. 신문에 게재되고 방송에 보도되는 주요 뉴스는 위와 같은 경쟁을 통해 뉴스 가치를 인정받아 선택된 뉴스인 셈이다.

언론사는 뉴스 가치를 열독률과 시청률을 예측해 판단하는데, 사건 자체의 중요성을 판단하기 어려울 때에는 독자들이 그 뉴스를 얼마나 읽어 줄 것인가로 1면 기사나 메인뉴스를 결정하게 된다.

대중들이 특정 언론매체를 선택하는 것은 뉴스 가치 기준이 자신의 관점과 맞아 떨어지기 때문이다. 뉴스 가치의 판단은 독자의 연령과 직업, 지식 수준, 정치적 성향 등에 따라 달라질 수밖에 없다. 뉴스 가치는 인물의 인지도나 사건의 객관적 기준으로 판단할 수도 있지만 기자나 데스크가 주관적으로 판단할 수도 있다. 그래서 언론사에서는 매일 열리는 편집국과 보도국 간부 회의에서 어떤 뉴스를 1면이나 톱뉴스로 배치할 것인지를 두고 토론을 벌이는 것이다.

간부 회의에서는 주요 뉴스 외에 기사 방향과 논조를 정한다. 동일한 내용이라도 언론사마다 기사 방향과 논조 차이가 나는 것을 볼 수 있다. 언론사마다 그리고 취재기자마다 사안을 바라보는 시각이 다르기 때문이다.

항상 그런 것은 아니겠지만 언론보도는 한쪽의 입장이나 주장을 부각시키는 경우가 있다. 어떤 이슈가 있을 때 어떤 언론사는 A 입장에서 쓰고, 다른 언론사는 B 입장에서 보도하는 것이다. 다소 차이는 있지만 A, B 양쪽 입장을 모두 반영하는 매체도 있다. 독자들의 주목을 끌고 호기심을 자극하기 위해 제목을 선정적으로 뽑기도 한다.

기자가 취재원에게 원하는 것은 뉴스 가치와 뉴스 신뢰성이다. 언론은 뉴스 가치를 먹고산다고 해도 과언이 아니다. 기자가 가치가 높은 뉴스를 쫓아다니는 이유가 바로 특종을 위해서다. 뉴스 가치를 위해서는 이전과는 다른 변화나 사실이 있어야 한다.

기자들은 훈련과 경험에 의해 어떤 뉴스가 독자에게 읽힐 것인지 판단하는 안목이 발달해 있다. 보도자료를 읽거나 이야기를 나누는 순간 단번에 기사화할 수 있는 내용인지를 판단한다.

따라서 홍보담당자는 먼저 우리 회사에서 뉴스 가치가 있는 활동이 무엇인지 그리고 뉴스 가치가 있는 직원이 누구인지 찾아낼 수 있어야 한다. 무엇이 뉴스 가치가 있는지 직감적으로 아는 홍보담당자가 유능한 홍보맨이다. 사건이 미치는 영향력이나 인물의 인지도만 따진다면 뉴스 가치를 평가하는 일은 어렵지 않을 것이다.

하지만 실제로 홍보 주니어들은 뉴스 가치를 판단하는 것이 그렇게 쉽지 않다. 뉴스 가치는 뉴스를 읽는 독자가 누구냐에 따라 달라진다. 뉴스 가치가 있는 아이템을 찾았다면 그 아이템의 어떤 측면이 뉴스 가치가 있는지 생각해보고 이를 독자와 시청자의 입장에서 가공하는 것이다. 기업의 입장이 아니라 기자의 입장에서 뉴스 가치가 높은 보도자료로 만들어 언론에 배포해야 한다.

예를 들어, 어떤 회사가 수 년 동안 수백 억에 가까운 개발비를 들여 신제품을 개발했다고 해보자. 이것에 대해 언론이 관심을 갖고 보도해야 한다고 생각하는 것은 순전히 기업의 입장이다. 우선 제품에 대한 보도자료를 보고 기자가 보도해야 하는 이유를 납득하도록 설명할 수 있어야 한다. 기자로 하여금 뉴스 가치가 있다는 확신이 들게 해야 한다. 그 제품을 개발한 사람은 누구인지, 어떤 기술이 반영되었는지, 그 기술이 경쟁 제품과 어떤 차별점이 있는지, 그 제품을 구매하는 소비자들은 어떤 이익이 있는지, 그리고 국민들의 생활이 어떻게 바뀔 것인지 등등에 대한 답이 있어야 한다.

친한 기자일수록 뉴스 가치가 높은 보도자료를 보내야 기자도 기사로 보답한다.

언론은 트렌드를 주도한다

언론 보도의 두드러진 특징은 사회의 트렌드 변화를 비중 있게 다루다는 것이다. 언론은 물론 대중은, 현재 대한민국은 물론 세계에서 일어나고 있는 변화나 앞으로 예상되는 미래의 변화를 짚어주는 기사를 좋아하기 때문이다. 아무래도 신문을 읽고 방송 뉴스를 보는 사람들은 자신을 둘러싼 사회와 그 사회의 변화와 발전에 관심이 많은 사람들이기 때문이다.

신문사 편집국장들이나 방송사 보도국장들은 기자들에게 단편적인 기사보다는 사회에서 일어나는 트렌드 변화를 종합적으로 짚어주는 기획 기사를 요구한다. 기획 기사는 손이 많이 가고 독자나 시청자로 하여금 많은 생각을 하게 해 준다. 따라서 단편적인 기사로는 작게 취급되거나 킬(kill)이 될 수도 있는 보도자료라도 기획기사로 트렌드 변화 속에서 주목할 만한 사례로 소개되면 큰 기사가 될 수 있다. 그게 언론홍보 전략이고 매력이다.

어떤 기업이 신기술을 개발하고 있다고 치자. 단순히 기술만 홍보하는 것보다는 최근 트렌드 변화를 언론에 알려 주고 그 속에서 이 기술이 어떤 의미를 지니고 향후 국민 생활에 어떤 영향을 미칠 것인지를 짚어 주는 것이다. 물론 그런 기술이 많지 않고 연결시키는 것이 쉽지도 않겠지만 홍보에 앞서 상황을 파악하고 전략을 세우라는 것이다. 시니어 홍보담당자들은 알 것이다. 언론은 신제품 하나 알리는 데는 단신으로 처리하더라도 업계에서 유행하는 제품을 모아 트렌드 변화를 보여주는 기사는 크게 보도한다는 것을.

트렌드의 변화를 쫓는 언론의 속성을 잘 활용한다면 언론도 좋은 기사를 쓰고 기업도 큰 기사로 보도될 수 있다. 하지만 국내 기업이 발표하는 보도자료는 대부분 해당 회사의 뉴스 발표가 대부분이다. 신제품 출시, 사업 수주, CEO 동정 등 빨리 발표해야 하는 뉴스가 주를 이룬다. 발표된 당일에만 뉴스로서 가치가 있다 보니 기자들도 크게 반기지 않는다. 그럼에도 불구하고 기업을 알려야 하는 홍보담당자들은 최선을 다해 홍보해야 한다. 하루만 지나면 뉴스로서 가치가 없어지는 이런 '하드 뉴스'라도 기업으로서는 역사가 된다. 보도 자체도 중요하지만 이왕이면 트렌드로 홍보할 수는 없는지 한번 더 고민해보자는 것이다.

트렌드를 보라는 것은 발표 당일 보도 이후에도 며칠 뒤 또는 몇 달 뒤에도 뉴스로 보도될 수 있는 기사가 될 수 있기 때문이다. 트렌드는 한번 형성되면 쉽게 바뀌지 않는 속성을 갖고 있다. 특히 자동차 업계나 유통업계가 소비자의 구매나 소비 성향을 분석한 '소프트 뉴스'를 보도자료로 만들어 많이 배포한다. 대중들은 뉴스를 보고 '이런 제품이 유행하는구나'라는 생각을 하게 되고 구매를 하게 된다. 대중들의 구매가 늘어나면 언론은 그것을 트렌드라고 보고 또다시 보도한다.

언론은 경쟁과 갈등에 주목한다

언론은 경쟁과 갈등 상황을 좋아하고 더 크게 보도한다. 신제품이 혁신적일수록 뉴스 가치가 높다고 했지만 신제품을 출시한 회사만 보도되는 것은 아니다. 기존의 제품군을 대체하는 혁신적인 제품군이 등장해 기존 제품과 경쟁을 벌이는 것도 뉴스로서 가치가 높다. 과거에 없던 혁신적이고 새로운 제품일 수도 있지만 시장에 이미 비슷한 제품이 있는 상황에서 업그레이드되어 나올 경우도 있다. 따라서 기존 제품에 대항하는 신제품을 내놓는 기업은 치열한 경쟁을 부각시키면서 그 속에서 자사 제품이 가진 장점을 어필하는 전략을 쓸 때가 많다.

자동차, 전자제품, 스마트폰 등 치열한 경쟁 구도는 모든 비즈니스 현장에서 흔히 볼 수 있는데, 신문이나 방송을 통해 치열하게 경쟁하는 상황을 중계하면서 독자나 시청자가 집중하도록 한다. 건강한 경쟁은 사회를 발전시키는 원동력이고, 그 경쟁 속에서 누가 최종 승자가 될 것인가는 자본주의에서 큰 관심거리다. 신제품이나 새로운 서비스를 내놓을 때 공정한 거래에 기반한 마케팅을 해야 하지만 소비자들의 관심을 끌기 위해 파격적인 홍보와 광고를 펼쳐야 할 때도 있다. 밋밋하게 평범한 보도자료를 배포하기보다 경쟁을 좋아하는 언론의 속성을 감안한 기획기사를 시도해보자.

시장 판도를 흔들어야 한다면 광고와 언론홍보 외에 SNS 등 활용할 수 있는 매체를 모두 동원해야 한다. 언론에서 치열한 경쟁에 대한 뉴스를 본 소비자들은 이미 시장에 진입한 제품 말고도 다른 제품이 있다는 것을 알게 되기 때문이다.

홍보는 지속적으로 해야 효과가 나타난다

언론홍보 업무를 막 시작했거나 현업 부서에서 일하는 사람이 담당업무 때문에 얼떨결에 보도자료를 쓰게 되는 경우, 그들의 반응은 두 가지다. 보도자료를 배포하면 '당장 효과가 나타난다'고 과신하는 부류와 '과연 신문에 보도가 될까?' 하고 걱정하는 부류다.

홍보에는 여러 가지 도구(tool)가 있는데 특히, 언론홍보의 효과에 대해 얘기할 때 광고와 많이 비교를 한다. 신문에 게재되거나 방송에 나가는 광고는 최소 몇 달간 지속적으로 전파를 타게 된다. 인쇄 광고나 영상 광고는 비주얼을 보여 주는 것인데, 독자나 시청자들에게 어필한다면 입소문을 타고 확산이 될 것이다. 그러다 보면 광고 기간도 연장이 되겠지만 만약 크게 주목을 받지 못하면 계약기간만 게재되다 말 것이다. 광고는 지면이나 방송 시간대를 사는 것이다 보니 그 지면, 그 시간대에 광고를 보지 못하면 그 광고 내용에 대해 모를 수도 있다.

기업이나 제품 인지도는 광고만으로도 높일 수 있지만 쉬운 일은 아니다. 일반적인 경우라면 광고 전략에 근거하여 유력 매체에 일정 기간 이상 유명 모델을 활용하면 최상의 효과를 거둘 수 있을 것이다. 하지만 광고가 끝나면 순식간에 사라질 수도 있다.

반면 언론홍보는 지속적으로 꼬리를 물고 기사가 나오면서 서서히 기업의 브랜드를 알리고 긍정적 이미지를 구축한다. 홍보 전문가들은 기업의 브랜드 이미지는 광고보다는 언론홍보를 통해 형성된다고 말한다. 필자가 생각할 때 광고와 홍보를 통합해 언론홍보 부서가 주도하여 진행할 때 더 큰 성과가 날것이라고 본다. 실제로 그렇게 하는 기업도 많다.

앞에서 언급했듯이 인쇄나 영상 광고가 노출 직후 기억에서 지워지는 것과 달리 스토리를 전달하는 언론홍보는 최초 접한 사람이 그 스토리를 주변 사람들에게 전파하면서 확산된다. 그리고 언론에 계속 노출되다 보면 대중들은 자기도 모르게 그 기업의 이미지를 떠올리고 그 브랜드의 제품을 구매하게 된다.

언론홍보는 한 번에 승부가 나는 것이 아니다. 기업이 홍보담당자를 통해 언론과의 신뢰관계를 쌓아가는 노력과 활동으로 언론에 보도가 되고 서서히 효과가 나타나게 된다. 물론 광고와 함께 통합적으로 진행할 때 그 효과는 더 클 것이다. 특히 최고의 브랜드가 아니면 살아남기 어려운 요즘 언론홍보의 중요성은 더 크다고 할 수 있다.

기업이 내놓는 제품이나 서비스는 다양하다. 광고를 먼저 할 것인지 아니면 언론홍보를 할 것인지는 제품과 서비스의 성격에 따라 다르겠지만 일반적으로 새로운 제품을 소비자에게 처음 알릴 경우 언론홍보를 통해 이미지를 구축하고 구축된 긍정적인 이미지를 지속시키기 위해 광고를 한다.

하지만 언론환경은 달라지고 있다. 종이신문의 쇠퇴는 이미 오래 전부터 시작되었고 인터넷 매체가 그 영향력을 키우고 있으며 언론매체는 점점 홍보매체로 변하고 있다. 광고는 모바일 환경의 발달로 지면이나 방송 외에 인터넷이나 모바일 등을 통한 광고 집행이 많아졌다. 언론홍보는 효과가 천천히 나타난다는 말은 수정되어야 한다. 상황에 따라 천천히 나타날 수도 있지만 또 전략에 따라 빨리 나타날 수도 있다.

언론홍보라는 것은 나쁜 것을 좋게 보이게 하는 마술이 아니다. 진실을 있는 그대로 알리는 작업이다. 언론은 비판과 견제 등 부정적인 측면을 보도하려는 경향이 있으므로 기자들과 적극적으로 만나 알릴 것은 알려야 한다. 그렇다고 기자에게 호의를 구걸하거나 그들의 비판을 두려워할 필요는 없다.

물론 주의할 사항은 있다. 기자의 질문에 대답하지 않았다고 해서 기사가 나가지 않을 것이라고 생각하지 말라는 것이다. 기자와 아무리 우호적인 관계를 맺고 있다고 해서 호의적이거나 긍정적인 기사로 연결된다고 생각해서도 안 된다.

기사를 볼 때는 사실(fact) 뒤에 숨겨진 진실(truth) 대신 기자의 시각(viewpoint)이 있다는 말을 명심해야 한다. 잘못되었거나 부정적인 기사가 나갔다면 오보를 수정하고 만약 수정이 어려울 때는 반론이 함께 보도되도록 하는 것이 현명한 방법이다. 아울러 단편적인 기사를 지나치게 과신하지 말고 경쟁사에 불리한 기사를 악용해서도 안 된다.

언론홍보는 광고와 다르다

　일반적으로 홍보는 광고와 언론홍보를 포함한다. 광의의 관점에서 보면 언론매체를 통해 알리는 언론홍보는 홍보 영역에 속하지만 협의의 개념으로 보면 언론홍보와 홍보는 다른 점이 있다.
　홍보는 PR(Public Relations)이라고도 하는데, 그 주체가 간행물이나 영상물, 혹은 홈페이지 등을 이용해 직접 대중에게 알리지만, 언론홍보는 신문과 방송 등 언론이라는 매체를 통해 대중에게 알린다는 점이다.
　홍보와 언론홍보의 또 다른 차이점은 홍보는 큰 비용이 들어가지만, 언론홍보는 비용이 크게 들지 않는다는 것이다. 홍보 수단으로는 여러 가지가 있겠지만 효과를 얻기 위해서는 홍보물의 인쇄와 배포, 홍보영상물의 제작, 기타 홍보 수단 활용 비용 등 적지 않은 예산이 필요하다. 이에 비해 언론홍보는 큰 예산 없이 보도자료만으로도 어느 정도 홍보 효과를 얻을 수가 있다. 예산이 넉넉하지 않아 대규모 홍보가 쉽지 않다면 언론홍보를 활용할 것을 제안한다.
　언론홍보와 광고 역시 차이가 있다. 광고는 광고주가 광고료를 내기 때문에 내용을 통제할 수 있다. 어느 신문과 방송에 언제, 얼마나 크게 내보낼지를 광고주가 결정할 수 있다. 당연히 결과도 어느 정도 예측할 수 있지만 광고 문구를 있는 그대로 받아들이는 대중은 거의 없다. 반면 언론홍보는 보도자료를 통해 보도된 기사를 말하는데, 독자들은 보도된 기사는 주목할 만한 가치가 있다고 생각하고 이를 사실로 받아들인다.
　인터넷의 발달로 신문 구독률이 하락하고 모바일 환경의 발달로 인해 신문 시장은 생존을 위협받고 있다. 언론홍보에는 돈이 들지 않는다고 말하는 사람들도 있지만 언론홍보가 공짜로 되는 것은 아니다. 언론에 보도가 되도록 하려면 우선 홍보 조직을 구축하고 홍보담당자를 두고 언론과 관계를 맺어야 한다. 보도가 될 만한 가치가 있는 뉴스를 찾아내야 하고 찾아낸 뒤에는 보도자료를 만들어 배포해야 한다. 하지만 이런 비용을 감안하더라도 광고보다는 언론홍보가 언론과 이해관계자들과 소통할 수 있는 효과적인 홍보 수단이라는 점은 분명하다.

우리나라에 광고비나 홍보 예산이 넉넉해서 홍보를 편하게 할 수 있는 회사가 몇이나 될까? 하지만 홍보 예산이 많다고 하더라도 언론에 어필할 수 있는 아이디어까지 많은 것은 아니다. 언론에 자주 등장하는 대기업은 홍보 전문가들이 포진해 전략을 세우고 다양한 아이템을 발굴하고 적절한 타이밍과 매체 선정을 통해 홍보하는 것이다.

언론에 많이 나온다는 것은 환경적인 도움도 있지만 그만큼 많은 노력을 기울이기 때문이다. 언론홍보에서는 기획과 아이디어에 기반한 치밀한 전략과 조직을 위해 최선을 다하는 열정이 절대적으로 중요하다. 이는 광고도 마찬가지다.

언론홍보의 성공 비결은 무엇보다 기자와 자주 만나야 한다. 기자들은 결국 많은 아이디어와 열정을 가진 홍보담당자를 도와주기 마련이다. 자주 찾아오고 뉴스가 될 만한 아이템을 제안하는 홍보담당자가 속한 기업과 조직의 뉴스를 자주 다룰 수밖에 없을 것이다.

언론홍보, 경험이 중요하다

언론홍보는 무엇보다 홍보담당자의 감각이 중요하다고 생각한다. 기자로부터 "그 친구 센스 있네"라는 말을 들었다면 그 홍보담당자는 홍보 감각이 있다고 할 수 있다. 그 감각은 그냥 주어지는 것이 아니다. 끝없이 학습하고 경험을 쌓는 길밖에 없다. 기업에서 언론홍보를 하다 보면 기자들 말로 '얘기가 안 되는' 아이템을 홍보해야 할 경우도 있다. 얘기가 안 된다고 대충하지 말고 '어떻게 하면 얘기가 될까?'고 민하고 어떻게 홍보를 할 것인지 방법을 찾아보자. 남들이 어렵다고 생각할 때 실력을 발휘해야 홍보담당자의 감각과 역량이 드러나는 것이다.

기자들 중에는 얘기가 안 되는 보도자료 배포에 대해 '한 소리' 하는 사람도 있고 어떻게든 도와주려고 하는 사람도 있다. 전 매체에 배포할 것인지, 특정 매체를 통해 크게 보도할 것인지도 감각이다. 이 영역은 홍보 주니어보다는 홍보팀장이나 담당 임원의 영역이겠지만 주니어들은 내 권한 밖이라고 손 놓고 있지 말고 선배들이 어떻게 움직이고 기자들과 어떻게 업무 협조를 하는지 지켜보고 노하우를 배우고 경험을 쌓아야 한다.

솔직히 감각이 있는 홍보담당자들은 몇 년만 제대로 일하면 반 기자가 된다. 부서마다 중요한 사업이고 혁신적인 제품이니 꼭 보도가 되어야 한다고 하지만 어느 정도 기사 가치가 있는지 '감'이 온다.

하지만 그런 경우는 낫다. 기자가 회사에 관한 부정적인 기사를 취재하거나 언론에 부정적인 기사가 날 때면 평소 홍보팀과는 일절 관계가 없던 부서에서 취재를 막아달라, 기사를 빼달라, 대책회의에 참석해달라 등의 요청을 한다. 이미 어찌할 수 없는 단계까지 가도록 가만히 있다가 경영진에게 보고했다면서 조치를 하라고 한다.

물론 쉽지 않은 조치를 해달라고 하니 힘들지만 그것이 홍보담당자들의 숙명이다. 그동안 쌓은 경험을 믿고 부딪쳐 보자. 기사를 뺄 수는 없지만 제목이라도 바꾸고, 기사에서 부정적인 내용을 최대한 덜어내도록 해보자. 그냥 안 된다고 하지 말고 하는 데까지 해보자. 홍보팀에서 하는 데까지 했지만 어쩔 수 없었다고 말하게 되는 결과를 얻게 되더라도 그 과정 자체가 홍보담당자에게는 소중한 경험이 된다. 그 경험들을 그냥 흘려보내지 말고 간단하게나마 정리를 해서 결과 보고를 하자. 대기업 홍보팀이나 공무원들은 보도가 잘 안됐을 경우, 분석을 한다. 실수가 있었다면 다음에는 똑같은 실수를 반복하지 않기 위해서다. 팀장이나 임원이 사안에 따라 경영진에 보고를 할 수도 있다. 그것도 홍보담당자에게는 실적이고 성과가 될 것이다.

보도자료 건수가 없는 때라도 기자들을 만나 끊임없이 소통해야 한다. 소통은 외부의 기자와도 중요하지만 내부의 직원들과도 쌓아야 한다. 기업 홍보 아이템은 내부에서 나오기 때문이다. 처음에는 홍보팀에서 뉴스 아이템을 찾아 내부 직원들을 찾아다니겠지만 어느 정도 단계에 오르면 직원들이 홍보를 해달라고 아이템을 싸들고 온다. 직원들이 반(半)홍보맨이 되도록 사내 교육도 하고 소통을 위해 끊임없이 노력해보자. 그것도 홍보담당자의 중요한 역량이고 큰 역할이다.

그 과정에서 경험이 쌓이고, 그렇게 쌓인 경험과 노하우는 홍보담당자에게 갑옷이 되고 무기가 된다는 걸 명심하자.

언론환경이란 무엇인가?

일반 직원들 중에 언론홍보는 대기업만 하는 것이라고 생각하는 사람들도 있다. 실제로 삼성이나 현대자동차, SK, LG 등 대기업은 분야별로 홍보 전문가를 두고 기자실을 운영하고 있다. 그리고 정부 부처나 지자체 등도 대변인실을 두고 기자실을 운영하고 있어 신문과 방송사 기자들이 상주하고 있다. 실제로 신문과 방송에 등장하는 단골도 대통령을 비롯한 고위직 공무원 그리고 대기업 총수나 CEO들이 많다. 신문이나 방송에 자주 등장하는 회사나 인물을 가만히 들여다 보면 평소 언론홍보를 꾸준히 그리고 열심히 하는 회사라는 것을 알 수 있다.

하지만 언론홍보는 정부 부처나 대기업 등 큰 조직에서만 할 수 있는 것이 아니다. 환경이 열악한 조직이나 중소기업에게 언론홍보는 더욱 중요하다고 할 수 있다. 언론홍보는 중소기업이 대기업을, 작은 조직이 큰 조직에 맞설 수 있는 강력한 무기이다. 단, 평소 언론관계 관리를 잘 해야 한다는 조건이 붙는다.

분명 중소기업의 여건이나 환경은 대기업에 반해 좋지 않은 것이 사실이다. 대기업은 많은 예산을 갖고 광고도 할 수 있고 협찬이나 후원 등 다양한 방법으로 언론과의 관계를 강화할 수 있다. 하지만 중소기업은 광고는 물론 협찬 등도 쉽지 않다.

언론과 기자는 정의감을 근간으로 하고 있고 기본적으로 약자와 정의의 편이다. 참여연대 등 NGO의 경우 정부와 맞서 대등한 목소리를 내지 않는가. 불합리, 불평등, 부도덕한 사회현상에 대해 언론의 직업윤리에 호소함으로써 홍보에 성공한 사례가 많다. 특히 언론의 관심을 집중시킬 수 있는 이벤트를 기획하고 성명서를 발표하며 사회적인 반향을 불러일으킨다. 이들이 언론홍보에 많은 관심을 갖고 다양한 노력을 기울인 탓도 있겠지만 도덕적으로 언론을 대하고 기자들을 감동시킴으로써 언론과 대중의 지지를 받는 것이다.

뒤에서도 얘기하겠지만 언론홍보는 예산만 갖고 되는 것이 아니라는 데 매력이 있다. 큰돈이 없어도 독창적인 아이디어로 큰 효과를 볼 수 있는 것이 언론홍보. 물론 모든 중소기업이 그렇다고 볼 수는 없지만 독자적인 기술력을 갖고 있다든지 특이한 기업문화를 갖고 있는 기업은 시장의 관심과 이목을 받는다. 그러한 것들은 홍보가 될 만한 아이템이지만 이를 알아보는 안목을 가진 홍보담당자를 만나야 기자에게 전달되고 언론에 보도될 수 있다. 결국 홍보 아이템이 있어야 하고 홍보담당자가 이를 찾아내서 기자에게 어필해야 언론에 보도된다.

1차적으로 홍보가 될 만한 아이템이 없거나 홍보담당자가 없는 기업은 언론과 인연을 맺기 어렵다. 그리고 홍보담당자가 있어도 홍보 마인드가 없거나 홍보 아이템을 찾아다닐 열정이나 여력이 없다면 이 역시 언론에 보도되기 힘들다. 홍보담당자가 홍보 마인드가 부족하면 충분히 뉴스 거리가 될 만한 아이템을 접해도 깨닫지 못한다. 홍보는 타이밍인데 골든타임을 놓쳐 묻히고 마는 것이다. 이는 홍보담당자가 기본적인 언론환경을 이해하지 못한 데서 기인한 것이다. 언론환경은 언론 자체의 환경도 있지만 언론보도를 위해 홍보담당자에게 요구되는 역량도 포함된다.

예를 들어, 시장에서 여러 제품이 치열한 경쟁을 벌이고 있다고 치자. 신문이나 방송에 제품을 비교한 기사가 실렸는데, 자사 제품만 빠졌다면 신문이나 방송을 본 경영진들이나 해당 제품 담당 브랜드 매니저는 기분이 어떨까? 더구나 내부 고객인 직원들 중에는 '우리 회사 홍보팀은 도대체 뭐하는 거야?'라는 생각을 하는 사람도 있을 것이고 행동파(?) 직원들은 사내 게시판에 '홍보팀은 뭐하냐?'고 글을 올릴 수도 있다.

물론 기자가 요청을 해오지 않았다고 변명을 할 수도 있겠지만 평소에 언론 관리를 잘 하지 못한 홍보담당자 책임이 크다. 이런 일을 당하지 않으려면 언론홍보 계획을 수립하고 출입기자들을 수시로 만나며 최신 정보 중 우리 회사에 도움이 되는 아이템이 있다면 보도자료를 만들어 배포하는 등 꾸준히 노력해야 한다. 기업이 언론에 자주 보도된다면, 홍보담당자가 언론환경에 대한 이해를 바탕으로 언론관리 활동을 지속적으로 펼친 덕분이다. 결코 운이 좋아서가 아니라 체계적으로 계획을 수립하고 열심히 활동한 성과가 나타난 것이다. 그 출발은 언론환경에 대한 이해다.

뉴미디어를 이해하고 활용하라

　　인터넷의 발달은 대중의 삶은 물론 산업 환경에도 많은 변화를 초래했다. 그중 가장 급격한 변화를 일으킨 분야 중 하나가 바로 미디어 환경의 변화다. 인터넷 기술의 발달과 모바일의 보급은 뉴미디어의 도입과 확산을 촉진시켰다.

　　뉴미디어의 도래는 전통적 매체들(신문, TV, 라디오, 잡지)이 독점하던 미디어 시장에서 기존 미디어와 뉴미디어 사이에 치열한 경쟁을 촉진했고 기존 매체의 영향력을 감소시키거나 기존 매체와 새로운 매체와의 융합으로 나타났다. 정부 단체와 큰 기업마다 뉴미디어팀을 신설하기에 이르렀고 바야흐로 홍보에 새로운 국면이 열린 것이다.

　　온라인이 홍보 수단으로 활용되기 시작한 지 채 10년이 되지 않았다. 인터넷 사용 인구가 3,000만 명을 넘어서면서 모바일을 포함한 온라인에 접속하는 고객들을 생각한다면 그 홍보 효과는 실로 엄청나다.

　　인터넷 기술의 발전을 위시한 모바일 기기의 발달은 정보의 일방적인 수용자였던 대중을 정보의 공급자 및 발신자로 만들었다. 온라인 사용자가 만들어 내는 여론은 군중심리의 성격보다는 상호작용을 원하는 경향이 강하다. 페이스북 등 SNS 사용자가 무섭게 번져가는 현상만 봐도 그렇다.

　　누구나 개인적인 공간을 통해 정보 생산이 가능해졌다. 이러한 일반 공중들의 힘은 인터넷 환경을 통해 특정 개인과 다수 또는 불특정 개인과 다수를 대상으로 자신의 의견을 자유롭게 교환하며 확산하는 쌍방향 커뮤니케이션을 가능하게 만들었다. 이러한 현상은 미디어 수용자들이 과거보다 지식 수준이 높아져 자신만의 논리를 주장할 수 있게 되었고 과거 전통적인 매체들이 독점하던 정보 생산 및 여론 형성 기능의 역할까지 위협하게 되었다.

이러한 환경 변화는 기업의 마케터들과 홍보담당자들의 마케팅-홍보의 통합 전략에도 큰 변화를 가져왔다. 기존 기업의 마케팅과 홍보담당자들은 전통 매체를 중심으로 마케팅과 홍보 전략을 구상하고 해당 프로그램을 실행했다. 그러나 이제는 전통적 매체에 의존하는 것만으로는 세분화된 타깃 고객에게 기업에서 전달하고자 하는 메시지를 효과적으로 전달하는 데 한계가 있다는 것쯤은 다 아는 이야기다.

일방적인 메시지만을 전달하는 것은 쌍방향 커뮤니케이션을 실행하며 타깃 고객의 니즈를 적극적으로 반영하는 경쟁사에 비해 서비스의 질뿐만 아니라 속도의 경쟁력에서도 뒤쳐질 수 있다는 것을 의미한다. 뉴미디어를 통해 기업은 필요에 따라 온라인 홍보 전략과 기획으로 대중의 참여를 끌어낼 수 있게 되었다.

하지만 새로운 미디어 환경의 도래가 언론환경에 긍정적인 효과만 가져온 것은 아니다. 언론홍보 전략을 구사할 때 역기능도 함께 살펴봄으로써 그 대책을 찾아내 참고할 것을 제안한다.

언론사를 차별하지 마라

　조선일보, 중앙일보, 동아일보 등 세 언론사를 하나로 묶어 흔히 '조중동'이라고 표현한다. 조선, 중앙, 동아일보 등은 하나의 매체만으로도 영향력과 파급력이 큰 데다 종합편성채널(흔히 종편이라고 함)이라고 하는 방송까지 갖추다보니 '조중동'이라는 말로 묶음으로써 메이저 매체의 대명사로 회자된다.
　홍보담당자들은 자체 기준을 정해 종합지, 경제지, 인터넷 매체 등으로 구분하지만 홍보를 전담하는 임원이 아닌 이상 언론 환경이나 매체 특성에 대해서는 '조중동, 매경, 한경, 공중파 TV' 등 몇 개밖에 모르는 경우가 많다. 그러다 보니 이러한 매체 파워가 있는 언론사에 기사가 나가야만 경영진으로부터 '수고했다'는 칭찬과 격려의 한마디를 들을 정도다.
　메이저 언론사는 많은 수의 기자를 보유하고 있어 주간지 수준의 지면을 매일 채운다. 자본력이 탄탄하고 정기 구독률이나 판매율도 높아 많은 발행 부수를 자랑한다. 많은 독자들을 보유하고 있고 또 많은 독자들에게 기사가 전달됨으로써 여론 형성에도 큰 영향을 미치다 보니 이는 매체 영향력의 근간이 된다.
　하지만 인터넷의 발달로 인해 인터넷 매체도 많아졌고 대중들은 매일 쏟아지는 수많은 정보를 스마트폰을 통해 선택적으로 받아들인다. 언론사마다 포털 사이트 등을 통해 속보 경쟁을 펼친다. 대중들은 매체의 힘보다는 각자 취향에 맞는 정보를 선택한다. 개인마다 스마트폰을 갖고 있고 포털 앱이나 뉴스 앱을 통해 하루 종일 뉴스를 접한다. 온라인상의 노출 빈도나 조회수 경쟁에서 조중동이라고 유리하거나 큰 혜택을 보는 것은 아니다. 물론 발행부수가 많은 매체의 영향력을 간과하라는 것은 아니자만 인터넷의 발달로 기존 발행부수에 따른 매체력은 그 의미가 많이 퇴색된 것이 사실이다. 특정 언론사의 기사라는 후광은 많이 사라지고 온라인상의 기사끼리 경쟁하는 '뉴스마켓' 시대로 나아가고 있다.

이런 이유로 홍보담당자들은 다양한 특성을 가진 언론사들을 주목하고 각 언론사의 개별적 특성을 이해해야 한다. 특정 매체에 맞는 보도자료 외에도 매체별 특성에 맞는 기삿거리를 발굴해 세분화된 보도자료를 만들어 전략적으로 배포할 필요가 있다. 기사 자체에 가치가 있고 매력이 있으면 인터넷에서 이슈가 되고 트렌드가 될 것이고 넘기 힘들었던 메이저 매체에서 추가 취재를 할 수도 있다는 것을 명심하자. 평소 매체를 차별하지 말고 다양한 매체 기자들과 네트워크를 쌓아둘 필요가 있다.

통신사를 활용하라

흔히 '언론에 보도됐다'는 말은 신문 지면이나 TV 뉴스 등에 노출되었을 경우를 말한다. 그러다 보니 신문사나 방송국 등에만 기자가 존재한다고 생각하기 쉽다. 그렇다면 군소 매체들은 어떻게 전국의 사건 사고들을 다룰 수 있을까? 정답은 통신사 덕분이다. 홍보담당자들에게 잘 알려진 국내 통신사는 연합뉴스, 뉴시스, 뉴스1 등이다. 신문의 사진 설명이나 기사 끝 부분에 적힌 기자 이름(흔히 '바이라인'이라고 한다) 대신 들어가기도 한다. 통신사는 언론사에 뉴스를 제공하는 매체다. 즉 언론사에 유료로 뉴스를 제공하는 언론사다.

홍보담당자는 모든 언론사를 챙겨야 하지만 특히 통신사를 잘 챙겨야 한다. 바쁘다 보면 보도자료로 배포할 만한 아이템인데 모르고 지나칠 수도 있고 기사가 되지 않을 거라는 생각에 지나치기도 한다. 하지만 보도자료가 통신사 기자에 의해 보도되면 다른 매체 기자들은 검증이 된 기사라고 생각하기 때문에 한 번 더 들여다본다.

홍보 주니어들 중에는 출입기자도 아닌데 기사화된 자사 뉴스를 본 경험이 있을 것이다. 기자들이 통신사 뉴스를 꼼꼼히 살펴본다는 얘기다. 기업이나 기관에서 배포한 보도자료보다는 통신사 기자들이 쓴 기사는 간단명료하기 때문에 기자 관점에서 이해하기가 쉽고 기사화하기에 용이하다.

통신사의 또 다른 장점은 통신사에 기사가 났을 때 여러 매체에 실릴 수 있다는 것이다. 언론사는 일간지, 인터넷 매체, 공중파, 종편, 케이블 등 수백 개가 넘는다. 모든 기사는 아이템과 상황에 따라 보도 여부와 기사 크기가 결정되기 때문에 때로는 한 매체를 통해 깊이 있게 다루는 것도 의미가 있지만, 넓게 확산이 필요한 경우도 있다. 이럴 때는 통신사를 잘 활용하는 것도 효과적인 홍보 방법이다.

인터넷 여론은 중요하다

　기업에서 언론홍보를 한다는 것은 언론을 최대한 활용하여 기업 관련 뉴스를 원하는 방향대로 널리 알리는 것이다. 그렇다면 '언론홍보'는 무슨 뜻일까?
　언론홍보의 의미는 '신문이나 텔레비전, 인터넷 등을 통하여 어떤 사실을 밝혀 알리거나 어떤 문제에 대하여 여론을 만들어 나가는 활동'이다. 언론을 영어로 'press'라고 하는 것에서 알 수 있듯 예전에는 신문, 잡지 등 종이 매체가 근간이었다면 현재는 신문, 방송은 물론 인터넷을 포함해 '여론을 형성하는 모든 매체'를 말한다.
　인터넷에서 다뤄지는 정보가 모두 신뢰할 만한 것은 아니지만 정보 확산에 기여한 것은 분명하다. 인터넷에서 떠도는 이야기들로 주가가 오르내리고 여론이 바뀌고 선거 판세가 뒤집히기도 한다.
　사람들의 관심이 모이는 곳에서 여론이 형성되고 그것이 언론을 통해 보도되는 것이 기사다. 인터넷 여론을 확산하는 주체는 크게 세 가지다.
　첫째, 포털 사이트 뉴스와 모바일 뉴스 앱이다. 가장 빠르게 국민들에게 뉴스를 전달하는 채널이다. 출퇴근길에 직장인들은 저마다 스마트폰을 통해 정보를 얻는다. 신문을 사 보거나 방송을 보지 않고서 쉽게 뉴스에 접근할 수 있다.
　둘째, SNS(Social Network Service)다. 미국에서 첫 흑인 대통령을 만드는 데 큰 역할을 했다는 트위터와 페이스북 등 소셜 미디어들은 국내에서도 가장 영향력이 있는 마케팅 도구다. 기업뿐만 아니라 정부 단체 및 공공기관도 SNS를 중요한 소통 채널로 인식하고 많은 투자를 하고 있다. SNS를 기반으로 한 뉴스 사이트 중 '위키트리'는 기업마다 보도자료를 보낼 만큼 네티즌들 사이에서 인기다.

   셋째, 파워블로거다. 이들은 블로거를 운영하며 충성도 높은 독자들을 확보한 사람들이다. 각 부문에서 블로거들은 영향력을 과시하고 있어 기업들은 신제품 출시 행사에 이들을 초대하기도 한다.

   여전히 종이신문과 공중파 방송이 매체 파워가 강하지만 다양한 언론사들이 포털 사이트에 기사를 노출하고 있기 때문에 콘텐츠 품질만 좋으면 많은 조회수를 기록하기도 한다.

   많은 기업들이 인력과 예산 부족을 이유로 SNS를 운영하지 않거나 게시판처럼 보도자료나 단순한 공지 중심의 형식적인 소통을 하고 있다.

   귀찮고 어렵다는 이유로 간과하지 말고 온라인 매체에 대한 이해와 학습을 통해 전략을 수립하고 갈수록 영향력이 커지는 SNS를 활용할 방법을 찾아야 할 것이다.

언론홍보, CEO를 내세워라

기업에서 홍보담당자는 대변인이다. 기업 뉴스를 발표하는 통로가 홍보조직이기 때문이다. 홍보를 잘하는 기업은 대체로 최고경영자가 홍보에 관심이 많아 홍보조직을 두고 적극적으로 홍보를 하고 있다. 최고경영자 중에는 기자들 앞에 자신을 전혀 나타내지 않는 사람도 있는데, 언론은 지면이나 뉴스 등에 CEO 인터뷰 코너를 두고 기업의 CEO를 뉴스메이커로 존중한다. 기자들은 홍보담당자를 통해 간접적으로 이야기를 듣는 것보다 CEO에게 직접 이야기를 듣고 싶어 하고, CEO가 직접 등장하면 기사 크기도 키운다.

기자들도 '사람 얘기가 재미있다'고 말한다. 일반인들도 뉴스가 될 만한 사람들이 많지만 CEO 동정이나 관련 기사도 기삿거리가 충분히 된다. 특히 회사를 대표하는 행사나 이벤트에 직접 참여하면 언론에 보도될 확률이 높다. 기업을 대표하는 CEO라면 자주는 아니더라도 가끔은 기자들과 만나는 것이 좋다고 생각한다.

홍보담당자가 해야 할 일 중에 'CEO PI' 업무가 있다. 최고경영자의 평판을 관리하는 것이다. 물론 선행되어야 할 것은 '미디어 트레이닝'을 통해 언론과 기자의 속성에 대해 학습시켜야 한다는 것이다. 주기적으로 기자들과 간담회를 마련하고 CEO가 기자들과 긍정적인 관계를 맺을 수 있도록 자리를 마련하는 것이다. 기자간담회는 CEO가 기자와 친해질 수 있는 좋은 기회다. CEO가 마련한 자리라고 하면 기자들은 관심을 가지고 참석한다. 뉴스가 될 만한 것이 없을까 하고 CEO의 말 한마디, 행동 하나하나에 집중한다.

CEO는 기자들의 이름을 기억하고 관심을 갖고 있다는 것을 보여

줘야 한다. CEO와의 간담회를 가진 기자들도 존중받았다는 기분이 들기 때문에 홍보담당자와도 친근하게 지낼 확률이 높다. 한두 번 기자와 자리를 하다 보면 CEO는 마음에 맞는 기자를 만날 수 있고, 자신만의 네트워크를 구축하게 된다.

기자들로부터 호감을 얻게 되면 취재 기법이나 언론 속성 등에 대해 조언을 구하거나 자문을 받을 수도 있다. 자연스럽게 미디어 트레이닝 효과를 거둘 수 있는데, 사실 미디어 트레이닝은 홍보팀에서 직접 하기는 어려운 영역이다. 미디어 트레이닝을 통해 CEO가 홍보 감각을 키우고 언론에 호의적이면 기자도 자연스럽게 기업에 대해서 긍정적인 인상을 받아 보도자료 인용 횟수도 많아질 것이다.

홍보를 하다 보면 상황과 사안에 따라 전략적으로 중요한 매체가 어디인지를 알 수 있다. 홍보담당자들이 흔히 말하는 메이저 언론사가 아니더라도 관련 분야 오피니언 리더들이 보는 매체라면 우호적인 관계를 맺는 것이 좋다. 우선 팀장이나 임원급에서 인사를 하고 1년에 한 번 정도는 CEO 주관으로 데스크와 간담회를 가지는 것도 좋을 것이다. 기업과 언론사의 관계가 좋으면 홍보담당자와 기자의 관계도 좋아진다. 소통이 원활해져 아이템 제안도 편하게 할 수 있고 홍보담당자와 기자 사이의 신뢰 관계 또한 자연스럽게 구축될 것이다.

언론에 CEO 인터뷰가 보도되면 직원들도 큰 관심을 가지게 된다. 그리고 메이저 매체에 보도된 뉴스는 고객들이 신뢰성이 높다고 판단하기 때문에 정부, 투자자, 오피니언 리더, 거래처 관계에도 큰 영향을 미친다. 따라서 기업의 지명도와 신뢰도가 올라가면서 주가도 오르고, 금융기관의 신용도가 높아져 자금 조달이 용이해진다. 언론보도는 신상품 판매 증가나 신사업의 성공 가능성을 높이기도 한다. 특히 언론을 통해 대중에게 널리 알려진 기업은 좋은 인재 확보도 용이

하다.

　기업에 긍정적인 뉴스는 사내 조직 활성화는 물론 직원들의 사기 진작에 기여하고 마케팅 및 재무, 그리고 우수 인재 영입을 위한 리쿠르팅에도 긍정적인 효과가 있다. 흔히 취업준비생들은 매일 신문을 읽으면서 신문에 오르내리는 기업에 관심을 갖기 마련이다. 언론에 자주 오르내리고 대중들에게 널리 알려진 기업을 좋은 회사라고 생각하는 것은 인지상정이 아니겠는가?

　CEO를 잘 활용하면 언론에 기업을 노출하는 데 큰 도움이 된다. 언론의 관심 밖에 있는 기업이라도 CEO는 기업의 얼굴이므로 언론의 관심을 끌 수 있다.

홍보담당자는 CEO와 가까워야 한다

요즘 CEO들은 대부분 홍보담당자 이상의 홍보 마인드를 갖추고 있다. 홍보담당 임원보다 감각이 뛰어난 CEO들도 많다. 그러다 보니 어지간해서는 홍보를 잘한다고 인정받기가 쉽지 않다. CEO들은 상황을 인식하는 통찰과 솔루션에 대한 다양한 경험을 가졌기 때문이다.

이쯤 되면 홍보 주니어들은 홍보를 잘하는 법에 대해 의문이 생길 것이다. 홍보를 잘하는 방법은 뭘까?

작은 규모라면 홍보담당자 한 명이 주먹구구식으로 해도 홍보에 대해 아는 사람도 없고 관심도 없으므로 홍보담당자 마음대로 해도 어떻게든 돌아간다. 하지만 회사 규모가 커지고 홍보할 제품과 서비스가 많아지면 홍보 조직을 만들어야 한다. 유능한 홍보 전문가를 영입하고 홍보 마스트플랜을 짜고 체계적으로 홍보를 해야 한다. 홍보 마스터플랜은 연간 사업계획 등을 반영한 최소한의 홍보 계획이다.

언론홍보는 기자의 취재 요청이나 질문에 대해 신속하게 대응할 수 있어야 한다. 신속히 대응을 하기 위해서는 홍보담당자 위에 의사결정을 위한 많은 단계를 두는 것은 효율이 떨어진다. 기자가 취재 요청을 한다는 것은 그만큼 긴급하다는 것인데, 몇 단계 보고를 거친 후에 피드백을 준다면 골든타임을 놓칠 수도 있고 홍보할 기회가 다른 회사로 넘어갈 수도 있다. 따라서 한두 단계 안에 의사결정을 할 수 있도록 홍보 조직을 최고경영자 직속으로 두거나 대표이사와 가까운 기획실 부서 안에 두는 것이 효율적이다. 여기서 대표 직속으로 두는 것과 기획실 등 별도 조직으로 운영되는 것은 각각 장단점이 있으므로 기업마다 상황에 따라 운영의 묘를 살리면 된다.

홍보조직을 CEO 직속으로 둘 경우 CEO 등 경영진 홍보가 쉽고 의사결정이 빠르다. 홍보담당 임원이나 팀장이 사내 경영회의나 임원급 회의에 참석해 발언하거나 참관할 만큼 위상도 강화된다. 홍보를 하다 보면 언론의 문의와 취재 요청이 있을 경우 다른 부서의 협조를 받아야 하는 경우가 많다. 홍보조직이 CEO 직속으로 있을 경우 자연스럽게 다른 부서와의 관계에서 원활하게 업무를 진행할 수 있다.

반면 홍보조직이 별도 조직으로 독립되어 있을 경우 마케팅팀이나 영업부서와 떨어져 시장 변화나 고객 반응에 둔감해질 가능성이 있다. 조직의 구속이나 간섭이 귀찮게 될 수도 있지만 기획실이나 마케팅본부 등에 소속되어 회사의 경영전략에 맞는 홍보 전략을 수립해 실행하는 장점이 있다는 의견도 있다.

어느 쪽이 좋다고 말할 수는 없지만 B2C 기업인지 아니면 B2B나 B2G 기업인가에 따라 홍보조직을 운영하면 좋을 것이다. 규모가 큰 그룹의 경우, 대외적으로 언론사를 담당하는 홍보기획팀과 기자를 상대하는 언론홍보팀, 그리고 사내 정보를 수집하는 커뮤니케이션팀 등 업무를 나눠 운영하고 있다. 팀으로 나눌 수 없는 조건이라면 담당자를 둬도 되고 그도 아니면 선택과 집중에 따라 인력을 운영하면 된다.

홍보담당자는 사내에서 작성한 사업계획서나 관련 보고서를 늘 확인하고 업계 동향을 살펴야 한다. 언론매체에 경쟁사와 관련해서 어떤 기사가 나왔는지 정보를 수집하고 보고하는 일도 주요 업무라고 할 수 있다. 이런 과정을 통해 회사 내에서 이루어지는 일 중에서 무엇이 중요한지, 무엇이 언론에서 볼 때 관심을 가질 만한지, 그리고 외부에 어떤 메시지를 전달할 것인지 알 수 있다.

사실 회사가 커질수록 홍보조직에서 전체 회사 업무를 파악하기가 어려워진다. 기업이 여러 종류의 제품을 만들고, 각각의 제품군마다 사업본부가 다를 경우 특히, 홍보조직은 타 부서와 협력해 일을 하기가 더욱 어려워지게 된다.

이런 문제를 해결하려면 각 사업본부마다 홍보담당자를 두는 것도 괜찮은 방법이다. 사업본부 내 홍보담당자는 자기 자신이 사업본부의 홍보 창구이자 책임자라는 생각을 갖고 홍보 아이템을 발굴하고 초안 수준이라도 보도자료를 만들게 된다. 이렇게 만들어진 보도자료를 중앙의 홍보실에 전달해 보완한 뒤에 언론사로 배포하는 것이다.

여러 계열사를 두고 있는 그룹사나 여러 개의 사업본부가 있는 큰 회사들은 홍보담당자를 지정해 운영하고 있다. 그룹 홍보실과 계열사나 본부별 홍보담당자가 수시로 정보를 공유하면서 홍보 아이템을 기획하고 보도자료를 생산하면서 기자들의 취재에 대응한다.

그리고 생산하는 제품이 수직 계열로 이뤄진 기업은 홍보실 조직을 신문과, 방송 등 매체별로 나눠 운영하고 있다. 이렇게 하면 종합지, 경제지, 방송 등 매체별 특성에 맞춰 홍보할 수 있다.

대기업은 우수한 인재를 보유하고 홍보 경험과 운영 노하우를 많이 축적하고 있다. 반면 중소기업은 홍보담당자를 별도로 두기가 어렵고 홍보를 체계적으로 실행하기도 쉽지 않다. 따라서 홍보 커뮤니티나 오프라인 모임에 가입해서 다른 기업에서 일하는 홍보담당자들과 정보를 교환하는 것도 개인은 물론 회사 발전에 도움이 된다. 홍보담당자들은 조직 형태에 연연하지 말고 학습과 교육을 통해 역량을 키우고 홍보담당자로서 본연의 임무에 충실하기를 바란다.

홍보담당자는 기업의 대변인

언론으로부터 취재 문의가 있을 때 누가 전화를 받더라도 동일한 메시지를 전해야 한다. 사람마다 답변이 다르다면 기자는 회사의 홍보 품질을 의심하고 어쩔 수 없이 CEO에게 직접 전화를 하게 된다. CEO는 홍보팀이 있는데, 굳이 내가 받을 필요가 없다며 기자의 전화를 피하거나 기자의 질문에 소신껏 답할 수도 있다. 기자의 유도 질문에 걸려 민감한 내용이라도 말하게 된다면 뒷수습은 고스란히 홍보담당자 몫이 된다. '사후약방문'이라고 일이 터진 뒤에야 기자를 찾아가거나 전화를 해서 기사를 빼달라거나 고쳐달라고 괴롭히게 되는데, 홍보담당자나 홍보팀의 역량이 부족하면 회사는 물론 CEO 평판까지 나빠질 수 있다.

기업이 언론과 관계를 맺기 전에 가장 먼저 해야 하는 일은 언론에 대응할 홍보담당자를 정하는 것이다. 여기서 말하는 홍보담당자는 대변인 역할도 함께 담당하게 된다. 대부분 홍보팀장이나 홍보담당 임원이 맡는다. 대변인이라고 하면 그에 맞는 역량을 갖춰야 하는데, 업무 역량보다는 직속 임원이나 CEO가 편한 사람 중에서 맡는 경우도 많다. 기업 이슈도 없고 홍보 예산도 넉넉해 기자들이 원하는 것을 대부분 수용할 수 있다면 큰 문제가 안 되지만 반대의 경우에는 홍보담당자의 역량이 중요하다. 문제는 이를 겪지 않으면 언론의 속성을 모른다는 것이다. 더구나 회사 대변인으로서 홍보담당자를 공식적으로 정해놓지도 않은 상황이라면 어떨까?

기자는 이런 회사에는 다시 전화하고 싶어하지 않는다. 그 회사는 언론과 멀어질 수밖에 없다. 회사에 치명적인 이슈라도 터지면 어쩔 것인가? 예산이든 인력이든 홍보 전담자를 둘 여력이 안된다면 기획팀이나 총무팀 직원 중에서 겸직을 해서라도 홍보담당자를 두는 것이 좋다. 사실 그동안 많은 기업들이 총무팀이나 기획팀 인원 중에서 술을 잘 마시거나 말단 직원 중 한 명을 홍보담당자로 운용해왔다.

홍보 조직은 기업 규모에 따라 비례하기 때문에 비용으로 생각해 어지간해서는 투자하지 않는다. 더구나 B2B 사업이라면 말 그대로 본업이 따로 있는 홍보담당자일 뿐이다. 보도자료는 기껏해야 1년에 한 두 번 배포하는 게 전부다. 임원 선임은 물론 CEO 선임 인사도 자료를 내지 않는경우도 많다.

이 정도라면 굳이 홍보할 필요가 없다고 할 수 있겠지만 그래도 만약을 위해 홍보담당자가 있어야 한다. 만약 당신이 그러한 회사의 홍보담당자라면 회사의 투자만 바라보지 말고 스스로에게 투자를 해보자. 회사의 홍보담당자에게 필요한 역량이 무엇인지, 대변인으로서 갖춰야 할 역량이 무엇인지 알아보고 준비하자. 일이 터지면 결국 홍보담당자가 그 일을 해야 할 것이기 때문이다.

홍보담당자를 두면 회사로 걸려오는 대표전화에서 홍보담당자에게 바로 연결될 수 있도록 해야 한다. 보통 외부에서 걸려오는 대표전화는 안내데스크로 연결되는데, 교환원에게 홍보담당자 이름과 연락처를 알려줘서 기자의 전화는 홍보담당자에게 안내하도록 해야 한다. 일부 회사 중에는 자동교환 전화로 운영하기도 하는데, 홍보팀 번호도 넣어달라고 해야 한다. 전화를 받는 것이 귀찮다고 빼지 말고 회사 내에서 홍보팀 인지도를 높일 수 있는 좋은 기회라고 생각하자.

기자들은 중소기업이라고 생각하고 처음 전화를 했는데, 홍보팀을 안내하는 전화 시스템 하나만으로도 회사에 대한 신뢰도가 올라간다. 기자와 친해지는 지름길이 자주 만나는 길도 있지만 시작은 첫인상을 긍정적으로 남기는 것이다. 기자들을 만나다 보면 처음 했던 통화, 처음 만났을 때 인상, 처음 회사를 찾았을 때 느낌을 이야기할 때가 있기 때문이다.

    정부 부처 등은 보통 2~3년 정도 홍보담당자로서 자리를 유지하지만 대변인실을 운영하고 있어 일부 직원이 바뀌더라도 시스템 자체로 운영이 된다. 기업은 정부 부처와는 분명하게 다른 장점이 있다. 홍보담당자를 꾸준히 운영하는 것이다. 대기업 홍보담당자는 보통 사원으로 들어와서 팀장이 될 때까지 20년 가까이 홍보팀을 지키기도 한다. 그 정도 기간 홍보를 했다면 기업을 대변하기에 충분한 역량을 갖췄다고 생각한다.

아이템을 발굴하고 언론에 배포하라

기자들은 늘 아이템에 목말라 있다. 주요 그룹이나 대기업이 속한 산업부의 경우 기업마다 보도자료를 쏟아내지만 시니어 기자일수록 뉴스 가치가 높은 아이템을 원한다. 기자들은 보도자료가 하루에 수십 건씩 쏟아지기 때문에 기사를 쓰기가 편할 수 있지만 실제로는 뉴스 가치가 높은 보도자료가 드물기 때문에 뉴스 가치가 높은 기삿거리를 찾는 것이다. 그럴 경우 기자들은 개인적인 친분 관계를 이용해 취재를 하기도 하는데, 뉴스 가치가 높은 아이템이 특정 언론사에 보도되기도 한다.

단독 뉴스는 홍보팀에서 제공하는 경우가 아니라면 기자들과 사석에서 노출되는 경우도 많다. 뉴스 가치가 높은 아이템이 단독보도가 되고 나면 다른 매체 입장에서는 뉴스 가치가 다소 떨어져 어지간한 경우가 아니면 보도를 하지 않는다. 홍보실에서는 아쉽겠지만 어쩔 수 없다. 그나마 부정적인 기사가 아니라 다행이라고 안도하는 수밖에 없다.

만약 기자가 부정적인 기사를 취재한다면 홍보담당자들은 바빠지고 기사가 어떻게 나올지 알 수 없기 때문에 긴장할 수밖에 없다. 평소 관계가 좋아 취재 과정에서 사전에 기사가 날 것이라는 언질이라도 주면 다행인 경우도 있다. 특종의 경우, 새벽에 지면을 통해 기업에 부정적인 기사를 접하는 경우도 많다.

홍보담당자들은 언론에 보도될 수 있는 아이템을 수시로 찾고 또 직원들에게 제보도 받는다. 손가락에 꼽는 큰 기업이 아니고서는 홍보 아이템을 찾아내는 것이 말처럼 쉽지 않다. 사업부서로부터 취합한 주요 행사나 신제품 출시 및 수주 계획 등으로 연초에 연간 홍보계획을 수립하고, 매달 기본적으로 홍보하는 아이템을 확보하게 된다. 그리고 특정 시기에 따라 사회공헌이나 이색적인 직원 등 소프트한 아이템이 먹힐 때도 있으므로 미리 발굴해 놓으면 요긴하게 쓸 수 있다.

일종의 기획 아이템으로 새로운 내용이 부족하더라도 기존 자료에 흥미로운 스토리로 소개하거나 비슷한 사례를 묶으면 언론사에 따라 보도될 수 있다. 이런 기획 아이템은 일반 보도자료처럼 전 매체에 전달하면 크게 보도될 확률이 낮기 때문에 특정 언론사에 보도하는 것이 낫다. 식사하는 자리나 티 타임에서 "아이템이 없느냐?"는 기자들에게 제안을 해보면 어떨까?

뉴스를 보는 관점은 언론사나 기자마다 차이가 있으므로 먼저 제안한 기자가 관심이 없더라도 양해를 구하고 다른 매체에 타진하면 된다. 다만 기자가 관심이 없는 것이 신문이나 방송 등 매체 특성 때문인지, 아니면 아이템에 대한 기획 부족인지 고민해서 좀 더 나은 내용으로 제안을 해보라는 것이다.

쉽지 않겠지만 열정을 보이고 노력을 하면 신문이나 방송에 보도될 수 있다. 오랜 시간 열심히 준비한 보도자료가 크게 보도되지 않는 경우도 있듯이 오랜 시간을 들이지 않았는데도 보도될 수 있는 기획 아이템이 여러분 주위에 있을 것이다. 부지런히 아이템을 찾고 성의를 가지고 기자들과 소통해라. 두드려야 열린다.

밥, 술보다 중요한 아이템

사회생활에서 "밥 한번 먹자"는 말은 큰 의미가 있다. 특히 비즈니스에서 '밥'은 큰 역할을 한다. 함께 식사를 하며 진행하는 협상이 훨씬 타결이 잘된다고 한다. 경제인이나 정치인들도 오찬 등 식사모임을 하지 않는가? 그래서인지 홍보담당자들은 기자들과 밥을 많이 먹는다.

하지만 얼굴은커녕 전화 통화 한번 하지 않은 사이에 밥 먹는 약속부터 잡으려 하면 부담스러워하는 기자들도 있다. 처음에는 대부분 점심약속을 잡는다. 대뜸 저녁에 술 한잔 하자고 하면 대부분의 기자들은 쉽게 시간을 내주지 않는다. 친분이 있는 기자에게 소개를 받거나 업계 홍보담당자 몇 명이 함께 자리를 마련해 기자를 초청하는 형식도 좋다.

밥을 먹는 동안 경계를 풀기 때문에 같은 이야기라도 쉽게 받아들일 가능성이 있다. 초반에 보도자료 얘기를 꺼내는 대신 업계 동향 등을 공유하면 분위기가 편안해진다. 적절한 타이밍에 보도 아이템을 자연스레 꺼내는 대화의 기술이 필요하다. 기자가 기삿거리나 아이템을 물어보면 자연스럽게 얘기하면 된다.

기자들은 점심을 못 먹을 정도로 바쁜 경우가 많다. 마주앉아 식사를 할 수 있는 것 자체도 행운이다. 기자가 찌개나 한 그릇 먹자고 말해도 기분 상하지 말라. 정말로 바쁜데 홍보담당자를 배려하는 마음에서 일부러 시간을 냈을 수도 있다.

'꼭 기사화시켜야 해'라고 생각하더라도 기자에게는 "부담 갖지 말라"고 말해 주는 게 좋다. 사실 기삿거리가 뉴스로서 가치가 없다면 기사화할 방법이 없고 뉴스 가치가 있다면 아무 말이 없어도 기사로 쓴다.

　기자와의 첫 대면, 첫 식사는 보도자료를 보내는 시점보다는 기사화되고 나서 감사 인사를 겸해 식사 약속을 잡을 것을 권한다. 기자들과 식사하면 대부분 홍보담당자들이 계산을 하는데, 홍보 주니어들이 선배 기자들과 식사를 할 경우 기자들이 계산을 하기도 한다. 후배라면 기자들이 사주는 밥이나 술도 거절하지 말고 감사의 표시를 하면 된다. 그만큼 기자가 홍보 주니어를 좋게 봤다는 것이고 그것을 계기로 친해질 수 있다. 한국 사회에서는 밥 먹는 것도 좋지만 기자들에게는 얘기가 되는 기삿거리가 우선이라는 것을 명심해야 한다.

특별한 아이템을 찾아라

　신문과 방송에 나오는 사람은 일반인일지라도 특별한 사람들처럼 보인다. 언론홍보의 성공 비법은 특별함을 잘 부각시켜 뉴스 가치가 느껴지도록 하느냐에 달렸다. 보도자료를 받거나 제보를 받은 기자가 '얘기가 된다'는 생각이 들면 반드시 기사화된다고 보면 된다.
　기업이나 조직의 홍보담당자가 그 조직 내에서 오랫동안 일을 해 온 경우, 자신이 속한 조직에서 하는 일에 둔감해져 특별하지 않다고 생각하는 경향이 있다. 그러나 조직 내에 있는 사람의 입장에서 보면 반복되는 일이지만, 밖에 있는 사람들은 그렇게 생각하지 않을 수 있다. 대중이나 기자의 입장에서 보면 그 조직이 하는 일이나 직원이 특별할 수 있으므로 그 '특별함'이 무엇인지를 정확히 파악하는 것이 뉴스 가치를 읽어내는 방법이다.
　특별한 무언가를 찾아내려면 자신이 지금까지 생각해온 틀을 과감하게 깨야 한다. 그리고 대중이 그 조직이 하는 일에 대해 알게 되었을 때 그 일의 어떤 측면이 흥미를 끌 수 있는지 제대로 짚어 내야 하는 것이다. 그렇다고 해서 언론홍보가 거짓으로 꾸며내도 된다고 생각하면 절대 안 된다. 언론홍보는 어떤 기업이나 조직이 지닌 가치를 홍보를 통해 사회와 공유하는 것이다. 기업은 보도자료를 통해 알리고 싶은 '특별한' 뉴스를 일차적으로 출입기자에게 전달하고 언론사는 국민들에게 알리기 위해 신문에 보도한다. 그리고 언론보도를 접한 국민들은 기업에 대해 긍정적인 인식을 갖게 된다. 그런데, 그 기사가 거짓이라면 국민들은 배신감을 느낄 것이다.
　다시 본론으로 돌아가서 이 '특별함'은 홍보에서 큰 무기가 될 수 있다. 기자들도 이런 특별함을 찾고 그 특별함이 클수록 대서특필한다. 이 특별함의 대상은 사건이나 사람이 될 수도 있고, 기술이 될 수도 있고 신제품이 될 수도 있다.

뉴스의 앵글, 다시 말해 독자와 시청자의 앵글에서 봤을 때 자신이 속한 기업이나 조직에서 어떤 것이 특별한 것인지를 찾아내는 능력이 홍보에는 절대적으로 중요하다. 특별한 것이 무엇인지 찾아내려면 우선 기업을 둘러싼 시장, 그 기업만이 가진 특별한 기술이나 특징, 그 기업만이 가진 특이한 문화, 그 기업의 CEO가 가진 특별한 이력 등등 회사 내의 정보를 면밀히 분석해야 한다. 가장 값이 싸다든지, 가장 성능이 좋다든지, 다른 곳에서는 찾아볼 수 없는 특별한 서비스 등을 찾아내는 것이다. 해당사업 담당자는 제품이나 서비스 그 자체만 보기 때문에 홍보에 대해서는 모를 수도 있다. 만일 사업 담당자가 특별한 것을 찾을 수 없다면 홍보담당자가 역으로 특별한 것을 제안할 수도 있다. 이 특별함은 독자와 시청자에게 '흥미'를 유발하고 기자는 이 흥미를 근거로 보도하게 되는 것이다.

저널리즘 학자들은 '뉴스 가치를 판단하는 기준'으로 다음 7가지 기준을 제시했다. 첫째, 얼마나 흥미가 있는가? 둘째, 관심을 가지는 독자가 많은가? 셋째, 중요한 이슈인가? 넷째, 신뢰할 만한 정보인가? 다섯째, 시기적으로 적절한가? 여섯째, 감동적인가? 일곱째, 지역적으로 가까운 곳에서 발생했는가? 등이다.

위 기준이 많이 적용될수록 많은 독자가 관심을 가지고 큰 반향을 불러일으키게 되는데 뉴스 가치를 판가름하는 가장 큰 요소는 흥미다. 호기심을 불러일으키지 못하면 아무리 좋은 기사라도 크게 보도되기 어렵다. 독자나 시청자의 관심과 주목을 끄는 기사는 제목만 봐도 읽고 싶다는 생각이 들 것이다.

언론은 흥미 있는 뉴스와 중요한 뉴스 중에 어디에 중점을 둘 것인가를 놓고 항상 고민하고 토론한다. 국내 언론은 90년대 말까지 엘리트 저널리즘적인 성향이 강해 사회에 영향을 주고 나아가 사회를 변화시킬 수 있는 이슈가 큰 영향을 미쳤다.

하지만 최근 들어 국민들이 정치에 관심이 많아지면서 뉴스 가치의 판단 기준도 대중의 흥미와 관심 쪽으로 중심이 옮겨졌다. 얼마나 독자들이 관심을 가지며 그들의 정보에 대한 지적 욕구를 채워 주느냐가 신문의 색깔 못지않게 중요해졌다. 이에 신문뿐만 아니라 방송은 주위에 살아가는 사람 이야기 외에 특이한 사회 현상, 그리고 국민 생활에 긍정적 영향을 미치는 새로운 문화와 혁신적인 신제품 등을 많이 다루게 되었다.

뉴스는 꼭 유익하고 재미있어야 대중의 흥미를 끄는 것이 아니다. 뉴스의 가치는 얼마나 많은 독자와 시청자가 그 뉴스를 읽느냐에 달려 있다. 열독률이다.

따라서 기업에서 보도자료를 제공할 때는 많은 사람들에게 어필할 수 있는 아이템일수록 기사화될 가능성이 높다는 것을 염두에 둬야 한다. 많은 사람들에게 어필하고 읽힐 수 있는 보도자료는 크게 보도가 되겠지만 제한된 사람들을 대상으로 하는 아이템은 단신으로 보도되거나 곧장 휴지통으로 간다는 것을 명심해야 한다.

같은 보도자료라고 하더라도 있는 사실을 나열하는 것보다는 그 사실이 대중들 나아가 국민들에게 어떤 의미가 있고 어떤 영향을 미칠 것인지를 부각시켜야 기자의 관심과 흥미를 유발시켜 기사화로 이어질 것이다.

'납땜 여제' 백효정씨 국제대회 입상

방위산업체인 LIG넥스원의 백효정 기장(사진)이 세계 최고 납땜 장인을 가리는 국제대회에서 3위를 차지했다.

LIG넥스원은 "16~17일 미국 라스베이거스에서 열린 '국제인쇄회로표준기구(IPC) 납땜 세계대회'에서 한국 대표로 출전한 백 기장이 수상했다"고 18일 밝혔다.

2012년 시작된 IPC 납땜 세계대회는 모든 전자산업 근간이 되는 납땜 분야 최고 장인을 가리는 권위 있는 행사다.

LIG넥스원 구미 생산본부에서 일하고 있는 백 기장은 납땜 관련 작업 20년차 베테랑으로 지난해 국가대표 납땜왕 선발대회에서 우승했다..

김정환 기자

「매일경제」 2016. 3. 19(토)

혁신적일수록 뉴스 가치가 크다

　종합지마다 경제 섹션을 만들고 경제지도 신제품 출시나 새로운 서비스 개시에 대해서는 적극적으로 다룬다. 신제품 출시나 새로운 서비스의 개시는 기업 입장에서는 존재 이유가 될 것이고 언론에 뉴스를 발표할 수 있는 좋은 기회. 기업에서 발표하는 보도자료 가운데 가장 많은 비중을 차지하는 것이 의식주와 관련된 것이다. 옷과 신발 등 패션, 먹고 마시는 먹거리, 그리고 주거와 직간접적으로 연관된 신제품과 새로운 서비스 출시에 관한 것들이 많다.

　신제품이나 서비스를 출시하는 회사는 마케팅은 물론 광고를 하는 경우가 많기 때문에 언론 입장에서는 광고주가 될 수도 있고, 소비자에게도 중요한 정보가 될 수 있다는 생각에 언론도 신제품 출시 등의 기사는 적극적으로 보도한다.

　새로 출시한 승용차 보도자료를 보면 멋진 사진으로 독자나 시청자들의 시선을 끌고 달라진 기능을 소개한 기사와 함께 보도한다. 새로 출시한 전자제품 역시 스타 모델을 기용한 사진과 영상을 함께 내보내면서 어떤 기능이 추가되었는지 소개하는 기사를 싣는다. 물론 광고도 함께 내보내면서 투 트랙으로 소비자를 공략한다.

　신제품은 기존 제품을 업그레이드한 제품과 전혀 새로운 제품이 있다. 언론은 업그레이드 제품보다는 새로운 기술로 탄생한 혁신적인 제품에 뉴스 더 가치를 부여한다. 이전에는 없던 새로운 기술을 적용한 혁신적인 제품과 서비스에 호의적이다. 그래서 더 크게, 자주 보도함으로써 시장에서 성공할지에 대해 관심을 보인다. 언론은 이런 아이템이 독자와 시청자들의 관심을 끈다는 것을 알기 때문이다. 자연스럽게 소비자들도 관심을 갖게 되고 구매하게 되는 것이다.

 기업에서 혁신적인 제품을 보도자료로 알릴 때에는 기자들에게 무엇이 혁신적인 것인지 정확하게 알려줘야 한다. 당연히 기자들의 질문도 많기 때문에 보도자료를 배포하는 것만으로는 부족하다. 그래서 신제품 발표회를 겸한 기자회견을 열어 CEO나 개발 책임자가 개발 배경이나 마케팅 전략 등을 설명해 기자들의 궁금증을 해결해 준다.

 밑도 끝도 없이 세계 최초, 국내 최초라고 하면 기자들이 좋아하고 크게 보도해 줄 것이라 생각한다면 이는 큰 오산이다. 주장에는 논리적 근거가 뒷받침되어야 한다. 시장에 나와 있는 제품에 비해 어떤 점이 혁신적인지 설명할 수 있어야 한다. 그 주장이 얼마나 설득력을 얻느냐에 따라 뉴스 가치도 올라가고 보도되는 기사의 크기도 달라진다.

 얼마전에 모바일 메신저인 '카카오톡'을 운영하는 카카오가 대리운전 서비스인 '카카오 드라이버'를 출시했다. 대기업이 진출했다는 비난도 있었지만 전화 대신 스마트폰 앱으로 대리운전 기사를 호출하는 '획기적인 방식'에 언론에서 큰 관심을 보였다.

 출시하면서 다양한 이벤트도 진행했고 대리운전 기사들의 복지에도 신경쓰면서 여러 매체에서 크게 보도가 되었다.

대리운전 서비스 '카카오 드라이버' 오늘부터 시작

기본 요금 1만5000원부터 시작

모바일메신저 '카카오톡'을 운영하는 카카오는 오늘(31일)부터 대리운전 서비스 '카카오 드라이버'를 시작한다고 30일 밝혔다.

카카오 드라이버는 전화 대신 스마트폰 앱(응용 프로그램)으로 대리운전 기사를 호출하는 서비스다. 이용자는 구글 플레이스토어 등에서 카카오 드라이버 앱을 내려받아 스마트폰에 설치해 쓸 수 있다. 앱에 목적지를 입력하고 호출 버튼을 누르면 자동으로 대리운전 기사와 연결된다.

대리운전 기사는 이용자의 위치를 지도로 확인해 찾아온다. 결제는 사전 등록된 신용카드로 이뤄지며 현금 결제는 할 수 없다. 대리운전 요금은 기본 1만5000원부터 시작하며 시간·거리에 따라 요금은 1000원씩 올라간다.

카카오는 지난 3월 기사용 앱을 내놓고, 카카오 드라이버에서 활동할 대리운전 기사를 선발해왔다. 지금까지 확보한 대리운전 기사 수는 약 5만명에 달한다. 또 카카오는 다음 달 한 달 동안 카카오 드라이버를 이용하는 고객들 모두에게 1만원짜리 할인 쿠폰을 10장 제공하는 행사를 진행한다. 예를 들어 이벤트 기간 중 대리운전 서비스를 이용할 때마다 1만원씩 할인받아 최대 10만원어치의 할인 혜택을 받을 수 있다.

강동철 기자

「조선일보」 2016. 05. 31(화)

예외적인 현상을 놓치지 마라

사람이나 제품이 갖고 있는 통상적인 역할이 있다. 사람이 자신의 역할이나 지위를 넘어서는 일을 하거나 제품이 통념에서 벗어나는 용도를 보일 때 기사가 된다.

어떤 회사 직원이 회사를 휴직하고 에베레스트 산을 올랐다 치자. 이런 인물이 있다면 홍보담당자는 이 인물을 주인공으로 하는 보도자료를 작성해 언론에 배포할 수 있다. 특이한 취미를 가진 직원 덕분에 회사가 언론에 알려질 수 있는 것이다.

대부분 직장에 매인 것이 직장인들의 일반적인 사정인데, 직원의 도전도 뉴스거리가 되고 직원의 취미를 존중해 주고 배려해 준 회사의 기업문화도 긍정적으로 보도될 수 있다. 흔한 기업의 모습은 아니기 때문이다.

전통을 계승하는 것도 뉴스겠지만 그 전통에 도전하는 것도 뉴스거리가 된다. 예외적인 뉴스를 기자는 물론이고 독자들도 좋아하고 대중들은 기사를 통해 대리만족을 느낀다.

「조선일보」 2012. 06. 15(수)

기획특집도 기사다

요즘 언론환경의 변화 중 가장 큰 변화중 하나는 기업이 지면을 사는(buying) 것이다. 기업도 경쟁이 치열해지면서 경영 환경이 열악해졌고 실적이 악화되면서 언론사에 대한 광고나 협찬도 줄어들었기 때문이다. 인터넷 매체가 우후죽순처럼 생겨나면서 경쟁이 치열해지고 더불어 종이신문을 비롯한 언론사들의 경영도 어려워졌다. 자연스럽게 언론사들도 광고 외에 기획특집 등을 통해 이익을 보완하려고 한다.

기획특집은 취재기자와는 별도로 특별취재팀이나 기획취재부 주관으로 진행하기도 하고 주제에 따라 취재기자들이 취재 지원을 하기도 한다. 언론사에서 별지로 기획특집면을 제작하는 경우, 언론사로부터 협찬 요청이 오면 회사 내부 상황에 따라 협조해도 되고 어려우면 어렵다고 말하고 협찬하지 하지 않아도 된다. 출입기자가 상황을 알 수도 있고 모를 수도 있지만 별도로 상황 공유 정도는 해 주는 것이 예의다.

기업 홍보팀에는 주니어 시절부터 홍보를 해온 사람도 있고, 마케팅이나 영업부서에서 팀을 옮겨 홍보를 하는 사람도 있다. 정부 부처나 많은 기업들은 순환 근무로 홍보 업무를 맡는다. 불과 몇 달 전에 홍보팀으로 전입을 때 홍보에 대해 아무것도 모른다고 했던 사람이 홍보팀장을 맡는 경우도 있는데 그 기업에서 생각하는 홍보 업무의 위상을 짐작할 수 있다. 십수 년 넘게 홍보 업무만 해온 사람들에게는 자존심이 상하기도 하고 한편으로 힘이 빠질 수도 있는 얘기다.

실무자로 전입을 오면 시간을 두고 홍보 실무를 가르치면 되지만 팀장이나 임원으로 온 사람이 홍보에 대해 어정쩡하게 행동하고 실수를 하면 기존 멤버들은 난감하다. 자주 하는 실수들을 예로 들어보면 부정적인 기사가 나왔을 때 기사를 무조건 내리라고 한다거나, 광고를 할 테니 좋은 기사를 좀 써달라고 부탁하는 경우 등등 다양하다.

이런 일은 무턱대고 할 수 있는 말이 아니다. 그렇다고 방법이 없는 것은 아닌데, 그럴 때 활용하는 것이 기획특집이나 협찬이다. Win-Win한다고 생각하면 된다. 평소 대놓고 얘기하지 못했던 긍정적인 뉴스도 기사화시킬 수 있다.

광고는 지면이나 방송에 노출되는 직접적인 광고 외에 기사나 프로그램 속에 간접적으로 노출되기도 한다. 언론에 안정적으로 광고를 할 만큼 규모를 가진 기업은 대한민국에서 많지 않다. 언론은 광고주의 회사 소식을 뉴스로 전달하는 것 외에 기업 이익을 위한 정책을 바꾸거나 관련 법규를 제정하거나 바꾸기 위해 여론 형성을 위한 기획기사도 추진한다는 것을 알고 있어야 한다.

언론사 광고담당자는 매일 경쟁사인 매체 외에 다른 매체에 어떤 광고가 실리고 어떤 기획기사가 실리는지 알고 있다. 평소 광고 담당자들과 관계를 맺고 있으면 도움을 받을 수 있다. 물론 신문을 읽거나 방송을 보더라도 일반 대중들은 쉽게 알기 어렵다.

모자王 "100원 가졌어도 50원 가진 듯 살아라"

한현우의 인간正讀

옛 단성사 건물 9월 다시 여는 '세계 1위' 영안모자 백성학 회장

살 속에 배어 있는 검소함
1975년 日서 산 시계 지금 사용
나한테 딱 맞으니까, 눈에도 익어

지갑은 1967년 선물받은 것 써
떨어지면 기우고 해지면 꿰매지
이게 내 아들보다 나이가 많아

비자금 없는 게 내 노하우
내가 돈 빌려댄 준재벌쯤 될 것
머리가 나빠서 그런게 아니고
양심상 그렇게 할 수 밖에 없었어

매입한 단성사 9월 재오픈
내년엔 역사·영화관 함께 개관

INSIDE

B3
본업은 여전히 불황 뒷조사
불법과 합법 넘나드는 흥신소

B6
'6·25 소년병의 노래' 만든
17세에 소년병 참전 현재복씨

B7
전화번호 하나만 공개 땐
정보보호법 위반 아니라는데…

조선일보 2016. 7. 16(토)

Chapter 2

보도자료 전략과 언론 관계

보도자료도 전략이 중요하다

일반 사람들이 보기에 언론홍보는 우연히 진행되거나 사전 계획 없이 기자의 취재로만 진행되는 것처럼 보일 수도 있다. 아마도 그렇게 비춰지도록 철저하게 계획했기 때문일 것이다.

하지만 실제로는 다른 활동과 마찬가지로 언론홍보 역시 치밀한 계획과 실행이 필요하다.

이 장에서는 언론홍보의 콘텐츠라고 할 수 있는 보도자료와 전략에 대해 다루고자 한다. '보도자료에 웬 전략?'이라고 생각할 수도 있지만 쉽게 말해 연간 계획을 아우르는 전략을 세우고 매달 실행할 아이템별로 계획을 수립하는 것을 말한다.

그리고 보도자료의 목표와 메시지를 명확히 하는 퍼블리시티 전략을 세우는 것이 중요하다. 보도자료를 제대로 작성해서 가능한 여러 매체에 보도하고 싶은 것은 홍보를 잘 해보겠다는 의욕의 표현이고 보도자료를 배포한다는 것은 홍보를 하겠다는 의지다. 하지만 의지가 있고 의욕만 앞선다고 당장 홍보를 잘 할 수 있는 것은 아니다. 그렇다면 언론홍보의 관점에서 홍보가 잘되는 회사는 어떤 회사일까?

우선 회사에 뉴스가 될 만한 기삿거리가 많다. 당연히 규모가 큰 대기업이 유리하다. 삼성, 현대자동차, SK, LG 등 대기업에는 기삿거리를 찾아 기자들이 모여든다. 별도로 기자실을 운영하는 이유가 그 때문이다.

그리고 뉴스가 될 만한 아이템을 적절한 시기에 보도자료로 만들어 배포한다. 여기서 '적절한 시기'에 대해 추가 설명을 하자면, 사전에 목표를 세우고 그 목표 달성을 위해 최상의 성과를 낼 수 있는 시기이다.

　최대의 목표를 달성하기 위해서는 당연히 전략을 수립해야 하고 그에 맞춰 실행 계획도 있어야 한다. 그리고 홍보를 할 수 있는 시스템도 갖춰야 할 것이다. 그 다음에 기사가 될 만한 아이템에 대해 보도자료를 만들어서 출입기자나 언론사에 최적의 시기에 맞춰 배포한다. 배포만 하고 끝나는 것이 아니라 기자들의 추가 취재나 문의에도 잘 대응해야 한다.

　위 사항들을 이미 실행하고 있다면 좋겠지만 여건상 이렇게 하지 못하고 있는 회사들도 많다. "우리는 중소기업이므로 홍보가 어려울 거야"라거나 "우리 회사는 인원도 없고 예산도 부족해 홍보를 제대로 할 수가 없어"라고 미리 포기하고 기죽을 필요는 없다. 회사 상황과 처지에 맞게 전략과 실행 계획을 잘 세워서 노력하면 어느 정도 극복할 수 있다고 본다. NGO는 인력과 예산이 부족한데도 기발한 아이디어로 사회의 주목을 받는 홍보를 하고 있지 않은가?

　경쟁사보다 앞서가는 홍보를 하고 싶은 의욕은 있는데, 전략과 실행 계획, 그리고 아이디어가 없다면 남들보다 홍보를 잘한다는 얘기를 듣기는 힘들 것이다. 운이 좋아 한두 번은 넘어갈지 몰라도 그 이상은 어려울 것이다. 전략과 실행 계획, 그리고 아이디어는 그냥 떠오르는 것이 아니다. 평소 신문과 방송을 접할 때마다 자사의 제품이나 서비스와 연결시킬 수 있는 것은 없는지 고민하면서 업계나 경쟁사 사례도 수집하고 연구해야 한다.

　홍보담당자라면 회사의 상황과 외부 환경에 대해 어느 정도 파악을 하고 있어야 한다. CEO의 경영방침이 무엇인지, 생산하는 제품은 어떤 특징과 장점을 갖고 있는지, 업계의 규모와 시장 점유율은 어떠한지, 경쟁사는 어떤 회사이며 어떤 제품을 생산하는지 정도는 기본적으로 알고 있어야 한다.

제품을 개발하고 판매해서 수익을 올리는 회사라면 연구원이나 마케팅부서 담당자들을 자주 만나 관련 정보를 수집해야 한다. 서비스를 영위하는 회사라면 서비스에 대해서 고객들이 어떻게 생각하는지도 모니터링해야 한다. B2B 사업군이라면 정부 정책이나 주요 고객의 보도자료 등은 물론 관련 전문가들의 전망이나 기고 등에 대해서도 정보를 수집해 홍보 전략 수립에 참고해야 한다.

회사의 제품이나 서비스를 홍보할 때 가장 기본적인 방법이 보도자료 배포인데, 그 보도자료에 어떤 주제를 담아 어떤 매체를 활용해 어느 고객에게 전달할 것인지 정하는 것이 전략이다. 주제는 곧 핵심 메시지이며 최고경영자가 지침을 주기도 하고 실무자들이 협의를 거쳐 도출하기도 한다.

이러한 과정들을 귀찮아할 수도 있지만 홍보 주니어들은 이러한 업무와 절차들을 숙지하고 익숙해지도록 노력해야 한다. 이러한 과정이 필요한 이유는 홍보 전략을 수립하고, 고객에게 전달하고자 하는 핵심 메시지를 찾아내기 위해서다.

가령 신제품을 런칭한다고 하자. 마케팅팀은 사전 소비자 조사를 통해 파악한 잠재고객에 대한 정보 등을 검토한 뒤 영업 목표를 정한다. 영업 목표는 매출과 영업이익을 정하는 재무적 목표가 될 수도 있고, 시장에서 점유율을 높여 시장 판도를 바꾸는 전략적 목표가 될 수도 있다. 그 목표를 달성하려면 일단 소비자들이 제품을 구매하도록 메시지를 전달해야 하는데, 홍보팀이 어떤 메시지를 전달할지 개발해야 한다. 디자인을 강조해야 할지, 기술을 강조해야 할지를 정해야 한다. 이렇게 해서 강조할 메시지가 도출되면, 그 메시지를 전달해야 할 타깃을 구체화하는 것이다. 메시지를 전달해야 할 타깃이 분명해야 어떤 매체에 주력할지 정할 수 있다. 매체가 정해지면 그 매체에 맞는 보도자료를 기획해야 한다.

보도자료를 기획할 때에는 뉴스 가치 여부를 판단하는 것이 핵심 포인트라고 할 수 있다. 홍보 아이템에 따라 가지고 있는 다양한 특징 가운데 어떤 요소가 언론홍보에 적합한지, 그리고 기자들의 관심을 끌 수 있는지 검토해야 한다. 기자들이 흔히 말하는 '야마(주제)'를 찾아내는 것이다.

가령 새로 출시되는 차량이 있다고 치자. 소비자들은 연비를 따질 수도 있고, 디자인이나 혁신적인 기술을 좋아할 수도 있고 금융 할부지원 혜택에 관심을 가질 수도 있다. 언론의 입장에서는 국민생활 스타일의 변화라든지, 자동차 기술의 새로운 트렌드 등 뭔가 톡톡 튀는 요소를 먼저 생각한다. 보도자료에서 그러한 요소를 콕 짚어주면 기자들이 기사화하는 데 어렵지 않고, 운이 좋으면 크게 보도될 수도 있다. 신문에 크게 보도 될 이슈라면 방송에서 다루어 줄 수도 있다.

매체에 맞는 보도자료를 기획했다면, 기자회견을 할 것인지 아니면 보도자료로 끝낼 것인지 판단한 뒤에 신문에 보도자료를 내는 것으로 충분하다는 결론이 나면 보도자료를 작성해서 배포하면 된다. 덧붙여 사진으로 홍보를 보완해야 할 것인지도 검토해서 사진을 보도자료에 추가하면 기사가 커질 수도 있고 사진이 좋으면 사진만으로도 기사가 될 수 있다.

영상이 있다든지 촬영이 가능하다면 영상 보도자료를 만들어 방송담당 기자에게도 보내는 것이 좋다. 방송은 아이템도 중요하지만 우선 그림이 되어야 방송에 나갈 기본적인 조건을 갖추게 되기 때문이다. 꼭 뉴스만 고집하지 말고 시사교양 프로그램에도 가능성을 열어

두자. 주니어들이 간과하기 쉬운 것이 기자들만 만나다 보니 뉴스에 집착하기 쉽다는 것이다. 방송 매체에는 다양한 프로그램이 있다는 것을 잊지 말자. 평소 PD들과도 친분을 쌓아두자. 어떤 프로그램, 어떤 PD를 만나느냐는 기업의 상황과 개인의 역할에 따라 다르다.

홍보가 광고보다 예산이 덜 든다고 해도 이러한 활동들은 돈이 필요하기 때문에 실행 계획을 수립할 때 예산 계획도 함께 포함시켜야 한다. 큰 기업에는 기자 출신 홍보맨들이 많은데, 신문기자 출신과 방송기자 출신은 보도자료를 기획하는 방법과 안목에 다소 차이가 있다. 기업 중에서 신문 홍보와 방송 홍보 분야를 구분해 운영하기도 하는 이유가 거기에 있다.

다양한 취재원들을 만나는 기자들과 얘기하다 보면 아이디어가 떠오를 수도 있다. 홍보담당자는 기자를 만나러 가기 전에 아이템을 하나 정도는 갖고 가는 것이 좋다. 아이템이 없더라도 기자가 기사를 쓸 수 있도록 도움이 될 만한 얘기를 해 줘야 한다. 기자의 출입처와 관심도에 따라 다르겠지만 전략적 마인드로 기자에게 아이템을 제안하고 조언을 듣다 보면 아이디어가 구체화될 수도 있다.

하지만 첫 만남부터 무리할 필요는 없다. 기자와 자주 만나면서 자연스럽게 얘기를 나누다가 공감대가 형성되는 부분이 있다면 기사 아이템으로 제안해보는 것이 자연스러운 방법이다.

전략적이라는 말은 자연스럽다는 것이다. 억지로 부탁을 한다면 기자도 부담스러워 할 수 있다. 물 흐르듯이 대화가 이어지는 가운데 자연스럽게 아이디어가 오가는 것이 좋다. 반대로 기자가 제안을 하더라도 바로 결정을 내리지 말고 여유를 갖고 준비하는 것이 좋다. 기자와 얘기가 있었다면 회사로 복귀해서 보고를 하고 기자가 제안한 아이템에 대해 취사 여부를 결정한다. 진행할 경우에는 실행 계획을 구체화시켜 관련 부서와 충분히 협의를 한 뒤 기자에게 피드백을 주는 것이 좋다. 물론 피드백은 구체적이고 빠를수록 좋다.

전략을 세우면 실행 계획은 따라온다

홍보팀에 입사해 홍보 업무만 담당해온 홍보담당자도 있지만 타 부서에서 전입을 와서 홍보 업무를 처음 접하는 홍보담당자들도 많다. 다른 부서에서 조직 생활을 경험하고 업무를 수행해본 직원들은 자신이 무엇부터 시작해서 어떻게 일을 해야 하는지 대충은 알고 있다. 이는 홍보 주니어에게도 마찬가지로 적용할 수 있다. 몇 가지 살펴보면 다음과 같다.

첫째, 홍보 관련 책을 구해 읽어 본다. 하지만 보도자료 아이템을 어떻게 수집하고, 언제, 어떻게 작성해야 하는지, 그리고 언제, 누구에게 배포해야 하는지를 쉽게 파악하기 어렵다.

둘째, 전년도 홍보 기획안을 살펴보는 것이다. 그리고, 사업계획과 대조해보면 기본은 파악할 수 있다고 본다. 홍보 관련 기획안에는 크게 마스터플랜이라 할 수 있는 연간 계획과 월별 실행 계획, 그리고 주간 보도 계획 등이 있다. 홍보 아이템은 사업과 관련한 내용 외에 경영진 동정과 기업 문화, 채용, 사회공헌 활동 계획 등 다양하다. 개별 홍보 계획안에는 기본적으로 아이템에 대한 개요와 보도자료 작성 및 배포에 관한 내용이 포함되어 있다.

하지만 역시 디테일한 전후 내용은 포함되어 있지 않다. 전문가는 해결 방법 외에도 디테일한 사항까지 꼼꼼하게 꿰고 있으며 궁극적으로 가고자 하는 방향을 알고 있는 사람이다. 그 방향은 경영 전략에 기반을 두고 있기 때문에 홍보 전략을 수립하기 전 기업의 경영 전략은 물론 각 사업부별로 사업 계획을 파악해야 한다.

셋째, 홍보담당자가 현장을 발로 뛰면서 취재(?)하고 수집하는 것이다. 지방에 있는 공장이나 연구소 직원들을 직접 만나기는 어렵겠지만 평소 네트워크를 구축해 간접적으로라도 동향을 파악해야 한다. 그리고 본사 직원들은 수시로 만나 이야기를 듣다 보면 홍보에 적합한 아이템을 파악할 수 있고 '야마'를 잡을 수 있을 것이다.

넷째, 대외 활동을 통해 동향을 파악하고 정보를 수집하는 것이다. 기자들과의 네트워크를 강화하는 것은 물론 고객과의 미팅 등 외부 활동을 통해 동향을 파악하고 정보를 수집해야 한다. 출입기자를 우선적으로 챙겨야 하겠지만 그렇게 수집한 정보를 홍보 계획과 결부시켜 홍보할 거리가 되는지 판단하고 얘깃거리가 되겠다는 생각이 들면 계획을 보고하고 보도자료를 만들어 배포하면 된다. 만약 홍보할 만한 아이템이 되는지 판단이 서지 않으면 팀 동료들과 논의를 하거나 기자에게 물어보는 것도 좋은 방법이다. 계획하지 않고 시도하지 않으면 기사화될 기회조차 없는 것이다.

사실 홍보 주니어들은 사내를 돌면서 홍보가 될 만한 아이템을 찾는 것도 그렇고 업계 동향 등을 언제, 어디서, 어떻게 취합해야 하는지 걱정이 되는 것이 사실일 것이다. 사실 홍보계획 수립에 필요한 아이템을 주니어들이 직접 찾는 데는 무리가 있다. 하지만 과장 이상 중간관리자들에게는 그렇게 어려운 것이 아니다. '시작이 반'이라는 말이 있다. 꼼꼼한 홍보 전략을 세우려면 부지런히 발품을 팔아야 한다. 기업 내부에는 좋은 아이템이라도 홍보를 할 수 없는 것도 있다. 그런 것들을 제외하고 공개해도 좋은 아이템이라면 회사의 이미지 제고를 위해 경영진을 설득하고 홍보를 시도해보자.

홍보 주니어들이 보기에 선배들은 처음부터 노련하고 능숙하게 홍보를 해온 것처럼 보일 것이다. 하지만 그들도 위와 같은 계획 수립과 실행 등을 통해 어떤 시기에 어떤 기사가 필요한지 경험을 통해 익힌 사람들이다.

　언론사마다 환경이 다르고 기자마다 입장과 이해관계가 다르기 때문에 선배들이라고 해서 생각처럼 쉽게 홍보를 할 수 있는 것도 아니다. 그러나 경영 현황이 포함된 홍보 전략과 실행 계획을 기본 계획으로 수립하고 주요 수주 계획이나 이슈 등을 포함시킨다면 연간 홍보 마스터플랜이 된다. 이 마스터플랜은 기업과 조직의 홍보 전략이 담긴 홍보 계획의 기본이고 경영진이 볼 때는 최소한의 기업 홍보 가이드라인이 된다.

　그리고 홍보 전략에서 타이밍은 특히, 중요하다. 경영 현황 등이 포함된 마스터플랜은 매달 규칙적으로 알리고 홍보해야 할 아이템이다. 때를 놓치면 죽은 아이템이 되지만 적절한 타이밍에 보도자료를 만들어 배포하면 기사화가 가능하다. 적어도 매주 한 건 이상 보도자료로 배포할 수 있는데, 최소한 타이밍에 맞춰 보도자료를 배포하면 평균 점수는 받을 수 있다.

　기자들은 스스로 새로운 기삿거리를 찾는 사람이지만 기업에서 보내오는 보도자료를 사용할 수밖에 없는 상황이 있다. 그래서 매년 비슷한 아이템이라도 앵글을 달리하고 형식을 달리하면 언론에 보도될 수 있다. 하지만 기업마다 일정이 비슷하기 때문에 한정된 지면에 대한 경쟁이 치열하다는 단점이 있다. 경쟁에서 이기려면 홍보 전략을 더 구체적으로 세워야 하는 것은 물론 평소 기자들과의 네트워크를 경쟁자들보다 더 잘 관리해야 한다.

　전략을 수립했으면 다음은 실행할 계획을 세우는 일이다. 경영 전략과 연간 계획에 따라 홍보 전략을 잘 세우면 실행 계획은 자연스럽게 따라온다. 홍보에서 타이밍은 무엇보다 중요하다고 말한다. 홍보 전략과 실행 계획은 그 타이밍을 계획하고 실행하는 것이다.

보도자료 전략은 미디어 이해가 기본

꼭 홍보 업무가 아니더라도 주니어들이 업무를 하기 전에, 혹은 하고 나서 선배들로부터 가장 많이 듣는 말은 '전략적'이라는 말이 아닐까 싶다. 우선, 보도자료는 언론홍보의 기본이지 결코 전부가 아니라는 전제를 깔고 얘기를 시작하겠다.

홍보에도 전략을 얘기하듯이 보도자료에도 그 '전략'이라는 말을 붙여 보려 한다. 이 책을 집필하게 된 가장 큰 이유가 보도자료 작성에 대한 요구였지만 필자는 보도자료 기획과 작성, 그리고 배포까지를 포괄하는, 즉 보도자료 '전략'을 염두에 두고 있다. 기업에서 홍보 조직을 두고 보도자료를 배포하는 목적은 온라인 매체 몇 군데에 보도하려는 것이 아니다.

주니어들뿐만 아니라 시니어 홍보맨들도 보도자료 작성에 대해 자신있게 얘기하지 못하는 경우가 많다. 그것은 보도자료 작성이라는 말이 보도자료 기획에서 작성, 그리고 배포까지의 과정을 포함하고 있는 말이고 그 안에 '전략적'이라는 뜻이 내재되어 있기 때문이다.

오래 전에 이런 얘기를 들은 적이 있다. 홍보담당자는 다음과 같이 4단계로 나뉜다고 한다. 홍보에 처음 입문한 주니어를 일컫는 비기너 beginner, 보도자료를 잘 작성하고 술도 잘 마시고 말도 잘하는 테크니션 technician, 홍보 아이템을 잘 찾고 보도자료 기획 등 기획력이 뛰어난 플래너 planner, 그리고, 보도자료를 포함한 홍보 전반에 대한 전략을 언론관계와 유기적으로 통합 관리할 줄 아는 프로패셔날 professional 등이 그것이다.

우선 주니어들은 많은 노력을 들여 작성한 보도자료에 큰 기대를 가진다. "우리 회사에 중요한 얘기니까 기자들도 중요하다고 생각할 거야"라고 착각을 한다. 그리고 팀장이나 임원 등 관리자들은 경영진에게 "그래도 홍보를 하고 있다"고 어필하기 위해 보도자료를 내라고 지시하는 경우도 있다.

냉정하고 객관적으로 평가를 해보면 기자들이나 독자들이 별로 관심을 가지지 않는 아이템도 많다. 전문적인 내용, 말 그대로 '우리 얘기'에 그치는 경우도 많다. 하지만 홍보담당자들은 보도자료라도 배포해서 온라인에 몇 건 보도가 되어야 회의시간에 할 말이 생긴다고 생각한다. 꼭 '경영진에 대한 보고'는 아닐지라도 여전히 많은 홍보임원과 홍보팀장을 포함한 홍보담당자들이 뉴스 가치가 크지 않은데도 보도자료를 작성하고 배포하고 보고하고 있는 것이 현실이다. 홍보 아이템에 대한 개인적인 기준의 차이일 것이라고 본다.

전략이라는 말은 보도자료 배포에만 해당되는 것이 아니라 기획단계에서부터 적용하여야 하며, 전략적이지 못한 보도자료는 고객인 기자들을 설득하기 어렵다. 친분이나 광고 등으로 기사화되더라도 결국 독자로부터 외면을 당하게 된다.

온라인에 기사 몇 건 보도되는 것에 집착하지 말자. 물론 온라인 매체에 실린 기사가 일정한 역할을 하기도 한다. 사람들의 눈길을 끄는 제목의 기사가 네이버나 다음 등 포털 메인에 노출되면, 기사에 언급된 제품이나 서비스 매출이 증가되는 경우도 있기 때문이다. 그러나 언론에 대해 조금이라도 아는 사람들, 특히 투자자나 잠재 기업 고객, 협력사 등의 주요 의사결정자들은 언론사의 중요도와 그를 뒷받침하는 기사의 객관성, 신뢰도 등을 구분한다.

보도자료를 기획할 때 기사의 양적 노출인지 아니면 영향력 있는 매체에 기획기사를 게재할 것인지 판단해야 한다. 기자들은 보도자료에 치어 산다. 매일 아침 컴퓨터를 켜는 순간, 수십 건에서 수백 건에 이르는 보도자료를 보는 기자의 심정을 이해해야 한다. 괜히 수준 낮은 보도자료를 보냈다가 역효과를 불러올 수 있다는 것을 명심해야 한다.

홍보담당자들도 이메일을 확인할 때마다 듣도 보도 못한 수십 개의 광고성 메일이 쌓여 있을 것이다. 클릭은 고사하고 삭제하기 바쁜 그 광고 메일이 기자들에게는 뉴스 가치 없는 보도자료일 수도 있다. 전화나 문자로 확인하지 않으면 기자들은 보지도 않을 것이다. 평소 친분을 쌓기 이전에 보도자료 전략을 몸과 머리에 익혀 기자가 읽어보는 보도자료를 보내도록 하자.

홍보담당자들이 길게는 며칠 동안 정성들여 작성한 보도자료가 클릭 한 번 끌어내지 못하고 삭제될 확률은 50% 이상일 것이다. 미디어에 대한 이해를 기반으로 매체와 기자 성격에 따른 맞춤형 자료가 아니라 일괄적으로 쓰인 보도자료는 기자들에게 오히려 스트레스다. 관심도 없는 주제에다 단독도 아닌 전체 언론을 대상으로 배포되는 보도자료는 바로 삭제당할 수도 있다는 것을 명심하자. 더구나 얼굴도 모르는 홍보담당자가 재미도 없고 뉴스 가치도 없는 보도자료를 계속 보내온다면 홍보담당자뿐만 아니라 그 회사에 대한 불만으로 퍼질 수도 있다.

신문 미디어를 이해하라

　정도 차이는 있겠지만 신문이든 방송이든 기자는 바쁘다. 데스크와 약속한 마감시간 때문이다. 자신이 맡은 기사 송고가 늦어져 전체 신문사 마감시간이 늦어지면 기자 개인뿐만 아니라 소속 부서 전체가 욕을 먹는다. 아울러 편집, 인쇄, 배달 등 일상적으로 일어나는 일들이 차질을 빚게 되고 결국 언론사가 피해를 입게 된다.

　물론 기자가 직접 취재한 기사는 기자들이 알아서 하겠지만 보도를 원하는 홍보담당자가 언론사의 마감시간을 감안하지 않고 보도자료를 보내는 시간이 들쭉날쭉하면 곤란하다. 홍보담당자는 언론사 마감시간을 정확히 알아야 한다. 그리고 마감에 임하는 기자의 상황에 대해서도 알고 있어야 한다. 마감시간을 알아야 마감 이전에 기자에게 보도자료를 보낼 수 있다.

　신문사와 방송사는 마감시간이 다르다. 대체로 일간지는 오전 9시 이전에 보도자료를 보내야 하는데, 이는 편집국장이 주재하는 데스크 편집회의가 9시 직후 열리기 때문이다. 따라서 그 전에 데스크에게 보고될 수 있도록 해야 한다. 괜찮은 아이템이라면 편집회의를 거쳐 추가 취재 지시가 떨어질 것이고 기자에게 추가 취재할 시간을 줄 수 있기 때문이다.

　조간신문은 마감시간을 보통 오후 4시쯤, 석간신문은 오전 9시쯤으로 보면 된다. 마감시간에 기자에게 전화할 리도 없겠지만 기자에게 전화를 하더라도 받을 수 없을 뿐더러 받더라도 충분한 대화를 나누기는 어렵다고 보면 된다. 마감시간 30분 전후에는 아예 기자에게 전화할 생각을 하지 않는 게 좋다.

보통 홍보담당자들은 8시에서 9시 사이에 보도자료를 배포한 뒤 기자들에게 전화를 해서 보도자료를 보냈으니 확인해 달라고 부탁한다. FN 메신저로 보도자료를 보내고 메신저로 배포 여부를 알려주기도 한다. 물론 기자들 중에는 아침부터 전화 받는 것을 부담스러워 하기 때문에 문자를 보내도 되고 요즘에는 카카오톡으로도 안내를 하기도 한다.

조간신문 기자들은 아침에 일일보고를 하기 때문에 전화를 하더라도 장황하게 얘기하지 말고 요점만 간략히 말하고 끊는 것이 좋다. 요령은 간단한 인사와 자기소개를 하고 통화가 가능한지 물어본 뒤 바쁘다면 언제 전화하면 좋은지 물어보고 그 시간에 다시 전화하면 된다. 친한 경우에는 잠깐 얘기하라고 할 수도 있는데 어떤 내용을 보도자료에 담았는지, 어떤 내용을 보도하려고 하는지 핵심만 설명하면 된다. 그것도 길다면 어떠한 내용으로 보도자료를 보냈으니 확인해달라고 하면 된다.

문제는 격식을 갖추고 예의바르게 설명하다 보면 장황해질 수 있다는 것이다. 핵심만 전달하는 좋은 방법은 제목 위주로 설명하는 것이다. 그러면 기자들은 선수들이기 때문에 금방 알아듣는다. 궁금하면 다시 전화하겠다고 하기 때문에 그때 질문에 대해 추가 설명을 하면 된다. 조급해하지 말자.

출입기자들이야 의례히 메일을 보내고 전화나 문자로 확인하면 되지만 출입기자가 아닌 다른 부서나 안면이 없는 기자들에게 보도자료를 보낼 때는 미리 전화를 해서 자신을 소개한 뒤에 보도자료를 보내도 되는지 확인하는 것이 예의다. 보내도 된다고 하면 이메일로 보내면 된다. 한 다리 건너 소개받은 생면부지의 기자에게 보도를 요청할 경우, 찾아가는 것이 좋은지, 아니면 이메일로 보내는 것이 좋은지는 기자의 성향이나 개인 스케줄에 따라 다르다. 고민할 필요 없이 해당 기자에게 직접 물어보면 된다. 급하다면 직접 찾아가서 티타임을 가지면서 설명을 해야 한다. 이메일만 보내놓고 가만히 있으면서 기자가 보도해 주기만을 기다리면 안 된다. 노력해도 보도가 안될 수도 있다. 현장에 답이 있다.

신문용 보도자료에 대한 이해 〈손영일 동아일보 기자〉

Q : 언론홍보의 효과를 무엇이라고 생각하시나요?
A : 좋은 정책이나 제품도 국민이 알지 못하면 소용이 없다. 언론홍보를 통해 동시에 많은 사람들에게 알릴 수 있다.

Q : 보도자료에 대한 정의와 역할은 무엇인가요?
A : 언론과 접촉하는 공식적인 방법. 보도자료에서 기사의 방향이 90%는 결정된다.

Q : 신문은 어떻게 구분하나요?
A : 주로 일간지, 주간지, 통신, 종합지, 경제지, 인터넷 등으로 구분한다.

Q : 방송과 다른 신문의 특성은 무엇인가요?
A : 심층취재로 깊은 뒷얘기를 쓸 수 있다. 한번에 크게 다루거나 몇 번에 걸쳐 보도가 가능하다.

Q : 보도자료 야마를 잘 잡으려면 어떻게 해야 하나요?
A : 출입처마다 차이가 있겠지만 국민이 가장 알고 싶어하는 내용이 무엇인지 고민한다.

Q : 보도자료 아이템은 어떻게 발굴하나요?
A : 시장에 대한 파급효과, 어떤 피드백이 올지 미리 그림을 그려

본 뒤에 그에 걸맞는 아이템을 찾아본다.

Q : 보도자료를 작성할 때 어떤 점에 신경 써야 하나요?

A : 쉬운 말로 써야 한다. 너무 어렵게 쓰면 보도자료를 읽지 않고 넘어간다.

Q : 보도자료가 신문기사로 채택되기 위한 요건은 무엇인가요?

A : 눈길을 끌어야 한다. 자극적이어야 된다는 의미가 아니라 흥미를 끄는 요소가 있어야 한다는 얘기다.

Q : 기자를 감동시키는 보도자료는 어떤 자료인가요?

A : 기자가 생각하지 못한 착점을 보여준 보도자료. 즉 야마가 차별화되는 보도자료.

Q : 기획(특집)기사는 어떤 경우에 보도되나요?

A : 어떤 사안이 있을 때 그것에 대한 심층보도가 필요한 경우.

Q : 보도자료를 배포할 때 주의사항은 무엇인가요?

A : 엠바고를 명확히 해야 한다.

Q : 보도자료를 배포하는 날짜는 어떻게 잡나요?

A : 사전에 출입처 기자들과 의논하면 된다.

Q : 보도자료는 몇 시에 보내는 게 좋은가요?

A : 조간의 경우 오전 8시 전에 보내줘야 발제에 반영이 가능하다.

Q : 보도자료를 보냈는데 기사화가 안되는 이유가 무엇인가요?

A : 너무 마이너한 얘기일 때.

Q : 특종은 어떤 경우의 기사를 말하나요?

A : 사회의 반향을 일으키고 타 매체에서 받아쓰는 기사.

Q : 기자를 통해 CEO 인터뷰를 요청할 때 어떻게 해야 하나요?

A : 일단 홍보팀을 통해서 공식적으로 하거나 개인적 친분을 이용한다.

Q : 인터뷰는 어떤 경우에 진행하나요?
A : 그 인터뷰 대상자가 사회적으로 어떤 이슈의 중심에 섰을 때 한다.
Q : 미담 사례는 어떤 면을 부각시켜야 하나요?
A : 성공 사례를 많이 부각한다.
Q : 회사 인사, 부고, 동정은 어떻게 배포하나요?
A : 언론사에 일괄적으로 보내거나 개별적으로 친분이 있는 기자나 출입처 기자를 통해 요청한다. 특별한 문제가 없는 경우 대부분 반영한다.
Q : 신문에 보도된 기사를 분석하는 방법이 있나요?
A : 리뷰를 통해 매일 분석. 언론사에는 이것만 전문으로 담당하는 부서가 있다.
Q : 회사에 부정적인 사안을 취재할 때 어떻게 대응하나요?
A : 회사에 부정적인 사안은 내부 논의를 거쳐 대응 방안을 결정한 뒤 대응하면 된다고 본다.
Q : 유능한 홍보담당자의 역량은 무엇인가요?
A : 기자와의 끈끈한 유대관계.
Q : 홍보 주니어에게 해 줄 조언이 있나요?
A : 피할 수 없으면 즐겨라!

방송 미디어를 이해하라

　방송뉴스는 무엇보다 사회성이나 공익성이 중요하기 때문에 광고처럼 예쁘게만 만든 영상은 방송되기 어렵다. 방송뉴스용 영상은 사실과 정보를 알리는 것이 목적이므로 내용이 사실(fact)에 기반해야 한다. 특히 기업에서 제품 관련 영상을 제작할 경우 제품 성능 외에 디자인, 시장의 반응 등을 보여 주거나 관련 개발자 인터뷰 등이 포함되어 있어야 한다. 불필요한 부분은 생략하고 필요한 것만을 단순화해서 눈에 띄도록 제작해야 한다. 많이 담을수록 초점이 흐려져 오히려 보이지 않는다. 사공이 많으면 배가 산으로 간다는 말처럼 사람마다 처한 배경과 상황이 다르기 때문에 요구사항이 많아진다. 방송뉴스용 영상은 단순명쾌한 것이 답이다.

　영상이 복잡하고 주제가 분산되면 기자들은 기사화하지 않기 때문에 과감하게 핵심 위주로 영상을 제작해야 한다. 과욕을 부리다가 골든타임을 놓쳐 경쟁사로 기회가 넘어가는 것보다 단순화해서 주도권을 잡는 것이 낫지 않을까?

　그리고 동일한 주제일지라도 영상을 다양한 앵글에서 촬영해야 한다. 한 번만 촬영하지 말고 다른 각도에서 여러 번 촬영해야 한다. 다양한 각도, 다양한 화면으로 촬영해 기자가 골라 쓸 수 있도록 하는 것이 좋다.

　그리고 반드시 영상 앞과 뒤에 5초 정도 여유를 두어 기자가 편집할 수 있는 여지를 남겨줘야 한다. 기자는 기업에서 제공한 영상을 그대로 쓰는 것이 아니라 자신의 아이템에 적합한 부분을 편집해서 쓰기 때문이다.

홍보담당자가 카메라 촬영까지 관여할 필요는 없다고 본다. 참고로 어떤 식으로 일이 진행되는지 기본은 알고 있어야 하므로 개인적으로 학습을 통해 카메라 앵글에 따른 화면 구성 등 기본 지식은 알고 있는 것이 좋겠다.

촬영한 영상을 방송기자에게 보내줄 때에는 보도국의 일정을 감안해서 보내줘야 한다. 방송사는 정해진 뉴스 시간을 채우기 위해 매일 분량에 맞는 방송뉴스를 제작한다. 하지만 인력이나 기술, 자원 등 현실적인 제약이 존재하기 때문에 방송사 보도국은 효율적인 뉴스 제작을 위해 방송뉴스 제작 과정에 대한 시스템을 만들었다.

방송사 보도국 기자들은 대부분 아침 7시에서 8시 사이에 보도국이나 출입처에 출근해서 취재 계획서를 작성하거나 사전 취재가 된 발제 아이템을 확인한다. 방송뉴스로 제작될 수 있다는 판단이 서면 사전 취재 후 담당 데스크에게 기사를 송고한다. 이때 5W1H로 '정보보고서'(방송사마다 호칭은 다름)를 작성한다.

한편, 부서별 기획회의를 거쳐 담당 데스크는 아침에 있을 편집회의에 상정할 정보보고서를 정한다. 편집회의는 보도국장을 중심으로 정보보고서를 선택하고 취재 일정을 조정하기 위한 회의로, 각 방송기자들이 담당하고 있는 기업, 기관 등에서 파악한 정보나 취재 계획을 하루 전에 데스크에게 미리 보고한 정보보고서를 협의한다. 그래서 방송기자들은 행사 계획이나 기자회견, 정부 발표 등을 취합한 다음에 어떤 뉴스를 제작할지에 대해 구상해 정보보고서를 작성한다.

데스크들이 참석하는 편집회의(오전 9시경)는 주로 전날 방송된 방송뉴스에 대한 평가를 한다. 각 방송사의 방송뉴스 시청률이 매일 다르고 전날 메인뉴스에 방송된 아이템에 대한 반응이 다르기 때문이다. 경쟁사 시청률에 비해 낮은 경우 이를 바탕으로 하는 아침 편집회의는 각 부서의 데스크에게는 매우 힘든 시간이 된다. 이 회의가 끝나면 보도국 부서별로 오늘 아이템은 누가 취재를 할 것인지, 어떻게 아이템을 끌고 갈 것인지, 특정 사건이 뉴스 가치가 있는지 등을 판단하여 부서 차원에서 당일 뉴스 아이템을 결정한다. 그 결정에 따라 담당 방송기자는 카메라를 신청하고 취재 준비를 시작한다. 시간을 다투는 뉴스는 정오 뉴스부터 보도된다.

오후 2시나 2시 30분에 진행되는 회의는 KBS의 9시 뉴스나 SBS, MBC의 8시 뉴스 등의 아이템과 보도 순서를 결정하는 편집회의다. 이 회의에서 각 데스크들은 자신들이 취재하는 아이템이 메인뉴스에 들어가도록 하기 위해 당일 취재하는 뉴스 아이템들의 뉴스 가치를 어필한다. 하지만 뉴스 시간은 한정적이기 때문에 전부 다 방영할 수 없다. 그래서 메인뉴스에 선정되지 않은 방송뉴스들은 저녁 마감뉴스나 다음 날 아침방송에 나가기도 하며 당일 취재한 기사가 며칠이 지난 후에 보완해서 방송되기도 한다.

오후 6시 회의는 제작된 아이템을 최종적으로 확인하고 조정하는 회의로, 취재된 제작물을 보고 방송사의 메인뉴스 편집 순서를 바꾸거나 다른 취재 아이템으로 교체하기도 한다. 따라서 최종적으로 방송뉴스로 송출되는지는 그 후에 알 수 있다.

방송사의 메인뉴스 시간대에 방송될 수 있는 아이템의 수가 한정되기 때문에 (대략 주중 저녁 8시 MBC 뉴스에 20~25개, 저녁8시 SBS 뉴스에 20~25개, 저녁 9시 KBS 뉴스에 35~40개 정도), 메인뉴스에 방송이 되지 않으면 뉴스의 내용에 따라 시간이 결정되어 킬(kill) 되기도 하고 나중에 방송되기도 한다.

오후 뉴스는 저녁 종합뉴스를 준비하는 방송기자들이 동시에 준비하며, 마감뉴스의 새로 발생한 뉴스는 취재부서 야근 담당자가 담당하고, 아침뉴스는 부서별로 야근 기자들이 저녁 때 벌어진 뉴스를 제작해서 방송한다. 방송은 물론이고 신문기자들도 주중과 주말에 당직 근무를 서는 이유가 거기에 있다.

방송용 보도자료에 대한 이해 〈조태흠 KBS 기자〉

Q : 방송기자 입장에서 언론홍보의 효과를 무엇이라고 생각하시나요?

A : 널리 알리기 원하는 내용을 짧은 시간 안에 알릴 수 있고, 내용에 대한 신뢰도 확보할 수 있다는 것.

Q : 보도자료에 대한 정의와 역할은 무엇이라고 생각하시나요?

A : 기본적으로 보도자료는 홍보맨이 작성하는 기사라고 생각합니다. 원재료를 가다듬어서 핵심을 추려 만드는 작품이어야 한다는 거죠. 요리에 비유하자면, 회사 실무자는 농부, 홍보맨은 유통업자, 기자는 요리사라고 할까요?

Q : 신문사와 다른 방송사의 특성은 무엇인가요?

A : 방송은 기본적으로 영상과 음성으로 시청자들에게 정보를 전달합니다. 글로 소구하느냐, 영상과 음성으로 소구하느냐가 방송과 신문의 가장 큰 차이죠.

Q : 방송기자와 신문기자는 어떻게 다른가요?

A : 방송기자는 기본적으로 취재와 프로듀싱을 겸한다고 보면 됩니다. 기사를 쓰기 전 방송기자는 팩트와 함께 화면 구성, 음성 등을 고민합니다.

Q : 방송용 보도자료가 따로 있나요?

A : 방송에서 가장 중요한 것은 화면입니다. 굉장히 중요한 팩트

가 있다면 화면이 밋밋해도 관계없지만, 그게 아니라면 화면이 중요합니다. 때로는 별다른 팩트가 없어도 화면만으로 뉴스가 될 수도 있습니다. 화면이 뒷받침되는 보도자료를 방송용 보도자료라고 할 수 있겠네요.

Q : 보도 가능한 아이템은 어떤 것이 있고 어떻게 발굴하나요?
A : 희소성, 시의성이라고 할까요? 과거에 보도된 일이 없는 새로운 이야기인가, 최근 이슈가 되고 있는 문제와 결부시킬 수 있는 이야기인가, 과거에 보도됐다고 하더라도 다른 이야기를 할 수 있는 새로운 관점이 있는가 등을 고민해야 합니다.

Q : 보도자료 야마를 잘 잡으려면 어떻게 해야 하나요?
A : 내가 시청자/독자라면 해당 사안에 대해서 어떤 게 가장 궁금할지 생각해보면 됩니다. 제목만 보고 클릭하려면 어떤 게 야마인지 고민하면 된다는 뜻입니다.

Q : 보도자료가 방송 뉴스로 채택되려면 어떤 점에 신경을 써야 하나요?
A : 첫째도 둘째도 화면입니다.

Q : 기획보도는 어떤 경우에 진행하나요?
A : 최근 사회적으로 이슈가 되는 문제를 단편적인 기사로 다루기 보다는 원인과 배경, 전망까지 깊이 다루고자 할 때, 혹은 평소 기삿거리가 안 되는 사안이라도 여러 가지를 묶어서 긴 흐름으로 봤을 때 기삿거리가 되는 경우 진행합니다.

Q : 보도자료를 배포하기 전에 미리 알려 줘야 하나요?
A : 미리 알려 줘야 기사를 준비할 수 있습니다. 신문의 경우 지면을 확보하고, 방송은 큐시트에 자리를 확보할 수 있습니다. 또 기자가 각종 섭외를 하고 기사 방향을 미리 고민하기 위해서도

보도자료 배포 전 미리 알려주는 게 좋습니다.

Q : 보도자료를 작성할 때 어떤 점에 신경 써야 하나요?

A : 핵심은 무엇인지, 핵심을 뒷받침하는 정보들은 충분히 나타나 있는지 등입니다. 가장 신경 써야 하는 것은 '버리는 것'이라 생각합니다. 핵심 내용만 남기고 나머지 내용은 버리는 겁니다. 알리고 싶은 게 많다고 이것저것 다 넣어버리면 핵심마저 잘 안 보이고 매력 없는 보도자료가 되어버릴 수 있습니다.

Q : 보도자료가 뉴스로 채택되기 위한 요건은 무엇인가요?

A : 희소성, 시의성이라고 할까요? 과거에 보도된 일이 없는 새로운 이야기인가, 최근 이슈가 되고 있는 문제와 결부시킬 수 있는 이야기인가, 과거에 보도됐다고 하더라도 다른 이야기를 할 수 있는 새로운 관점이 있는가 등을 고민해야 합니다.

Q : 보도자료를 보냈는데 기사화가 안 되는 이유가 무엇인가요?

A : 이미 여러 차례 보도가 된 사안이어서 뉴스 가치가 없는 경우, 보도자료를 만든 곳의 일방적인 자랑만 담겨 있는 경우, 시청자/독자들이 생활하는 데 도움이 될 만한 정보가 없는 경우 등은 굳이 기사를 쓰지 않습니다. 하루 평균 30~40건의 보도자료를 받는데, 이 가운데 기사를 쓰는 건 5건 남짓입니다.

Q : 기자를 감동시키는 보도자료는 어떤 자료인가요?

A : 기사를 쓰는 데 필요한 팩트, 추가 정보가 필요할 때 문의할 수 있는 담당자의 연락처, 방송의 경우 방송에 필요한 화면을 촬영할 수 있는 준비 등이 갖춰진 보도자료입니다. 가끔 취재 현장에서 기자를 공손히 대하면 감동받을 거라고 생각하는 홍보맨들도 계시는데, 오히려 부담스러울 때도 있습니다. 취재 현장에서 촬영이나 인터뷰 섭외 등에 도움을 주시는, 방송

결과물을 잘 만드는 데 도움을 주시는 분들이 훨씬 감동적입니다.

Q : 보도자료를 배포할 때 주의사항은 무엇인가요?

A : 알아듣기 힘든 전문용어로 된 보도자료, 주제가 무엇인지 드러나지 않는 보도자료는 피해야 합니다. 해당 업계에 종사하는 홍보맨도 이해하기 힘든 보도자료라면 기자는 더더욱 이해할 수 없습니다. 중학교 2학년이 읽는다고 생각하고 보도자료를 써야 합니다.

Q : 보도자료를 배포하는 날짜는 어떻게 잡나요?

A : 어떤 보도자료인가에 따라 천차만별입니다.

Q : 보도자료는 몇 시에 보내는 게 좋은가요?

A : 보도가 되기 희망하는 날 하루나 이틀 전 오후쯤이 좋습니다.

Q : 보도자료를 보내고 꼭 전화를 해야 하나요?

A : 사안에 따라 다르지만, 굳이 그럴 필요는 없습니다. 기삿거리가 되는 보도자료라면 기자가 먼저 전화합니다. 다만 보도자료 발송 안내 문자 정도는 필요하다고 봅니다.

Q : 보도자료를 보냈는데 담당기자가 출장을 갔을 때 어떻게 하나요?

A : 백업하는 기자는 항상 있기 마련입니다. 담당기자에게 전화해서 백업 기자가 누구인지 물어보면 됩니다.

Q : 미담 사례는 어떤 점을 부각시켜야 하나요? 주의사항은 없나요?

A : 시청자/독자에게 감동을 줄 수 있는 포인트를 부각시켜야겠죠. 다만, 절대 내용을 과장해서는 안 됩니다. 요즘 같은 SNS 시대에 내용을 과장했다가 들통이 나면 기자는 물론 홍보맨도

망신을 당하기 십상입니다.

Q : 회사에 부정적인 사안을 취재할 때 어떻게 대응하나요?

A : 영업비밀입니다.

Q : 방송홍보에서 필요한 홍보담당자의 역량은 무엇인가요?

A : 무엇이 방송뉴스가 되는지를 알아야 합니다. 평소에 방송뉴스를 많이 보다 보면 이런 게 뉴스가 되는구나 하는 점을 알 수 있을 겁니다.

Q : 방송기자들이 좋아하는 홍보담당자 역량은 무엇인가요?

A : 기본적으로는 전화를 잘 받는 사람, 자신의 회사뿐 아니라 관련 업계 동향을 꿰고 있는 사람, 촬영 협조를 잘 해 주는 사람이겠죠. 때로는 부정적인 일 때문에 촬영이 필요한 경우도 있는데, 이때 도와준 홍보맨은 결코 잊지 않습니다.

특정 언론사를 편애하지 마라

편애偏愛라는 말의 사전적 의미는 '어느 한 사람이나 한쪽만을 치우치게 사랑하다'라는 뜻이다. 언론에 대한 편애는 특정 매체에 특종을 제공하기도 한다. 물론 그 대상은 특정 기자가 될 수도 있다. 친분 있는 기자에게 협찬은 물론 업계 동향과 정보 등을 제공하는 것은 흔한 일이다.

사실 협찬이라는 것도 기업이 해당 언론사와 직접 거래하는 것이기 때문에 이 역시 외부에서는 알 수 없다. 하지만 기사가 보도된 이후에는 출입처가 같은 기자들은 보도 경위를 알아내려고 하기 마련이다. 일부 기자들은 홍보담당자에게 부탁이나 불만을 표출하기도 하지만 팩트는 주고받은 당사자들밖에 모르기 때문에 "제가 답변할 수 있는 사안이 아니다"라고 말할 수밖에 없다. 괜히 생각없이 말했다가 불미스러운 일이 생길 수도 있다.

저널리즘의 꽃은 특종이다. 특종은 사회에 센세이셔널한 반응을 불러일으키는 뉴스를 어느 한 매체가 먼저 보도하는 것을 말한다. 대체로 특종은 비리나 부조리와 관련된 뉴스가 많다. 특종까지는 아니더라도 정치적으로나 사회적으로 의미 있는 뉴스를 혼자 보도할 경우 언론에서는 제목에 '단독'이라는 단어를 붙여 보도한다. 타 매체와 보도경쟁을 하는 언론은 특종은 물론이고 단독보도 등 뉴스 보도를 먼저 하는 것을 선호하는 속성을 갖고 있다. 기자들이 특종을 물고 오면 특종상도 주고 승진에도 가산점을 주다 보니 기자들도 눈에 불을 켜고 특종을 찾는다.

언론에 대한 편애는 특종이나 단독이 될 만한 정보를 특정 매체나 기자에게 제공하는 것을 말한다. 신문을 꼼꼼히 읽어본 홍보담당자라면 알겠지만, 어느 매체에서 특종을 보도하면, 다음 날 다른 매체에서 그 기사를 받아쓰게 된다. 어떤 매체는 요약해서 쓰기도 하고, 일부 매체는 관련 회사 홍보담당자에게 전화를 걸어 추가 취재를 하거나 인터뷰를 덧붙이기도 한다. 특종 보도 이후 다른 매체에서 그 기사를 받느냐, 무시하느냐의 기준은 기사의 파장에 따라 결정된다. 국민 생활에 영향을 미칠 수 있는 기사는 정부가 대책을 세우기도 한다. 이런 뉴스는 언론사 내부에서도 계속 취재가 이어져 보도가 계속되고 국민의 관심이 이어질 경우 언론사끼리도 취재 경쟁을 하면서 보도가 계속된다. 더구나 요즘처럼 인터넷이나 모바일이 발달하다 보니 해당 뉴스에 대한 국민들의 접근성도 높아 관련 뉴스는 개인별 SNS로 옮겨 확산되므로 그 파급 효과가 엄청나다. 특종을 하지 못한 기자는 '낙종'을 하게 된 셈인데 흔히 '물 먹었다'고 한다. 기자들이 가장 두려워하고 우려하는 상황이다.

언론에서 특종을 좋아한다는 점을 활용해 특정 매체에 보도를 유도하는 것도 홍보 전략이 될 수 있다. 하지만 모든 매체에서 관심을 갖고 있고 크게 보도할 만한 사안인데 특정 언론에만 정보가 제공되었다는 것을 다른 매체에서 알게 되었을 경우에는 특종을 한 매체 이외의 매체들과 관계가 악화될 수 있다는 점을 명심해야 한다. 특정 매체에만 뉴스를 제공하는 것은 해당 언론사에서 중요하게 보도해 줄 것이라는 확신과 약속이 있는 경우에만 진행해야 한다.

일반적으로 보도자료를 배포할 때는 출입기자들에게 동시에 제공하는 것이 원칙이다. 전략을 구사할 사안이 아니라면 특정 언론사에 먼저 보도자료를 제공하는 것은 일반적인 방법이 아니다. 언론홍보 담당자가 한 명 뿐인 기업에서는 최소한의 성과를 위해 친분이 있는 한두 매체에 언질을 주면서 보도를 유도하기도 한다. 이럴 때 한두 매체 기자와는 친구가 될 수 있을지 모르지만 나머지 매체 기자들과는 최악의 경우 적이 될 수도 있다.

일하기 편하다고 한두 매체하고만 거래(?)를 해서도 곤란하다. 예를 들어 경제지 위주로 친분을 쌓는다면 종합지나 방송 등에서는 아예 관심을 갖지 않을 수도 있고 기업에 좋지 않은 이슈가 발생할 경우에 종합지나 방송 등에 불리한 기사가 크게 나가게 될 수도 있다. 모든 언론이 관심을 가질 만한 뉴스라면 출입기자들에게 동시에 보도자료를 배포하는 공식적인 발표를 해야 한다.

그리고 특정 매체가 크게 보도해 줄 것이라는 기대를 하고 독점적으로 정보를 제공했는데, 생각보다 작게 나오는 경우도 있다. 보도 자체가 되지 않았다면 내용을 업데이트해서 타 매체에 자료를 제공할 수도 있지만 단신으로 보도가 되면 다른 언론사는 보도하지 않을 확률이 높다. 다른 언론사에서 이미 보도된 이유도 있지만 시간이 지난 뉴스이기 때문에 뉴스로서 가치가 없어졌기 때문이다.

물론 실망할 필요는 없다. 방송 매체에 방송용으로 보도자료를 수정해서 제공해보자. 쉽지는 않겠지만 평소 관계를 갖고 얘기를 들어줄 만한 매체를 찾아 설명을 하면 방송 아이템으로 다뤄줄 수도 있다.

보도를 요청하려면 기자에게 직접 해야 한다. 임원들 중에는 담당 기자가 있는데도 본인이 잘 아는 데스크나 간부에게 부탁을 해서 보도를 요청하는 경우가 있는데, 이는 출입기자에게 결례가 될 수 있다. 대부분 기자들은 위에서 지시를 하니 따르겠지만 기분은 좋지 않다. 제보를 받거나 보도자료를 읽고 뉴스 가치를 판단하는 1차 작업은 기자가 하기 때문이다. 기본적으로 반골 성향이 있는 기자들은 윗사람이 이래라저래라 지시가 내려오는 것을 달가워하지 않을 수도 있다.

기자를 통하는 것이 기본이다.

　언론을 상대해본 경험이 없이 어깨너머로 홍보를 경험한 사람 중에는 기자에게 기사를 부탁하면 촌지를 줘야 한다고 생각하는 부류도 있다. 15년 가까이 홍보를 해오면서 기사가 좋게 나온 적이 많았다. 식사 정도는 대접했지만 지금까지 촌지를 주지도, 주는 것을 보지도 못했다. 만일 기자에게 보답을 하고 싶다면 점심약속을 잡고 가볍게 식사를 하는 정도가 바람직하다. 관계가 지속되면서 친분이 쌓이면 저녁식사를 겸해 술을 한잔하는 것도 괜찮다.

　기자들은 글쓰기를 좋아하거나 사회적 소명감 때문에 기자가 된 사람들이다. 기자의 성향을 모르고 기업 입장에서는 작은 성의라고 생각하고 촌지를 건네더라도 받는 기자 입장에서 촌지라고 생각하면 부담이 될 수도 있고 역효과가 날 수도 있다. 좋은 의도에서 건넨 촌지인데 기자 입장에서는 언론인의 윤리를 무시하는 행동으로 받아들일 수도 있다. 이제 김영란법이 시행되면 법적으로도 촌지나 기준을 벗어난 접대는 금지된다.

　몇 번 통화를 했거나 출입기자로 새로 전입을 왔거나 다른 출입처로 전출을 가는 경우에 간단한 식사를 하면서 인사를 하면 좋다.

　기업에서 홍보를 하다 보면 특정 언론사를 편애하지 않는다는 것은 현실적으로 어렵다. 언론사도 제한된 지면으로 인해 기업에 대해 편애할 수밖에 없다. 언론사에 대한 편애를 하지 말라는 것은 편애를 하더라도 티가 나지 않게 하라는 것이다.

　홍보담당자는 기자들과 공식적이든 비공식적이든 만남이 잦다. 기자들은 평소 궁금했던 것을 묻게 되는데 기자들의 질문에 아무 생각 없이 대답했다가 나중에 큰 화근이 될 수도 있다. 더 큰 문제는 아는 것도 없으면서 대답하는 것이다. 기업에 민감한 질문이라고 생각되면 개인적인 생각으로 즉답을 하는 것은 바람직하지 않다.

　기자들은 기사만 쓰는 것이 아니다. 모든 언론사가 그런 것은 아니겠지만 일부 언론사의 경우 기자들은 소속 출입처와 관련된 정보를 수집해 데스크에 보고한다고 한다. 일부 정보는 미팅이나 간담회에서 확인하기도 한다.

　평소 홍보담당자들도 기자들과 지속적으로 교류하면서 언론의 동향에 관심을 가지고 잘못된 정보가 확산되지 않도록 신경을 써야 한다. 쉽지 않겠지만 홍보실에 근무하다 보면 알아도 모른 척 들어도 못 들은 척 해야 하는 경우가 다반사다.

스마트폰, 뉴미디어 대세로 부상하다

최근 스마트폰 보급률의 증가와 함께 TV나 종이신문보다는 스마트폰을 통해 실시간으로 뉴스를 접하는 이들이 늘고 있다. 스마트폰만 봐도 간밤에 일어난 지구촌의 사건사고 소식을 쉽게 접할 수 있기 때문이다. 굳이 신문기사나 방송 뉴스를 따로 찾아볼 필요 없이 관심 있는 키워드를 지정만 해두면 된다. 이른바 '맞춤형 뉴스' 서비스인데 발달된 디지털 기술 덕분이다.

최근 언론의 보도형태는 많이 달라진 것이 사실이다. 과거 신문사는 다음날 1면을, 방송사들은 저녁 종합뉴스의 메인뉴스에 대해 고민했다. 디지털 기술은 미디어 생태계를 변화시켰고 언론사들은 콘텐츠의 제작과 유통에서 디지털 플랫폼을 최우선 순위에 두는 '디지털 퍼스트(digital first)' 전략을 내세웠다. 디지털 속성에 맞는 전용 콘텐츠를 만들기도 하고 때로는 중요 기사를 디지털 매체에 우선 보도하고 있다. 디지털을 통해 선보이는 뉴스에서는 단순한 소식 전달에 그치지 않고 사진과 영상, 그래픽 등 독자의 이해를 돕기 위한 도구들이 동원되고 있다. 언론사들이 이처럼 콘텐츠 제작과 전달에 변화를 보이고 있는 것은 최근 이용자들의 뉴스 소비 방식이 달라졌기 때문이다.

2012년 〈뉴욕타임스〉가 발표한 '혁신(innovation) 보고서'에 따르면, 디지털 퍼스트란 '종이 신문의 구속으로부터 벗어나 최고의 디지털 기사를 만드는 데 최우선 순위를 둔다.'는 의미이며 디지털 퍼스트를 실행에 옮기기 위해 '발상의 전환'이 필요하다고 강조하고 있다. 디지털 플랫폼이라고 다 같은 것도 아니다. 요즘은 모바일이 대세다. 이제는 '모바일 퍼스트(mobile first)'라는 말까지 생겨났다.

실제 2013년부터 신문기사를 접하는 경로로 모바일이 1위에 올랐으며 노트북이나 데스크톱 PC, 신문이 뒤를 이었다. 인터넷 뉴스 이용자의 71.5%가 포털사이트 메인 페이지를 통했으며 언론사 인터넷 사이트를 찾아가는 경우는 7.4%에 그치는 것으로 나타났다.

모바일 매체의 비중이 커지면서 방송사에선 그래픽이나 사진, 짧은 글로 구성된 화면을 옆으로 밀어서 보는 '카드뉴스'를 선보이는가 하면 일부 매체에서는 기사와 함께 동영상, 인터넷 커뮤니티 게시물을 연결해서 볼 수 있는 서비스까지 내놓고 있다. 예전에는 방송에 보도되지 않은 뉴스를 인터넷에 올리는 것이 정보 유출처럼 인식됐었지만 지금은 거부감이 많이 줄어들었고 어떤 매체든 콘텐츠를 어떻게 하면 효율적으로 전달할 수 있느냐에 관심을 갖게 되었다.

현재 대부분의 뉴스는 발생과 동시에 인터넷을 통해 거의 실시간으로 사용자들에게 전달된다. 인터넷 매체를 포함한 수많은 언론 매체가 뉴스를 생산하고, 그 뉴스는 SNS 등을 통해 빠른 속도로 확산된다. 이런 상황에서 언론사들이 여전히 과거의 관행을 고집한다면, 사용자들에게 외면받을 수밖에 없다. 뉴욕대 미첼 스티븐스(Mitchell Stephens) 교수는 그의 저서 『Beyond News: The Future of Journalism』에서 '뉴욕 타임스가 제공하는 차별성이란 것이 좀 더 정확하고 철저한 정도가 전부라면, 과연 인터넷에서 이미 다 본 뉴스를 다음날 또다시 볼 이유가 있을까?'라고 언급했다. 인터넷을 통해 이미 알고 있는 기사에 살을 더 붙이는 것만으로는 독자를 끌어들일 수 없다는 얘기다. 역시 사용자를 붙잡아 두려면 차별화된 콘텐츠가 필요하다.

한국언론재단이 2015년 6월 27일~8월 13일 전국 만 19세 이상 국민(5,062명)을 대상으로 실시한 '2015 언론수용자 의식조사'에 따르면, 지상파 방송과 종이신문을 통한 뉴스 이용률이 감소했다고 한다. 반면 모바일이 뉴스 소비의 대세로 부상했다. 미디어 이용도에서 신문·방송 등 전통 미디어의 이탈과 모바일·SNS 등 뉴미디어 유입 현상이 가속화되고 있는 것으로 나타났다. 모바일을 통한 인터넷 이용이 늘어나면서 소셜미디어 이용률이 상승한 반면 PC 등을 통한 인터넷 이용률은 줄어들었다. 이외에도 라디오와 신문 역시 감소했으며, TV 이용률의 경우 거의 변동이 없었다.

우리나라의 경우 뉴스 이용자들이 무료 콘텐츠에 익숙해져 있다. 언론사들이 포털 사이트에 뉴스 유통시장을 내준 것이 원인이라고 한다. 그에 비해 광고나 판매 수입은 많지 않다. 콘텐츠의 유료화가 필요하지만, 그마저 여의치 않다. 아직은 비용에 비해 수익성이 낮기 때문에 전면적인 디지털 퍼스트 전략을 펴는 것은 현실적으로 어렵다. 디지털 콘텐츠는 텍스트뿐만 아니라 동영상, 사진, 인포그래픽(inforgraphics) 등이 포함되는데 그만큼 많은 인력과 시간이 필요하다.

디지털 매체의 발전은 개별 언론사들에게는 위기일 수 있으나 달라진 수용자들의 이해와 요구를 정확히 읽어내고 더 가치있는 정보를 전달하고자 하는 노력이 더해질 때 언론사들에게도 새로운 기회가 될 수 있을 것이다.

홍보담당자들은 모바일의 이러한 특성과 효과를 전략적으로 활용할 수 있는 방안을 강구해야 한다.

모니터링은 홍보의 에너지원

　홍보담당자들의 하루는 다른 직원들보다 일찍 시작된다. 새벽 일찍 출근해 조간신문을 읽거나 인터넷 검색을 통해 스크랩을 한 후에 경영진에 보고해야 하기 때문이다. 긍정적인 아이템으로 취재를 했더라도 가판 확인 등을 통해 기사가 어떻게 나올지 확인해야 한다. 하지만 부정적인 이슈를 취재했다면 사전에 대응을 했더라도 기사 내용은 불확실하기 마련이다. 기자가 취재를 했다면 부정적이든 긍정적이든 보도 결과를 모니터링한 뒤에 결과를 보고하고, 후속 조치를 할 것이 있다면 취해야 한다. 때로는 홍보팀에서 사전에 파악하지 못한 기사가 보도되는 경우도 있으므로 모니터링은 꼼꼼하게 해야 한다.

　보도자료를 배포한 뒤 인터넷에 배포한 보도자료와 다르게 보도된 기사에 대해 후속 조치를 해야 할 수도 있기 때문에 보도자료 배포 후 모니터링은 특히 중요하다. 그리고 보도자료를 배포하지 않았더라도 관련업계나 경쟁사의 뉴스와 비교되어 우리 기업이 부정적으로 보도되었을 때 모니터링도 중요하다. 모니터링한 뉴스는 결재 라인에 따라 경영진에게 보고하고 필요한 조치가 있다면 대응 전략을 수립해야 한다. 그리고 필요에 따라 이해관계자들과 공유하고 임직원들에게도 알려야 한다.

　조간을 비롯한 기사 스크랩은 홍보담당자들에게 번거롭기는 하지만 꼭 챙겨야 할 기본 중의 기본 업무이다. 스크랩은 보통 당일 아침에 보고하는데, 당일 조간이나 전날 석간신문, 그리고 전날 저녁과 아침 방송과 인터넷 매체 등에 보도된 기사를 정리한 보고서를 말한다. 자사 뉴스 외에도 고객과 경쟁사 관련 뉴스도 검색하고 모니터링해야 한다. 조간신문을 직접 읽어보기도 하지만 대부분 기업에서는 스크랩마스터 프로그램을 이용해 기사를 검색하고 스크랩한다. 스크랩마스터 프로그램에 유관 검색어를 여러 개 설정해 놓고 필터링된 기사 중 연관 있는 기사를 스크랩하면 된다. 추가로 통신사와 인터넷매체에 대한 검색을 추가해야 하지만 조금만 익숙해지면 좋은 결과물을 만들 수 있다.

홍보담당자들에게 중요한 홍보 업무를 하나 더 꼽으라고 한다면 빼놓을 수 없는 것이 뉴스 모니터링이다. 뉴스 모니터링은 배포한 보도자료가 지면에 보도되기 전에 어느 매체에 어떻게 보도가 되었는지 확인하는 일이다. 최신 경영 정보를 포함하여 업계 동향이나 경쟁사 관련 뉴스 등을 임직원들에게도 공유함으로써 홍보 부서의 인지도를 향상시킬 수도 있다. 특히 해당 기업에 이슈가 있다면 모니터링은 더없이 중요하다. 기업에 이슈가 있을 때는 모니터링한 기사만 모아놓을 것이 아니라 통계표를 작성해 어느 신문에 어떤 유형의 기사가 어느 정도 크기로 보도되었는지 정리해 놓는 것이 좋다. 보도된 기사를 데이터베이스화해 놓으면 어떤 매체에서 어떻게 보도가 되었는지, 어떤 매체가 호의적이거나 부정적인 성향인지도 알 수 있다. 뉴스를 모니터링한 통계는 홍보담당 임원이나 경영진이 바뀌어도 언론홍보의 방향 유지와 정립에 활용할 수 있다.

모니터링에도 요령이 있는데도 대충 하다가 중요한 보도를 놓칠 수도 있다. 요즘은 인터넷 외에도 모바일을 통해 뉴스 모니터링을 하기 때문에 홍보 시니어들은 '세상 좋아졌다'는 것을 실감하고 있다. 배달된 신문을 오려붙여 보고를 하던 것이 불과 몇 년 전인가?

홍보 주니어들은 스크랩을 어렵거나 번거롭게 생각할 수도 있지만 스크랩을 통해 경영진은 물론 직원들에게 정보를 제공하고 아울러 고객들에게 홍보하기 위한 아이템을 발굴할 수도 있다. 스크랩은 자사 관련 뉴스만으로는 내용이 부실할 수 있으므로 카테고리를 구성해 자사 뉴스 외에도 경영진의 관심사나 고객과 경쟁사의 동향 등도 포함시키는 것이 좋다.

홍보담당자들은 수시로 검색이나 모니터링을 할 수 없기 때문에 인터넷을 포함한 모바일을 활용한 뉴스 모니터링은 스크랩에 드는 시간을 줄여줌으로써 홍보 업무의 효율을 향상시켜 준다. 간단한 뉴스 모니터링은 구글에서 제공하는 무료서비스를 이용하는 것도 효과적이다. 구글 뉴스 모니터링 서비스는 회사 이름이나 관련된 특정 키워드를 입력해 놓으면 뉴스 사이트를 검색해 실시간으로 뉴스를 보내준다. 특정 키워드를 설정해 놓고 실시간으로 뉴스를 받아보는 것이다.

인터넷을 통해 뉴스를 확인했다면 지면을 통해 보도가 되었는지 확인하고 신문 스크랩을 해두는 것이 좋다. 분량에 제한이 없는 인터넷 뉴스와 분량에 제한이 있는 실제 지면으로 보도된 뉴스는 내용이나 분량에서 차이가 있을 수도 있기 때문이다.

물론 지면에 완벽하게 보도가 되면 좋겠지만 가판이 없는 매체도 많아 지면에 보도된 기사는 수정이 어렵다. 반면 인터넷판은 수정이 가능하며, 이는 인터넷의 장점이기도 하다. 보도내용에 대한 모니터링을 통해 오류가 있다면 바이라인에 있는 기자에게 자초지종을 얘기하고 수정해달라고 요청하면 대부분 내부 보고를 거쳐 고쳐준다. 수정 결과를 반드시 확인하고 출력해놓아야 한다. 해피콜을 잊지 않는 것도 홍보맨의 역할이고 능력이다.

보통 홍보 주니어는 물론이고 시니어들도 보고서를 기획하고 작성하는 데 어려움을 겪는다. 보고서 기획의 기본은 카테고리를 유기적으로 잘 짜는 것이다. 단일 기업이거나 여러 계열사로 구성된 그룹사 스크랩은 카테고리 구성이 조금 다를 수 있다. 스크랩의 예는 다음과 같다.

특히 주요 매체 1면 톱기사와 정치, 경제, 사회면 등 각 면 톱기사도 스크랩할 필요가 있다. 주요 뉴스만 스크랩해서 경영진에게 보고하고 직원들에게 공유하는 데서 나아가 정부는 물론 정치, 경제, 사회 등 전반에 관한 동향과 트렌드를 공유하는 데 큰 의미가 있다고 할 수 있다. 1면을 비롯한 지면별 톱기사와 사회면 톱기사는 신문사별로 보도 취향을 알 수 있는 단서가 된다. 언론사마다 사회를 바라보는 시각이 다르기 때문이다. 특히 기업 홍보담당자라면 특히 산업면을 눈여겨보고 스크랩할 필요가 있다. 경영진과 직원들이 여러 신문을 볼 수 없기 때문에 스크랩한 내용만으로도 사회 흐름에 대해 이해할 수 있도록 정리하는 것이 홍보담당자의 역할이다.

조간 스크랩

2016년 OO월 OO일(월)

【당사 관련】
1. 보도자료 배포 관련 보도 기사
   -
   -
2. 다른 기사에 인용된 기사
   -
   -

【업계/경영일반】
1. 관계사 및 계열사, 고객 관련 기사
   -
   -
2. 재계, 산업일반, 경영일반 기사
   -
   -
3. 정부 부처 및 유관기관 뉴스
   -
   -
4. 업계 및 경쟁사 기사
   -
   -

【언론동향】
1. 주요 매체 1면 톱 기사

2. 정치 및 사회면 톱 기사

3. 동정·인사·부고

【당직자】
정 : OOO / OOO-OOOO-OOOO , 부 : OOO / OOO-OOOO-OOOO
※홍보담당 이OO / 010-OOOO-OOOO , 홍보팀장 박OO / OOO-OOOO-OOOO

모니터링은 스크랩으로 완성된다

기업에서 보도자료를 배포하는 일반적인 방식은 보도 요청일 하루 전에 조간과 석간 구분 없이 오전 9시경에 동시다발로 배포한다. 여기서 말하는 '보도 요청일'은 조간의 발간 일자가 기준이다. 10일 아침에 보도자료를 배포하면서 '11일 조간부터 보도해주세요'라고 말하는 것이다. 이럴 경우 석간은 항상 조간신문보다 늦게 보도해야 한다는 단점이 있다. 배포 당일 석간부터 보도가 가능하도록 하면 다음날 조간까지 보도가 가능하다. 통신사를 비롯한 인터넷 매체는 배포하자마자 바로 인터넷에 기사가 올라온다. 하지만 보도자료를 배포한 당일 석간 지면에 보도가 되었으나 큰 뉴스가 아니라면 다음날 조간은 지면 보도를 하지 않을 수도 있다. 이미 뉴스로서 가치가 사라졌다고 판단하기 때문이다. 어떤 선택을 할지는 홍보담당자 몫이다.

통신사를 통해 최초 보도를 하는 방법도 있다. 다만 통신사는 뉴스를 공급하고 전재료를 받기 때문에 모든 언론사들이 통신사 보도를 뉴스로 만들지는 않는다. 하지만 언론사에 뉴스를 공급해 주는 통신사의 첫 보도는 의미가 있다. 언론사 중에는 취재를 하고 뉴스를 만드는 데 있어 통신사 기사의 방향과 분량을 참고하기도 하는데, 통신사가 상세하고 긍정적인 톤으로 보도하면 비슷하게 보도하는 언론사도 많다.

통신사에서 최초 보도한 후에는 인터넷 매체가 관련 뉴스를 보도하고 이후 포털에도 게재된다. 모니터링을 해보면 어떤 매체는 보도를 하고 어떤 매체는 보도하지 않는다. 가판이나 인터넷 모니터링을 통해 내용이 잘못된 기사는 신속하게 수정하거나 삭제해야 한다. 방송에도 보도자료를 보냈다면 기자가 추가 자료를 요청하거나 취재를 하지 않았더라도 방송뉴스도 모니터링을 해야 한다. 요즘은 포털에 검색이 되기 때문에 모니터링이 어렵지 않다. 마지막으로 보도를 요청한 당일 아침 조간신문을 모니터링한다. 전날 인터넷판을 통해 보도 매체와 내용이 어느 정도 예측이 되기 때문에 크게 어렵지 않다.

주요 보도의 경우, 보도가 끝나면 매체별로 보도된 내용을 비교 분석해야 한다. 지면과 방송에 보도가 되었는지, 되었다면 내용이 긍정적인지 부정적인지 그리고 중립적인지, 기사 제목과 주요 내용, 그리고 보도된 면과 시간, 분량 등을 정리하면 된다. 내부적으로 보고하는 모니터링 업무는 여기서 끝이 나지만, 취재기자에게 피드백을 해 주는 것도 좋다. 기자들은 자신의 기사에 대해 모니터링해 주는 것을 좋아한다. 모니터링에 진정성 있는 칭찬이 더해진다면 더 큰 보람을 느끼고 고마워할 것이다. 전화가 부담스럽다면 문자나 카톡 등도 괜찮다.

새로 전입한 기자의 경우, 기사 모니터링을 겸해 인사를 하면서 점심약속을 잡아보자. 무작정 전화해서 약속을 잡는 것보다는 훨씬 부드럽게 관계를 시작할 수 있을 것이다. 안면이 있거나 친한 기자라면 부정적인 기사라 하더라도 모니터링을 해 주는 것이 좋다. 이후 기자가 기업에 부정적인 기사를 쓰기 전에 확인 전화를 통해 기사화를 예고해 줄 수도 있지 않은가?

홍보담당자가 매일 해야 하는 일 중 빼놓을 수 없고 중요한 일이 모니터링과 기사 스크랩이다. 뉴스 모니터링은 보도자료가 어느 신문에 어떻게 기사화되었는지 검색을 통해 확인하는 일이다. 또 보도자료를 배포하지는 않았더라도 일상적으로 자신이 속한 기업이나 조직과 관련된 뉴스나 업계 및 경쟁사의 뉴스를 사내 임직원들이 알 수 있도록 공유하는 일이다. 토요일 기사도 모니터링을 하고 보고할 것이 있으면 스크랩을 통해서 보고한다. 모바일을 비롯한 인터넷의 발달로 블로그나 뉴스의 댓글 등도 여론에 영향을 미칠 수 있으므로 민감한 이슈의 경우에는 댓글이나 SNS 동향을 보고하기도 한다.

    신문의 경우, 요즘은 모바일이나 인터넷을 통해 모니터링을 하지만 예전에는 배달된 신문을 통해서만 확인이 가능했다. 인터넷을 통해 뉴스가 보도된 것이 확인됐다면 실제 발행된 신문기사를 스크랩해서 확인하는 것이 좋다. 인터넷 뉴스와 실제 활자로 인쇄된 뉴스는 지면의 한계로 인해 내용이나 분량이 다를 수 있다. 또한 지면에 보도된 기사는 수정이 어렵지만, 인터넷 뉴스는 언론사에 수정을 요청할 수 있다. 보도내용에 오류가 있다면 기사를 쓴 기자에게 전화를 걸어 수정을 요청하면 대체로 수정해 준다.

    회사에 대한 뉴스를 모니터링할 때는 기사만 모아놓기보다는 어느 신문에, 어떤 유형의 기사가, 어떤 톤으로, 어느 정도 크기로 보도했는지 정리해놓는 것이 좋다. 뉴스가 자주 나오는 회사는 매주 하겠지만 보도자료를 자주 배포하지 않더라도 한 달에 한 번 정도는 실적 외에 언론홍보 방향 설정 차원에서 정리해놓으면 어떤 매체가 어떤 톤으로 보도를 했는지, 우리 회사에 호의적인지 부정적인지 알 수 있다. 호의적이면 더 강화하고 부정적이면 원인을 분석해 중립으로 끌어올리거나 호의적으로 바꾸기 위해 노력해야 한다.

조간 스크랩 보고는 8시 전에 보고하라

　모니터링은 회사와 관련된 기사가 조간과 석간, 그리고 방송에 어떻게 나왔는지 찾아내는 것이다. 모니터링은 2가지다. 하나는 배포한 보도자료가 어디에 보도가 되었는지, 또 하나는 기사 중 회사와 관련된 기사가 나온 것이 있는지 체크하는 것이다.

　보도자료를 배포했을 경우 인터넷을 통해 기사가 올라오는 경우도 있지만 저녁 무렵에 나오는 가판신문 모니터링은 특히, 중요하다. 틀린 내용이 있다면 가판신문은 익일 아침 배달판 인쇄가 들어가기 전에 기사 내용을 고칠 수 있기 때문이다. 아침판에 기사화되고 나면 고칠 수 없다. 인터넷으로 올라온 기사만 믿지 말고 가판을 꼭 확인해야 한다. 그리고 보도자료를 배포하지 않았는데 관련 기사가 나왔을 때에는 해당 부서에 그 기사의 사실 여부와 기사가 보도된 경위를 알아봐야 한다. 만약 잘못된 경우에 즉시 취재기자에게 기사 내용 중 잘못된 내용이 무엇인지 이유를 설명하고 정정을 요청해야 한다.

　모니터링 중 가장 중요한 것은 조간신문이다. 정부 부처는 물론이고 형식과 절차에 차이가 있겠지만 대부분 기업에서도 하고 있는 것으로 알고 있다. 보통 조간신문 모니터링은 당직제를 운영하는데, 담당자는 5시에서 6시 사이에 출근한다. 집에서 5시경 출근하니 힘들 것이다. 신문을 직접 읽기도 하겠지만 요즘은 인터넷 프로그램으로 처리하기 때문에 예전보다는 편해진 것도 사실이다.

　아침 조간신문에 나온 기사나 전날 저녁이나 아침 방송에 나온 뉴스는 스크랩(클리핑; clipping이라고 부르기도 한다)해서 경영진에게 보고하는데, 대부분 아침에 보고하기 때문에 조간 스크랩이라고 부른다. 전날 보도자료를 배포한 경우에는 대부분 보도자료를 근거로 쓴 기사들이 보도되겠지만, 보도자료를 배포하지 않았는데도 부정적인 기사가 단독으로 보도되는 경우가 있다. 홍보담당자 특히, 당직자가 가장 우려하는 상황이다.

　이럴 경우 신속하게 사실 여부를 파악해야 한다. 관련 부서에 전화를 걸어 확인해야 하는데 운이 좋으면 통화가 되는 경우고, 통화는 되었는데 담당자가 모르고 있을 경우 확인해보고 연락을 주겠다는 답변이 대부분이다. 골든타임을 놓치면 관련 기사에 대한 후속 대응과 조치를 놓치기도 한다. 전화로 사실 관계를 확인하는 동안 기사는 확산되고 문의전화도 늘어나면서 조간 스크랩 완료 시간은 그만큼 늦어진다. 조간 스크랩을 먼저 보고하고 관련 내용과 진행상황을 추후에 보고하는게 낫다.

　조간 스크랩을 하는 동안 특정 검색어로 인터넷 뉴스도 검색한다. 특이한 기사가 없으면 조간신문 스크랩이 완료되는데 카테고리화하여 스크랩 목차를 만든다. 최고경영자에게 보고한 후에 공유가 가능한 내용은 전 임직원이 열람할 수 있도록 사내 게시판에 공지하면 모니터링 업무가 마무리된다.

　조간 스크랩은 보고서로 만들어 경영진 등에게 보고하고 직원들에게 공유되기 때문에 특히 신경을 써야 한다.

좋은 보도자료에는 스토리가 있어야 한다

긍정적인 기사를 기대하면서 보도자료 첫 줄부터 끝까지 좋은 내용만 이야기하는 것, 힘들었던 때나 문제점에 대해서는 잘 오픈하지 않으려 하는 것은 분명 홍보의 한계다.

영화나 소설이 흥행을 위해서는 반전 있는 '스토리'가 필요하듯 기획기사도 뉴스 가치를 높이려면 스토리가 있어야 한다. 보도자료 내용이 부각되고 설득력을 갖기 위해서는 그동안 겪었던 어려움과 갈등, 그리고 진정성 있는 공유가 필요하다. 보도자료가 기사화되기 위한 요건과 절차 등을 홍보담당자가 얼마나 인지하고 이해하고 있는가에 따라 기획기사는 성공 가능성이 높다. 그리고 이슈를 설득력 있게 피칭을 한다면 기자는 기사로 보답할 것이다.

보도자료로 배포한 내용 중에서 어떤 매체에는 기획기사로 보도되는 경우도 있지만 이는 흔하지 않은 경우다. 보통 보도자료와 기획기사는 시차를 두고 둘 다 진행하거나 하나를 선택할 수 있기 때문에 전략적으로 판단해야 한다. 다만 '보도자료'는 시의성 없이 무작정 작성하여 배포하기보다는, 전략적인 관점으로 작성해두었다가 가장 필요한 시점에 배포하는 것이 좋다. 물론 쉽지 않다. 이 판단은 임원이나 팀장 등이 해야 한다.

분명 보도자료는 기업의 긍정적인 정보를 시의적절하게 제공하고 공중들과의 다양한 접점 마련을 위해 반드시 필요하다. 홍보 전문가가 되고자 하는 홍보 주니어라면 기획기사를 전략적으로 활용할 줄 알아야 한다. 보도자료나 기획기사 어느 한쪽만을 선택하기보다는 두 개의 전략을 모두 활용하거나 효과가 큰 것을 선택하는 전략을 구사할 수 있어야 할 것이다.

다음은 월간 홍보계획 사례이다. 연간 계획 역시 이러한 월간 계획으로 이루어져 있다. 매달 진행하는 월간 홍보 아이템 중에서 전체 출입 기자에게 보도자료를 배포할 것인지 특정 매체를 정해 기획보도를 진행할 것인지 정해야 한다. 그 기획을 진행하는 큰 기준이 '스토리' 유무다.

〈2000년 OO월 홍보계획〉

구분	제목	주요 내용	시기	매체	비고
이슈	국정감사	언론 문의 대응 및 조치	OO월 초	전 매체	
보도자료	OO사업 수주	사업 소개 및 수주 의미	OO월 중순	전 매체	
	OO공장 준공	준공 의미와 생산 제품	OO월 초	전 매체	
	OO박사, 대통령 표창	신기술로 국위 선양	OO월 말		
기획기사	OO지역 수출 시동	수출 전략 및 의의 소개	OO월 중순	OO	
	OO기술, 시장 판도를 바꾼다	기술 장점 및 전망	OO월 말	OO	

기획 보도자료로 기사를 키워라

보도자료를 기획하는 홍보 주니어들이 명심해야 할 것이 있다. 기자 입장에서 '내가 기자라면 이 보도자료를 기사화할까?'라고 생각해 보아야 한다. 기자는 자신이 쓴 기사를 많은 공중들이 읽기를 바란다.

흔히 자극적인 제목으로 독자들을 낚으려고 할 때 마이너 매체라고 한다. 반면 자극적인 제목보다는 좋은 기사로 승부하는 매체를 메이저 매체라 한다. 메이저 매체는 좋은 기사가 많은 것은 물론 기사가 미치는 영향력도 클 것이다. 취재는 기자들이 별도로 하더라도 홍보 담당자들은 품질 좋은 보도자료를 기획하고 작성해서 배포해야 한다.

기획에 유능한 홍보담당자는 일정에 쫓기지 않는다. 미리 준비하고 계획하기 때문이다. 가령 세상에 없던 혁신적인 제품을 출시한다고 치자. 언제부터, 얼마의 예산으로, 몇 명의 연구원이 투입되어 언제쯤 개발이 완료되었고 어떤 성과가 있다는 스토리를 갖고 있다. 홍보를 하기 위해서는 그 스토리에 따라 언제부터 자료 조사를 하고, 보도자료는 언제, 어떻게 기획하고 배포할 것인지를 준비하고 있어야 한다. 기업 일이라는 것이 언제, 어떻게 바뀔지 알 수 없지만 일정이 변경되더라도 홍보 계획은 크게 바뀌지 않을 것이다.

다시 말하면, 기본적인 연간 계획을 수립하고 월 단위로 계획을 준비해 놓아야 한다는 얘기다. 신제품 출시 즈음에 출입기자들에게 즉시 보도자료를 배포할 수 있도록 미리 계획해야 하고, 평소 친분을 쌓아 보도자료 배포 계획에 대해서도 미리 공유하고 기사화도 요청할 수 있어야 한다. 앞에서 언급했지만 보도자료를 기획하고 작성한 뒤에 배포하는 일은 홍보 테크니션 업무다. 미리 아이템을 계획하고 작성 스킬이 숙달되면 크게 어렵지 않다. 눈앞에 닥쳐서 하는 게 문제다.

홍보 주니어들은 퍼블리시티(Publicity)를 보도자료 업무로만 생각한다. 보도자료를 배포하게 된 자초지종을 설명하고 보도자료 외에 업계 동향을 얘기해서 기획기사나 관계자 인터뷰 등을 별도로 타진해봐야 한다.

언론홍보는 보도자료를 작성해서 뿌린다고 끝나는 게 아니다. 거기에 '기획'이라는 단어가 붙으면 그 자료를 받고 기사화가 가능한 매체를 예측해서 그중 영향력 있는 매체를 한 곳 선정해서 해당 매체 기자를 미리 만나 섭외해야 한다.

홍보 조직이 있는 기업에서 보도자료를 배포하면 매체에서 지면은 아니더라도 온라인에 보도해 준다. 인터넷 매체는 지면에 대한 부담이 없기 때문에 안면 있는 기자들은 웬만하면 실어 준다. 사실 이 정도만 되어도 홍보에 성공했다고 할 수 있다. 하지만 경영진이나 직원들로서는 아쉬움이 남는 것이 인지상정이다. 이것은 홍보담당자가 풀어야 할 과제고 짊어지고 가야 할 십자가라고 할 수 있다.

배포 후에 중요한 것이 팔로업(Follow-up)이다. 보도자료를 전달하기 전에 기자에게 언질을 줬더라도 큰 뉴스가 아니라면 바쁜 기자들은 잊어버리기 십상이다. 보도자료를 보내고, 전화하는 것이 부담스럽다면 문자 메시지나 카톡 등 확인 절차를 통해 보도자료 배포에 대해 시그널을 줘야 한다. 이는 배달 사고를 방지하는 효과도 있다. 기자는 보도자료를 반영해 주고 싶었는데 메일함이 찼거나 인터넷 오류 등으로 보도자료를 받지 못했을 수도 있지 않는가? 확인을 하지 않은 것을 누구 탓으로 돌릴 것인가?

글로벌 대기업 관련 뉴스나 경영진 변동에 따른 전략 변화 등 큰 뉴스가 아니라면 단일 기업이 단독으로 기사화되는 경우는 드물다. 하물며 중소기업은 말해서 무엇할까?

　인터넷이 발달하면서 기업에서 보도자료를 내면 거의 실시간으로 네이버나 다음 등 포털에 기사가 올라온다. 보도자료를 그대로 올려 주는 기자도 있고 나름 재구성해서 올려주는 기자도 있다. 모든 경우가 보도자료를 작성하느라 고생한 홍보담당자에게는 고마울 따름이다.

　흔한 경우는 아니지만 몇 번씩 전화해서 이것저것 날카로운 질문을 하고 홍보담당자가 놓친 자료까지 추가로 요구하는 기자도 있다. 기자도 마찬가지다. 보도자료를 보내놓고 홍보담당자가 연락도 없고 기사가 나가도 반응이 없다면 기자들은 무슨 생각을 할까? 인지상정이다. 문자로 알려 주고 기사에 대한 피드백이나 해피콜을 좋아하는 건 기자이기 이전에 그들도 사람이라는 것이다.

　다시 본론으로 돌아가서, 독자의 입장에서 포털 검색창에 회사 이름을 입력했을 때 여러 매체에 실린 똑같은 제목과 비슷한 내용의 기사를 보는 것보다 한 매체에 큼지막하게 실린 한 건의 기사가 더 기억에 남을 때도 있다. '스토리'가 담겨 있기 때문이다. 넓고 큰 흐름을 보여 주는 스토리를 들려 주는 것이 기획기사다. 산업이나 정책 부분에 있어 자사와 관련된 어떤 흐름이 생겼을 때, 그 흐름에 연관되는 자사의 이슈 포인트를 부각시켜 기사로 노출하는 것이 기획이다. 기자 입장에서도 다른 매체에서 똑같이 싣는 기사보다는 스토리가 있는 나만의 '단독' 기사를 더 좋아한다. 물론 아이템이 어느 정도 뉴스 가치를 갖고 있을 때 얘기다. 이렇게 한 매체를 정해서 담당기자에게 자료를 제공하여 기사화하는 것을 '기획기사'라고 한다.

　사전에 기자에게 해당 매체 특성에 맞는 아이템을 제공해야 하고,

홍보담당자 회사의 기사를 '실어 주는 것'이 아니라 기자가 좋은 아이템을 확보하여 '기사화하는 것'이라고 인식시켜야 한다. 다시 말하면, 기자가 보도자료를 기사화해 주지 않는다고 불만을 갖지 말고 같은 내용의 보도자료를 받는 것을 좋아하지 않는 언론과 기자의 속성을 이해하고 기자가 좋아할 만한 뉴스거리를 제공하라는 것이다. 요지는, 각 매체별 특성과 기자의 역할을 이해해야 한다는 것이다.

기획기사를 준비할 때 명심해야 할 것은 자사 단독보다는 업계 전반에 걸친 이슈에 맞춰야 한다는 것이다. 사례로 여러 기업이 함께 노출된다면 기사화될 가능성은 더욱 높아진다. 기획기사는 더 거시적인 관점을 가지고 접근해야 한다는 얘기다.

예를 들어 정부의 새로운 제도와 정책에 대한 이슈가 있을 때, 관련 정부 사업에 참여하는 여러 기업 사례를 묶어 변화 흐름을 주제로 언론홍보를 시도하는 것이다. 트렌드를 제시하거나 이슈를 진단하는 기획기사일 경우 기사화가 되기도 좋고, 독자들이 흥미롭게 읽을 수 있는 기사가 된다는 사실을 기억하자.

언론홍보는 언론이라는 객관적인 공간을 목표로 이뤄지며 신뢰가 수반되어야 성공할 수 있기 때문에 아이템이 좋으면 예산을 들이지 않고도 기사화가 가능하다. 언론이라는 미디어를 통해 공중에게 다가가는 전략적인 방법 중 하나가 기획기사다.

기획이라고 해서 꼭 예산이 필요한 것은 아니다. '우리 회사는 예산이 부족하니까' 하고 미리 포기하고 있으면 기회조차 없어진다. 홍보 전문가들은 홍보효과가 광고보다 10배 효과가 난다고 말한다. 언론사에서 정기·비정기적으로 진행하는 기획이나 협찬, 광고 등을 통해 기사화되기도 하지만 훨씬 낮은 예산으로 몇 배의 효과를 낼 수도 있다.

좋은 취재원이 좋은 홍보맨

　기자들은 가치 있고 신뢰할 수 있는 기삿거리를 제공해 주는 취재원을 원한다. 간혹 일면식도 없는 일반 대중의 제보로 기사화하는 경우도 있지만 기자는 기본적으로 신뢰할 수 없는 정보를 무턱대고 보고하거나 보도하지 않는다. 기자들은 아무리 친한 홍보맨이 제공하는 정보라고 하더라도 확인을 거친다. 일방적이거나 확실하지 않은 내용을 기사화할 경우 억울하게 피해를 입는 회사나 개인이 생길 수도 있기 때문이다.

　대기업 홍보실에서 발표한 보도자료라고 해서 기사화했는데 경쟁사나 업계 전문가가 보도자료 내용에 대해 오류나 과장된 내용에 대해 지적한다면 그 보도자료를 보낸 회사와 홍보맨은 기자로부터 평판을 잃게 된다. 물론 확인을 철저히 하지 못한 기자에게도 책임이 있겠지만 사안이 심할 경우 기자는 데스크로부터 시말서까지 쓰게 될 수가 있다는 것을 명심하자.

　기자들은 같은 분야를 취재하는 기자들끼리도 친하지만 선후배 관계가 철저해서 마음 맞는 기자들끼리는 자주 만나고 정보 교류도 활발하다. 기자들에게 한두 번 평판을 잃으면 기자들 사이에 영원히 찍힐(?) 수 있다. 확실하지 않은 정보는 기자로 하여금 오보를 내게 만들 수 있고 피해자로부터 항의를 받거나 고소를 당할 수도 있다. 그러다 보니 객관적인 정보와 사실에 근거한 보도자료를 보내야 한다. 믿고 기사화할 수 있을 때 기자는 그 홍보맨을 신뢰하게 된다.

　홍보담당자에게 1차적으로 큰 외부고객은 기자이다. 신뢰가 쌓이면 기자들은 자주 문의를 하게 되고 또 홍보담당자가 진정성을 다해 대응을 한다면 보도되는 빈도도 많아지게 된다. 기자들도 믿을 만한 정보를 제공해 주는 취재원이나 홍보담당자를 얼마나 알고 있느냐에 따라 능력을 인정받기도 한다.

홍보 주니어들은 궁금할 것이다. '기자와 신뢰를 쌓으려면 어떻게 해야 할까?'라는 의문에 대한 답을 알고 싶을 것이다. 하지만 이미 알고 있을 것이다. 기업에 소속된 홍보담당자로서 기업에 피해를 입혀서는 안 되겠지만 큰 틀에서 전달하고자 하는 내용을 사실 그대로 기자에게 알려야 한다. 기자들이 가장 싫어하는 홍보담당자의 태도가 거짓말을 하는 것이다. 의도를 숨기고 불리한 정보는 감추는 것이다. 하지만 결국은 기자도 알게 된다.

그렇다면, 기자가 믿고 찾을 수 있는 홍보담당자는 어떤 모습일까? 홍보담당자의 유형에는 자료형, 관계형, 전략형 등이 있다고 한다. 자료만 배포하는 자료형 홍보담당자들은 이메일로 자료만 배포한다. 반면 관계형은 자료보다는 친밀한 관계 형성 중심이다. 그리고 전략형은 친밀한 관계를 기본으로 자료 외에 트렌드와 의도를 전달하는 형태다. 언뜻 보기에도 전략형 홍보담당자에게 기자들이 호감을 가질 것이라는 걸 알 수 있다.

전략형 홍보담당자가 되기 위해서는 오랜 기간 동안 언론과 관계를 맺어야 한다. 성장하는 과정이겠지만 초급 수준의 전략형 홍보는 관계를 기반으로 자사에 유리한 정보만 전달한다. 한두 번 기사화가 되더라도 전체적인 그림을 보여 주기보다는 관계를 활용했다는 느낌을 기자가 받는다면 어렵게 쌓은 신뢰가 깨질 수 있다.

기자에게 믿음을 주는 전략형 홍보담당자가 되려면, 기자 이상은 아니더라도 동등한 수준의 네트워크와 정보 라인을 갖고 있어야 한다. 스스로 전략형 홍보담당자에게 요구되는 능력과 요건을 갖추기 위해 노력해야 한다.

홍보담당자는 기자의 충실한 취재원이라고 했다. 가장 중요한 수단이 보도자료라고 할 수 있는데, 기자에게 보낼 때는 뉴스 가치가 있는 보도자료를 보내야 한다. 물론 기업에서 홍보 업무를 하다 보면 뉴스거리가 안 되는 자료를 보내야 할 때도 있다. 하지만 평소 기자들에게 평판이 좋은 홍보담당자라면 일 년에 한두 번 정도는 봐줄 것이다. 취재원으로서의 역할을 충실히 하며 신뢰로 맺어진 관계가 중요한 대목이다.

취재 환경은 많이 달라졌다. 인터넷 환경이 발달했고 그로 인해 인터넷 매체도 많이 생겨나 많은 양의 기사가 쏟아진다. 독자들을 유도하고자 기사의 질을 높이기 위한 노력으로 기자들은 바빠졌고 그만큼 피곤하다.

언론사는 기업에서 전 매체에 일괄적으로 배포한 보도자료를 가공한 단순한 기사보다는 기획 아이템을 우대한다. 홍보 주니어들 중에는 자기 회사 자료로만 보도자료를 만들어야 한다고 생각하는 사람들이 있는데, 기획 자료는 경쟁사를 포함해 업계 자료를 수집해 비교 분석한 자료다. 업체에서 작성할 경우에는 긍정적인 아이템일 때가 많은데, 그런 경우 기자들은 보도자료를 공들여 만든 홍보담당자를 존중하는 의미에서 해당 업체를 메인으로 크게 다루거나 해당 업체의 사진 자료를 사용한다.

가끔 기자들은 업계 마당발 홍보담당자에게 취재를 도와달라고 요청하기도 한다. 기획 취재를 도와 나오는 자사 기사는 차별성이 있고 해당 매체에만 보도되기 때문에 지면에서 크게 다뤄지는 경향이 있다. 그러므로 기자가 취재에 도움을 요청할 경우에는 가급적 취재를 돕고 자료도 만들어 주는 것이 좋다.

일간지 1면 톱기사

1면 톱은 사회적인 이슈나 트렌드와 맞물려야 하고 국민적인 공감대를 이끌어 낼 수 있어야 한다. 그러다 보니 홍보담당자들에게 일간지 1면 톱기사는 로망이다.

꼭 1면 톱은 아니더라도 1면 보도를 지향하는 홍보담당자가 새겨들어야 할 원칙이 있다. 평소 기자와 자주 소통하면서 핵심 취재원으로서의 위상을 갖는 것이다. 그리고 평소 기자에게 필요한 것은 없는지, 도울 일이 없는지, 그리고 아이템이 어떤지 묻고 전달한다. 마지막으로 기자의 취재 요청에 신속하게 협조하고 대응한다. 기자가 취재 협조를 부탁할 때 대응을 잘 하면 나중에 보도자료를 배포했을 때 지면에 기사가 잘 나간다는 것은 누구나 알고 있다. 인지상정이다.

간혹 기자들이 집요하게 자료를 요청하거나 무리하게 상황을 연출해 주기를 바라는 경우도 있다. 하지만 입장을 바꿔 생각해보면 홍보담당자들은 항상 기자들에게 도움을 구하고 있다. 기자가 요청할 때 제일 먼저 대응하고 협조하면 긍정적 관계 유지뿐만 아니라 지면에 기사가 크게 나갈 수도 있다. 긍정적인 기사가 나간다는데, 뭔들 못하겠는가?

신문 1면은 아니더라도 지면에 기사가 나가면 네티즌들이 가장 많이 접속하는 네이버 첫 화면에 기사가 뜬다. 네이버 앱에도 같이 적용될 것이고 클릭률이 높아지면 방송기자들이 추가 취재를 할 수도 있다. 네이버 1면 기사는 웬만한 신문 1면보다 더 많은 독자들에게 노출이 된다. 물론 큰 사건 사고나 기사가 없어야 하는 운이 작용하겠지만 운이 좋은 것도 실력이다. 그 운이 제대로 먹히기 위해서는 콘텐츠도 좋아야 하고 홍보 전략에 기반한 피칭 타이밍도 좋아야 한다. 그냥 주어지는 1면 기사는 없다.

결론은 '해답은 현장에 있다'는 것이다.

다른 회사에서 비슷한 방법을 쓴다고 꼭 성사되리라는 법은 없지만 참고가 되었으면 하는 마음이다. 사실 잘된 홍보는 원인이 대부분 비슷하다. 창의적인 기획, 잘 짜인 보도자료, 최적의 배포 날짜 등 정성을 다하면 기자는 배신하지 않는다. 세심한 노력과 정성이 들어가면 세상 어떤 일이든 반드시 좋은 결과가 따라온다고 생각한다.

말 한마디가 1면 톱이 된다

홍보담당자가 기자에게 보도자료를 보낸 뒤에는 전화나 문자 메시지 등을 통해 보도자료 배포 사실을 알리고 기사화를 요청한다. 하지만 보도해달라고 과도하게 사정할 필요는 없다. 보도자료의 주요 내용을 짚어 주고 보도자료가 왜 중요한지 알려 주면 된다. 보도자료 배포 후에 기자가 전화를 걸어와 관심을 보일 경우에는 보도자료에 대해 상세하게 설명을 하고 보도자료의 중요성을 설득하면 기사화에 도움이 된다. 지나치게 부탁하면 기자는 부담을 가질 수도 있고 보도자료의 가치를 제대로 알아보지 못할 수도 있다.

보도 요청을 했는데도 보도가 되지 않았다고 해서 연락도 하지 않는 것은 홍보담당자로서 올바른 태도가 아니다. 아무런 연락도 하지 않고 있다가 다음에 보도자료 보낼 때 연락할 것인가? 그러면 기자는 아쉬울 때만 연락한다고 생각할 수 있다. 조직 생활을 해봐서 알겠지만 기자도 보도하지 못한 여러 이유가 있을 것이다. 그리고 보도자료 내용도 뉴스로서 가치가 있었는지 한 번 더 점검해 볼 필요가 있다.

한 번 보도가 되지 않았다고 일희일비하지 말고 자주 연락하면서 어떻게 기사화할 수 있을지 상의하고 또 필요한 정보 등을 제공하면서 긍정적인 관계를 맺는 것이 중요하다. 통화를 하다 보면 회사 홍보를 위해 열정을 가진 홍보담당자라는 인식을 갖게 되는 순간부터 기자는 홍보담당자의 요청에 귀를 기울이게 되고 가능한 기사화하려고 노력한다.

가끔 기자들은 홍보담당자들은 생각하지 못한 관점에서 아이템을 찾아내고 뉴스로 보도하기도 한다. 회사에서 접한 정보를 미리 예측해서 보도자료로 만들 정도는 아니라고 판단할 필요는 없다. 보도자료를 작성하기 전에 친한 기자에게 먼저 물어봐도 된다. 용기를 내서 건넨 말 한마디가 특종으로 1면에 보도될 수도 있다. 문제는 자주 연락하고 가끔이라도 만나는 것이다.

흔히 기자와의 관계에 대해 '불가근 불가원'하라는 말을 한다. 필자는 '불가원 필가근'이라고 말해왔다. 멀리하지 말고 무조건 가까이해서 기자가 알고 만나는 홍보담당자 중에서 가능하면 기억되는 사람이 되는 것이 좋다. 친해야 보도자료를 보내도 한 번 더 읽어보고 한 줄이라도 더 기사로 써 준다.

기자들은 우리가 생각하는 것보다 훨씬 많은 사람들을 만나고 많은 정보를 갖고 있다. 기자들은 수시로 새로운 사람을 만나고, 관계를 유지하려는 사람들에게 둘러싸여 있다. 자주 만나지는 못하더라도 자주 연락은 할 수 있다. 특별한 일이 있어야만 연락한다는 강박관념을 버리자. 보도자료를 보냈을 때만 연락하지 말고 기사를 봤을 때도 연락하고 날씨가 좋아도 연락하면서 기자가 잊지 않도록 해 주는 것이 중요하다.

명심할 것은 개인적으로 기자와 통화하는 것이 아니라 회사를 대표해서 만난다는 마음가짐이다. 말 한마디, 행동 하나에도 조심해야 한다. 홍보담당자가 어떤 태도를 갖느냐에 따라 기자가 갖는 회사 이미지도 달라질 수 있다. 필자가 만난 홍보담당자 중에는 회사에 대해 긍정적인 사고를 갖고 열정적으로 활동하는 사람이 있는가 하면 하기 싫은 홍보를 맡게 되었다고 불평하는 사람도 간혹 있었다.

기자는 홍보담당자의 태도에 따라 회사의 위상을 생각할 수도 있다. 어떤 태도가 회사에 도움이 될지 생각해보면 홍보담당자로서 어떤 마음가짐을 갖고 어떻게 행동해야 할지 알 수 있을 것이다. 홍보 아이템이 없어 보도자료는 보내지 못하더라도 열정까지 없어서야 되겠는가? CEO 마인드를 가지고 회사의 성장과 발전을 위해 열정을 갖고 홍보한다면 기자들이 모를 리 없다. 그런 홍보담당자가 보내는 보도자료를 어찌 신뢰하지 않을 것인가? 명심하자. 홍보담당자의 말 한마디가 톱기사를 만든다.

홍보담당자들은 글쓰기도 중요하지만 말하기도 중요하다. 기자에게 전달된 보도자료는 고스란히 기자의 판단에 따라 기사화 여부가 결정된다. 하지만 홍보담당자들이 충분하게 설명을 한다면 보도자료가 살아날 확률도 높아진다. 보도자료를 열어보지 않았다면 보도자료를 열어볼 것이고, 열어보고 읽어봤다면 기사화할 가능성이 생긴다.

바쁜 아침 시간에 전화를 걸어 중언부언 설명하기보다는 메일로 보도자료의 의미와 중요성에 대해 강조하는 것이 좋다. 기자가 추가 취재를 할 생각이 있으면 전화를 걸어 홍보담당자에게 추가 취재를 한다. 그때 말주변이 없어 보도자료 수준에서 대응한다면 어렵게 잡은 기회를 놓칠 수 있다. 업계 동향이나 다른 아이디어를 섞어 설득력 있게 얘기한다면 1면 기사가 될 수도 있다. 그러기 위해서는 보도자료에 대해 충분히 공부해야 한다. 회사 정황은 물론 업계 동향도 잘 파악해두는 것이 좋다.

기자들은 아이디어가 많은 업계 마당발, 일명 '빠꼼이'를 좋아한다. 어디서, 누구에게 배웠는지 그저 접대만 하려드는 홍보담당자도 있는데, 기자 접대에 신경을 쓸 시간에 기삿거리를 찾아 신문을 읽고 방송을 보는 것은 어떨까? 기자를 만날 때 제안할 수 있도록 평소 좋은 아이템을 정리하는 습관을 들여 보자. 홍보담당자의 말 한마디가 1면 톱기사를 만들 수 있다.

미디어 릴레이션이 중요하다

　미디어 릴레이션(Media Relations)은 퍼블릭 릴레이션(Public Relations)에 쓰이는 릴레이션과 같은 의미다. Relation이 아니고 Relations인 이유도 홍보담당자가 소통하고 관계를 맺어야 할 미디어가 수십 개가 넘기 때문이다. 언론홍보담당자들에게 기자 관계를 포함한 미디어 릴레이션은 업무의 절반을 넘게 차지하는 중요한 일이다. 담당자 한 사람이 그 많은 미디어 전부와 관계를 가진다는 것은 불가능하다. 언론홍보를 하다 보면 기본적으로 기자와의 소통이 중요하지만 매체가 다양해지면서 기자 외에도 소통이 필요한 이해관계자가 많아졌다.

　필자의 경험을 끄집어내자면, 처음 홍보팀에 입사했을 때 머리가 굳지 않았다는 이유로 CEO의 소통 보고서를 만드느라 고생했던 기억이 난다. 당시에는 참고할 만한 내부 자료는 물론 외부 자료도 거의 없었다. 내부 임직원들과의 소통, 기자들을 비롯한 외부 고객들과의 소통 활성화를 위해 어떤 마인드로, 어떤 도구를 활용할 것인가 등에 대해 내외부 사람들을 만나 얘기를 들었다. 자연스럽게 'CEO마인드'로 업무를 생각하고 상황을 바라보는 습관이 생겼다. 그 이후로 기본 업무인 언론홍보 외에 경영진의 대언론 소통 관련 업무를 가끔 맡았다.

　우리 사회에서 '소통이 필요하다'는 말은 쉽게 들을 수 있다. 정치권은 물론이고 기업에서 '소통'을 내세운 것은 어제오늘 얘기가 아니다. 소통이 부족했던 조직이 어느 날 갑자기 "소통합시다"라고 외친다고 해서 하루아침에 소통이 잘 되는 것은 아니다. 소통을 제대로 못하면 직원들은 물론 리더에게도 고통이 될 수 있다. 소통도 그렇지만

'홍보' 역시 시간이 지날수록, 알면 알수록 어려운 게 사실이다.

릴레이션은 관계이고 소통의 다른 이름이다. 대상과 우선순위 등을 정하고 기본적으로 1년에 1~2번 이상은 만나는 것이 좋다. 릴레이션, 즉 소통을 잘 하려면 우선 어느 매체와 소통할 것인지 그 대상을 명확히 해야 한다. '누구와 소통할 것인가?'를 정했다면 구체적으로 어떻게 소통할 것인가를 정해야 한다. 미디어를 기자로 좁혀서 얘기해보자.

필자가 생각하는 소통에 대한 가장 중요한 관점은 '진정성'이 아닐까 한다. 많은 홍보맨들이 그렇게 생각하고 소통하고 있을 것이다. 하지만 생각대로 잘 되지 않는다. 그래서, 소통이 어렵다고 생각할 것이다.

기자와 소통하는 가장 좋은 방법 중 하나는 기사에 대한 피드백을 주는 것이다. 기업 홍보는 긍정적인 내용 위주이며 그것도 과장하는 측면이 강하다. 알릴 것은 알리고 피할 것은 피할 수 있다. 그러나 언론은 사회적인 비판은 물론 제3자의 객관적인 입장에서 공정하게 보도하려는 속성을 갖고 있다. 며칠 동안 고생하며 작성한 보도자료가 보도되었을 때 긍정적인 기사는 전화나 문자, 이메일 등으로 피드백이 용이하다. 스트레이트 기사 외에 취재기자의 주관적인 생각이 들어간 박스기사, 취재 후기를 정리한 칼럼형 박스기사 등이 있는데, 자사와 직접 관련된 기사가 아니더라도 간접적으로 관련된 기사라도 기자의 생각에 동의한다거나 추가 의견을 보내 주면 좋아할 것이다. 기자는 자기 기사에 긍정적인 반응을 보일 때 보람을 느끼기 때문이다.

반면 부정적인 기사가 나왔을 때는 어떻게 해야 할까? 부정적인 기사가 나왔을 때 경영진은 물론 임직원들도 기분이 언짢기는 마찬가지다. 홍보담당자 역시 사람이기에 불쾌할 수 있다. "홍보팀은 뭘 하고 있었던 거야?"라고 생각하는 직원들도 있을 것이다.

하지만 사전에 언론과 소통을 하고 있었다면 부정적인 기사를 막지는 못해도 부정적인 기사가 보도된다는 사전 정보는 알 수 있었을 것이고 보도 이전에 사전보고는 할 수 있을 것이다. 기업 활동에 치명적이라면 기자에게 사실 관계를 설명하고 총력을 동원해서 기사를 빼거나 톤을 낮추기 위해 노력해야 한다. 긍정적인 뉴스는 우선 보도자료를 작성하고 배포하면 어느 정도 성과는 달성되겠지만 평소 언론과의 소통 효과는 부정적인 기사에서 나타난다.

지피지기 백전불패라는 말이 있다. 언론과의 관계를 이기고 지는 것으로 표현하는 것이 좀 그렇지만 미디어 릴레이션도 언론을 제대로 알고 그에 맞는 맞춤형 소통이 필요하다.

출입기자들에게 업계 동향을 공유하라

이슈가 터졌다고 치자. 언론 대응에 앞서 내부적으로도 보고서 작성을 위해 준비할 것이 많다. 기자가 문의를 해오면 기업 내부적으로 입장을 정리하기 전에는 홍보 전문가라도 어느 정도까지 정보 제공을 해야 할지 알 수 없다. 기자가 확인하고자 하는 정보는 해당 이슈의 핵심이다. 기자가 원하는 정보를 제공할 것인지 아니면 제공하지 않을 것인지 판단해야 한다. 제공을 한다면 전부 제공할 것인지, 아니면 부분적으로 제공할 것인지에 대해서도 판단해야 한다.

물론 이 판단은 홍보팀에서 결정할 것이 아니다. 해당 이슈에 대응하기 위해 법무팀을 비롯한 대응팀이 꾸려졌을 것이다. 홍보팀은 언론의 동향 등을 대응팀에 제공해 대응전략이나 방향을 판단하는 데 참고하도록 해야 한다.

특별한 사유가 없는데도 상황 공유 등 정보 제공을 하지 않으면 언론과의 관계도 나빠지고 기자로 하여금 '의혹이 있다'는 기사를 쓰게 할 수 있다. '귀 막은~'이라든지 '침묵으로 일관했다'는 등 부정적인 뉘앙스의 기사로 지면을 채울 가능성이 높다.

기자가 알고 싶은 것은 대중이 알고 싶은 것이라고 보면 된다. 정보를 제공하든 제공하지 않든 불리한 기사가 나갈 거라면 정확한 정보를 제공하는 것이 좋다. 하지만 현실은 그렇지 않다. 해당사업 담당자가 보는 관점이 다르고 법무 담당자들이 보는 시각이 다르다. 그래서 이슈가 발생하면 최고경영자 주도 하에 기업의 주요부서 임원들이 모여 대응팀을 꾸리는 것이다. 공식적인 기업의 입장을 정하고 대책을 수립하기 위해서다.

기업에 부정적인 기사가 언론에 나가고 나면 투자자들은 물론이고 이해관계자들로부터 문의가 많아진다. 상장사라면 주가가 하락하기도 한다. 추측이든 루머든 일단 보도가 되고 나면 해명하기 어렵다. 평소 출입기자들에게 업계 동향을 공유해 왔다면 어땠을까?

기자들이 기삿거리를 보는 시각은 홍보담당자들과는 조금 다르다 보니 동향에서도 기삿거리를 찾아낼 수 있다. 출입처를 순환하는 기자는 홍보담당자보다는 관련 업계에 대해 잘 알기가 어렵다. 기자 입장에서는 자신이 취재하는 업종의 속성이나 분야의 정보를 알려 주는 홍보담당자가 얼마나 고맙겠는가?

자신의 회사만 홍보하기보다는 좋은 기사를 쓸 수 있도록 업계 트렌드와 이슈 등에 대해 알려주고, 업계의 동향을 공유해보라. 루머든 유언비어든 떠도는 얘기를 출입기자들에게도 공유한다면 기자들의 확인 절차를 통해 좀 더 객관적인 기사를 기대할 수 있을 것이다. 업계 동향은 기자가 큰 그림을 그리는 데 도움을 준다.

기자는 업계 신제품이나 기술에 대해 언급할 기회가 있다면 자주 대화하던 홍보담당자의 회사 제품과 기술을 언급할 것이다. 이렇게 평소 긍정적인 관계를 만들어놓으면 기자는 관련 업계와 관련된 기사를 쓸 때 친한 홍보담당자가 속한 회사에 대해 한 번 더 생각하고 언급하게 된다.

미디어 리스트를 만들어라

　대부분 업무는 담당자 혼자 하기보다는 내부 직원이든 외부 고객이든 상대방과 소통하면서 일해야 한다. 소통은 업무를 원활하게 할 뿐만 아니라 성과를 극대화한다. 잘나가는 기업은 직원들이 소통할 것을 종용하고 소통이 잘 되도록 지원을 아끼지 않는다. 소통을 위한 기본은 고객의 목록이다. 그 목록은 담당자의 네트워크라고 할 수 있다.
　언론홍보를 하려면 필수적으로 갖춰야 할 것이 미디어 리스트다. 홍보팀은 기업에서 홍보할 아이템이 있으면 보도자료를 만들어 출입기자들에게 보내는데, 그 출입기자들의 소속과 이름, 핸드폰 번호 및 사무실 번호, 이메일을 적어놓은 것이 미디어 리스트다. 별도로 데스크의 이름을 포함시키기도 한다. 언론홍보 담당자에게는 그것이 네트워크라고 할 수 있다.
　기자는 대부분 신문사에서 내근을 하지 않고 현장 취재를 나가거나 출입처에서 취재를 한다. 외부에서 취재나 인터뷰가 많으므로 핸드폰 번호는 꼭 필요하다. 핸드폰이 연락을 하는 데 요긴한 것도 있지만 요즘은 전화나 문자보다 카카오톡 등으로 연락하는 일이 더 많기도 하다. 기자들은 인터뷰나 기사 작성 중에는 통화보다 문자 등으로 연락하는 것을 더 선호한다.
　기자들은 대부분 4시 이전에 기사를 마감하고 나면 다음 날 아이템을 준비하거나 데스크의 추가 취재 지시를 기다린다. 중요한 기사의 경우에는 신문사로 복귀해 가판을 체크하고 데스크 지시에 따라 기사를 수정한다. 당연히 바쁘다. 기사와 관련된 일 외에는 전화 통화를 할 수가 없어 전화를 해도 잘 받지 않기 때문에 이 시간에 기자에게 전화를 하는 것은 의미가 없다.

하지만 기사와 관련한 것이라면 얘기가 다르다. 기자에게 잘못 알려진 내용이 있거나 기자가 잘못 알고 있는 내용이라면 문자를 보내거나 회신이 없으면 회사로 전화를 해서라도 기사 오류를 바로잡아 줘야 한다. 미디어 리스트에 회사 번호를 적는 이유다.

언론인 목록은 가능한 많이 수집하는 것이 좋다. 요즘은 전통 매체 외에도 인터넷 매체까지 보도할 수 있는 매체가 많다. 보도자료를 배포할 때 가능한 많은 기자에게 보내야 보도될 확률도 높아진다.

그럼 언론인 목록은 어떻게 만들까?

우선 언론인 목록에 포함될 내용은 매체명, 이름, 이메일, 핸드폰 번호, 사무실번호, 데스크 이름, 연락처, 기타 기자 개인 정보이다. 한국 사회에서는 고향, 학교가 같은 동향, 동문으로서의 인연이 큰 힘을 발휘하기 때문이다. 사람마다 다르겠지만 필자의 경험에 따르면, 기자가 아니더라도 첫 만남에서 고향이나 학교가 같으면 분위기가 훨씬 부드러워지는 것이 사실이다.

미디어 리스트에는 데스크 이름도 포함시켜야 한다. 언론사마다 다르겠지만 부장 아래 차장 등 간부 기자들이 데스크를 같이 보기도 한다. 언론사에서 영향력을 갖고 기자들에게 기사 방향이나 추가 취재 등에 대해 지시하는 간부들의 연락처도 함께 포함시키고 기회가 되면 인사도 하고 식사도 하면서 안면을 익혀 두는 것이 좋다. 하지만 개인정보이므로 관리를 잘 해야 한다.

미디어 리스트는 만들어놓기만 하고 업데이트를 소홀히 해서는 안 된다. 기자들은 전문기자 외에는 길게는 2년 짧게는 6개월만에 출입처가 바뀌기도 한다. 기자가 바뀔 때마다 이를 늘 업데이트하는 것은 기본이고 3개월이나 6개월마다 점검을 해도 된다. 자주 연락하고 만나다 보면 출입처가 바뀌거나 새로 전입해 올 때 직접 연락을 해 주는 고마운 기자들도 있지만 기업 상황이 허락하는 선에서 기자들을 자주 만날 것을 권한다.

일을 하다 보면 출입기자가 바뀌고 나서 교체 상황을 모른 채 몇 달이 지난 뒤에 보도자료를 보내게 될 수도 있다. 이럴 경우에는 과거 담당기자에게 연락을 하는 수밖에 없다. 업데이트를 하지 못한 이유가 있었겠지만 어색한 상황일 수밖에 없다. 미디어 리스트에 포함시켰음에도 관리를 하지 않을 거라면 미디어 리스트에서 제외하는 게 상책이다.

홍보를 2~3년 하고 말 것이 아니라면 회사 공식적인 미디어 리스트 외에 개인적으로 미디어 리스트도 만들어놓는 것이 좋다. 미디어 리스트는 언론홍보를 위한 기본 뼈대라고 할 수 있다. 기업 홍보실에서는 주니어들에게 미디어 리스트를 관리하게 한다. 귀찮아하지 말고 벽에 붙여놓고 수시로 들여다보며 눈에 익혀야 한다.

주니어들이 흔히 범하는 실수는, 인터넷을 검색해보면 기자 이메일을 알 수 있는데도 언론사에 전화를 걸어 이메일 외에 핸드폰 번호까지 알려달라고 하는 것이다. 간혹 내근을 하다가 해당 기자가 직접 그 전화를 받을 수 있는데 언짢을 수 있다. 연락처야 그렇다고 치더라도 이메일은 인터넷 검색을 해보고 도저히 알 수가 없을 때 전화를 걸어 자초지종을 얘기하고 물어보는 것이 좋다. "어느 회사 홍보팀 아무개인데 여러 방법으로 연락처를 구했지만 알 수가 없어서 전화를 드렸다. 보도자료를 보내려고 하는데 알려 달라"고 하는 것이 바람직하다. 운이 좋아 흔쾌히 연락처를 알려 주는 곳도 있지만 언론사 중에는 기자 핸드폰 번호는 개인정보라서 알려 줄 수 없다고 공식적인 답변을 하기도 한다. 핸드폰 번호는 상황을 봐서 아는 기자에게 물어보는 것이 좋겠다.

큰 매체의 경우에는 여러 명이 동시에 한 분야를 맡기도 한다. 가령 부동산팀이라고 하면 팀장을 비롯해 팀원 기자들에게 동시에 보도자료를 보내달라고 하는 곳도 많다. 홍보팀에서도 한 번에 여러 명의 기자와 인연을 맺을 수 있으므로 좋은 기회다. 처음에는 담당기자 한 명과 만나겠지만 기회가 되면 팀 전체 식사도 가능하다. 그렇게 기자를 알아가고 네트워크를 넓혀가다보면 홍보담당자에게는 큰 재산이 된다.

전문지 기자의 경우 담당 분야가 세분화되어 있으므로 업종을 잘 설명해야 한다. 세분화되어 있다는 것은 자기 분야 외에는 기사를 쓰지 않을 수도 있다는 얘기다. 자기 분야가 아닐 경우, 이메일로 동료에게 전달해 주기도 하지만 대부분 매우 중요한 보도자료일 경우에만 전달한다.

보도자료는 기사화가 목적이다. 기사화 성공률을 높이려면 일단 많은 기자들이 그 보도자료를 읽고 기사로 써야 한다. 결국 기자들을 부지런히 연락하고 만나는 수밖에 없다. 미디어 리스트만 만들어 놓고 기자들을 만나지 않는다는 것은 미디어 리스트를 만든 목적에 어긋난다.

주니어들은 기자에게 전화하고 연락하는 것이 어색할 수 있겠지만 이런 과정을 거쳐 매체별로 특성이나 기자의 성향 등을 알게 된다. 차츰 기자 접촉하고 보도자료를 작성하고 배포하면서 시니어로 성장하게 될 것이다.

기업의 규모가 커지고 CEO가 대외 활동을 왕성하게 하면서 주요 리더로 인식하게 되면 언론은 관심을 갖게 되고 기자들의 문의와 취재

전화가 자주 걸려온다. 출입처가 아니더라도 기자가 전화를 걸어와 자료를 보내달라고 하면 기업에 대해 관심을 가지는 것이므로 가능한 한 보내 주는 것이 좋다.

기자, 그들은 누구인가?

홍보담당자 말고도 임직원들은 기업 홍보를 위해 간접적으로 기자를 상대할 경우가 있으므로 기자들의 속성에 대해서는 몇 가지 알아두는 것이 좋다.

첫 번째로 기자들에 대한 홍보 주니어들의 평가는 '알다가도 모르겠다'는 말이다. 언론사마다 그리고 기자마다 성향과 생각이 다르다. 물론 같은 언론사 내에서도 기자들의 생각과 판단은 제각각이다. 흔히 언론사를 보수, 중도, 진보 등의 성향으로 분류하는 사람도 있지만, 어쨌든 홍보 주니어들이 기자들을 이해하기 위해서는 적지 않은 만남과 시간이 흘러야 할 것이다. 특히 투철한 기자 정신으로 무장한 기자들은 정신을 바짝 차리고 대하지 않으면 호된 신고식을 치를 수도 있다.

두 번째로 기자들은 상하관계가 엄격하다. 출입처마다 2~3명의 기자들이 담당하게 되는데 최고 시니어 기자를 1진이라고 부른다. 그 다음은 2진, 막내기자를 3진 혹은 말진이라고 부른다. 사회생활이 다 그렇듯 언론사 역시 나이보다 입사연도를 기준으로 한다. 고참들은 '선배'라고 부르고 후배를 부를 때는 성을 붙여 'ㅇ기자'라고 부른다. 다른 언론사 기자들과의 관계도 크게 다르지 않다. 기자들은 입사연도가 있어서 다른 언론사 기자라도 빠르면 선배, 늦으면 후배다.

보통 해당 출입처에서 뉴스 아이템은 2, 3진이 발제를 하는데, 1진 기자가 취재 여부를 결정한다. 물론 1진 기자 마음에 들지 않으면 기사화되지 않는 경우가 많다. 기자도 사람이라 개인적인 이해관계가 영향을 미치기 때문에 2, 3진 기자들은 1진과의 관계에 신경을 많이 쓸 수밖에 없다.

　세 번째로 주관이 확실하다. 그만큼 기자라는 직업에 대한 자부심이 강하고 그런 만큼 뚜렷한 주관으로 기사를 쓴다. 기자가 흔히 쓰는 말로 '꽂히면' 어지간해서는 자기 생각이나 보도 방향을 바꾸지 않는다. 평소에는 겸손한 모습을 보이지만 기사에서 만큼은 어떠한 간섭도 받으려고 하지 않고 기자로서의 지위를 보장받으려고 한다. 외압에 흔들리지 않아야 하니 어쩌면 당연한 얘기라고 할 수 있다.

　네 번째로, 기자들은 다른 매체 기자들이라도 마음이 맞으면 친하게 지낸다. 오히려 같은 언론사 내 선후배들보다 다른 매체의 기자들과 친하게 지내는 경우도 많다. 언론사 간의 경쟁도 치열하지만 언론사 내부에서도 경쟁은 치열하다. 물론 정해진 룰에 따른 공정한 경쟁이다.

　기자들과 대화하면서 다른 기자나 타 언론사에 대해서는 가능하면 언급하지 않는 것이 좋다. 나는 친하다고 생각해서 편하게 얘기했다고 치더라도 받아들이는 사람에 따라 다를 수 있고, 또 전달하는 과정에서 오해가 생길 수 있기 때문이다. 특히 '뒷담화'는 절대 금물이다. 에둘러 물어보더라도 답변을 피하는 것이 좋다. 칭찬이라면 몰라도 제3자를 통해 험담을 들어 기분 좋은 사람은 없다.

　다섯 번째, 기자들은 바쁘다. 이왕이면 취재를 가더라도 가까운 곳으로 가려고 한다. 지방으로 취재를 갈 경우, 1진이나 데스크에게 보고도 해야 하고, 왔다갔다 챙겨야 할 것도 많고, 갔다 와서도 해야 할 일은 그대로 있기 때문이다. 특히 방송기자들은 뉴스 제작을 위해 회사로 복귀해야 하는 경우도 있고 카메라 기자들은 영상 편집 시간도 감안해야 한다.

　기자들도 점심이나 저녁식사 장소를 잡더라도 출입처 근처로 찾아가면 좋아한다. 홍보담당자들도 기자들과 여유 있는 미팅을 원한다면 기자가 접근하기 편한 장소도 찾아가는 것이 좋다.

여섯 번째, 기자들은 객관적으로 기사를 쓰려고 한다. 가끔은 본의 아니게 타인의 명예를 훼손해 소송을 당하기도 하지만 그것도 기자이기 때문에 짊어져야 할 십자가인 듯하다. 그리고 취재원을 존중하지만 아주 가끔은 그렇지 못할 때도 있다. 취재원이 언론의 자유를 침해하고 기자를 무시할 때는 데스크에 보고한 뒤에 소위 말해서 '조지는' 기사를 쓰기도 한다. 이럴 경우 생각지도 못했던 기업에 대한 비판 기사가 나오고, 단신으로 처리하려던 기사도 크게 보도될 수 있다. 평소 기자와의 관계와 기자 대응이 중요한 대목이다.

사실 기자들도 소명의식을 가지고 비판 기사를 써야 하고, 그렇게 해서 특종을 하더라도 늘 마음은 편치 않다고 한다. 그리고 힘들게 취재해서 쓴 기사에 대해 독자들이 '좋았다'라고 좋은 댓글을 달거나 동료 기자들로부터 칭찬을 받으면 보람을 느끼기도 한다. 홍보담당자들도 아는 기자가 쓴 기사를 읽었을 때 기사에 대한 간단한 소감을 문자로 보내는 것도 좋다.

보통 홍보 주니어들은 기자들을 어렵게 생각한다. 팀장, 임원은 물론이고 CEO와도 스스럼없이 얘기하고 농담하는 그 배포가 부럽기만 하다. 알면 알수록 어렵다. 필자 역시 주니어 시절에 기자들이 무엇에 관심이 있는지, 어떤 홍보담당자를 좋아하는지, 어떤 보도자료를 좋아하는지, 어떻게 기사를 저렇게 잘 쓰는지, 겉으로만 강한 척하는 건지, 속은 인간적인지 궁금한 것이 한둘이 아니었다. 물론 지금도 그 의문은 진행형이다.

몇 가지 의문점이 있겠지만 의문점이 하나씩 해결될 때마다 주니어 여러분도 성장해나갈 것이다. 隨處作主 立處皆眞(수처작주 입처개진)이라는 말이 있다. 어디서든 스스로 주인이 되어 적극적으로 살아가는 것이 참된 삶이라는 뜻이다. 지금 이 순간이 가장 소중한 시간이요, 지금 만나는 사람이 가장 소중한 사람이며, 지금 처해 있는 곳에서 주인의식을 갖고 살아가면 모두 해결해 나갈 수 있을 것이다.

　기자들을 주로 만나는 홍보담당자는 기자들의 속성과 기질이라고 하는 것들을 인정해야 한다. 기자들의 눈썰미는 예리하고 질문은 날카롭다. 취재의 순간순간은 누군가의 실수가 빚어낸 아찔한 상황으로 특종이 된다는 말이 있다. 신문기사와 방송뉴스는 누군가에게는 기억하고 싶지 않은 순간들로 채워질 수도 있다. 신문사와 방송사가 다르고, 신문기사와 방송뉴스가 다르고, 신문기자와 방송기자가 다르다. 무엇이 다르고 왜 다른지는 빠른 시간 내에 알아가도록 하자. 아는 게 힘이다.

기자들의 언어를 이해하자

　기자들의 언어를 소개하는 취지는 홍보담당자가 기자들의 은어를 알아들을 수 있다면 취재현장에서 기자들의 행동을 예측할 수 있고 스스로 어떻게 생각하고 어떻게 행동할 것인지 판단할 수 있기 때문이다. 은어는 사전적 의미와는 다르기 때문에 모르는 것보다는 알고 있으면 여러 모로 도움이 된다.

　가장 흔한 말 중에 경찰 출입기자를 뜻하는 '사쓰마와리'가 있다. 여기서 '마와리'라는 표현은 여러 경찰서를 순회하며 취재하는 것을 뜻한다. 그리고 기자가 맡고 있는 출입처나 영역을 뜻하는 '나와바리'도 흔히 쓰는 말이다.

　바쁜 기자들이다 보니 취재 중간에 전화를 받기도 하고 통화나 대화를 하다 보면 언론사 내부 얘기를 하기도 한다. 그 과정에 기자들이 쓰는 언어를 홍보 주니어들은 알아듣지 못할 수도 있다. 기자들이 가끔 쓰는 용어 중에는 사전에도 나오지 않는 독특한 말들이 있는데, 영어나 일본어의 변형, 본래의 의미와 달리 사용되는 우리말을 활용한 다양한 은어들이다. 기자와의 대화 중에 종종 나오는 단어이기 때문에 몇 가지 알고 있으면 유용하다.

　일본어식 은어라는 비판도 있지만 기자들과 편한 자리에서 대화할 때 써보는 것도 괜찮다.

- **야마** : 야마는 일본말로, 우리말로는 '핵심' 정도가 된다. 이 '야마'는 언론홍보에서 아주 중요하다. 보도자료를 작성할 때도 그렇지만 처음 홍보계획을 세울 때 이 야마를 잘 잡아야 한다. 야마는 새로운 것일수록 좋은데 야마가 없으면 보도자료 콘셉트를 잘 잡는 것도 힘들고 기사화되기도 힘들다.
- **특종** : 기자들이 좋아하는 말이다. 다른 말로는 단독보도라고 한다. 대부분 기자가 열심히 취재원을 만나고 발빠르게 취재를 해서 특종을 한 경우다. 친하게 지내는 기자에게 혼자만 알고 있으라고 이야기를 했는데 특종이 되기도 한다.

특종을 하면 일부 언론사들은 내부적으로 특종의 파급효과에 따라 포상을 한다. 기준은 몇 개의 언론사가 같은 내용으로 후속 보도를 했는가를 본다. 특종은 긍정적인 기사일 수도 있고 비판적인 기사일 수도 있다. 특종을 한 기자는 소속 언론사에서도 좋은 평가를 받고 포상을 받기 때문에 동료들에게 축하도 받고 한 턱 내기도 한다.

하지만 물을 먹은 동료기자들이 있기 때문에 대놓고 좋아하는 기자는 없을 것으로 본다. 기업이나 업계와 관련된 특종이 보도되면 홍보담당자와 관련 부서는 상황 파악과 대응으로 정신이 없다.

- **받아쓴다** : 특정 언론사가 특종 기사를 보도한 경우 그 기사의 뉴스 가치가 상당할 경우 다른 언론사들이 기사화하는 경우를 말한다. 기자들은 받아쓰는 것을 좋아하지 않지만, 뉴스로서 가치가 크다면 받아쓰는 것을 주저하지 않는다. 특히 통신사 기사는 언론사에서 많이 받아쓴다. 통신사의 특성상 속보성 기사를 많이 보도하기 때문이다.
- **물 먹다** : 특종을 못했다는 경우보다는 다른 언론사 기자들은 기사를 썼는데 자기만 기사를 못 썼을 경우에 많이 쓴다. 전자의 경우보다는 후자의 경우는 데스크로부터 질책을 받기 때문에 기자들이 제일 싫어하는 상황이다.
- **엠바고**(embargo) : 보도유예라고 한다. '이 보도자료는 2016년 2월 10일 조간부터 보도해주시기 바랍니다'라고 했다면 10일 이전에는 보도 할 수 없다. 보통 기자들은 보도자료를 받는 순간부터 기사 작성을 해서 자사 홈

페이지에 게재하고 포털을 통해 보도해도 된다. 하지만 '조간부터'라는 단서를 달았기 때문에 인터넷은 물론 9일자 석간에도 보도할 수 없다. 엠바고를 걸 경우, 인터넷에 띄우는 시간도 감안해야 한다.

- **물타기** : 기자가 기업에 부정적인 뉴스를 취재 중이거나 경쟁사에서 큰 뉴스가 나오기 전에 취재원이 온갖 수단과 방법을 동원해 기사의 수위를 약화시키는 것을 말한다. 어쨌든 좋은 의미는 아닌 것 같다.
- **마와리** : 기자가 취재를 위해 구역을 돌아다니며 취재원들을 만나는 것을 말한다.
- **당꼬** : '담합'을 뜻하며, 기사 외에 포괄적으로 쓰인다. 기자들끼리 특정 사안에 대해 기사를 쓰지 않거나 비슷한 톤으로 기사를 쓰기로 할 때 쓰는 말이다.
- **빨대** : 기자에게 고급정보를 알려주는 정보원을 말한다. 이러한 정보는 특종이나 단독보도 소재가 되기도 한다.
- **빨다** : 기자가 어떤 기업이나 사안에 대해 호의적으로 기사를 쓰는 것을 말한다. 반대말은 '조지다'이다.
- **우라까이** : 추가 취재 없이 보도자료나 다른 매체 기사 내용을 베껴쓰는 것을 이른다. 큰 뉴스거리가 아니거나 혹은 기사 쓸 게 많을 때 기자들이 가끔 쓰는 방법이다.
- **총 맞다** : 기자들은 나와바리라고 하는 담당 취재구역이 있는데. 갑자기 그 영역을 벗어난 지역의 취재를 맡게 되었을 때 쓰는 말이다. 기자라면 누구나 총을 맞는다.
- **킬** : 기자가 발제를 했는데 뉴스 가치가 낮아 취재 아이템에 반영되지 않았거나 기사를 송고했는데 데스크가 지면에 보도되지 못했을 때 쓰는 말이다. 물론 보도자료를 배포했는데 기사화되지 못했을 때도 쓴다.
- **풀** : 취재가 곤란하거나 여러 언론사가 갈 필요가 없다고 판단될 때 기자단 차원에서 특정 언론사 기자만 취재하고 취재 내용을 다른 언론사와 공유해 보도할 때 쓰는 말이다. 그리고 보도자료를 전체 언론사를 대상으로 배포할 때도 쓴다.

프레스킷을 만들어라

프레스킷(Press-Kit)은 기업에서 회사를 알리기 위해 역사, 특징, 주요 제품, 주요 네트워크, CEO 약력 등을 간략히 담은 자료다. 기자간담회 때 많이 활용하지만 기자가 새로 출입하게 되었을 때 요긴하다.

회사 소개 자료는 PDF로 만들어놨다가 기자를 만나기 전이나, 기자가 새로 출입하게 되었을 때 보내 주면 된다. 사실 기자와 약속을 잡기 어려운 경우가 많다. 기자와 약속을 잡았더라도 당일 갑작스럽게 약속이 변경되기도 한다. 기자를 만나기 전에 미리 보내놓으면 기자는 대략 훑어보더라도 회사에 대해 알게 되고 빠른 시간 안에 회사에 대해 파악하는 데 도움이 될 것이다.

소개 자료에는 회사를 누가, 언제 설립했는지, 비전은 무엇이고 CEO는 누구이며 어떤 경력을 갖고 있는지, 사업장은 어디에 있고 직원들은 몇 명인지, 그리고 자본금은 얼마고 매출은 얼마인지, 주로 생산하는 제품은 무엇인지 등등 회사를 소개할 수 있는 내용 위주로 정리하면 된다. 추가로 최고경영자나 사옥, 공장과 연구소 등의 사진을 다양하게 제공하는 것도 기사에 활용될 가능성이 있다. 그것을 기본으로 해서 내용을 구성하고 기자에게 스토리형으로 얘기할 수 있도록 숙지해야 한다.

후에 기자를 만나 회사에 대해 기자가 궁금한 내용을 한 번 더 설명해 준다면 기자는 기업의 홍보 품질을 눈여겨볼 것이고 홍보담당자와도 신뢰가 쌓일 것이다.

프레스킷은 언론인이 궁금해할 만한 기업 정보를 담은 자료다. 예전에는 책자로 만들어 폴더에 담아 전달하기도 했지만 인터넷 환경이 발달하면서 특별한 경우를 제외하고는 PDF로도 만든다. 사진이나 파워포인트 자료는 USB에 담아 전달하기도 하지만 요즘은 이메일로 전달한다. 회사에 대한 소개 자료를 만들면서 홍보담당자도 회사에 대해 공부를 할 수 있다. 회사 소개 자료를 수시로 들여다보고 달라진 내용이 있다면 고치고 다듬어야 한다.

스타트업 기업은 특별한 경우를 제외하고 처음부터 홍보 조직을 운영하지는 않는다. 언론에 노출되기 전에는 기자들과의 관계가 형성되기 전이기 때문에 기자들이 해당 기업에 대해 기사화하기가 쉽지 않다.

회사가 성장하면서 언론의 관심을 받게 되고 그러면서 홍보 조직을 두게 된다. 회사가 어느 정도 규모를 갖추게 되면 홍보팀까지는 아니더라도 홍보담당자를 두고 언론과의 관계를 맺는다. 기자들을 만나 회사를 소개하고 알릴 것은 알려야 한다.

회사 규모가 큰 기업은 프레스킷을 효율적으로 활용하고 있다. 기자들은 큰 그림을 그리는 것을 좋아하기 때문에 회사의 장점과 비전 등 회사 정보 외에도 업계 동향이나 규모 등에 대해 분석하고 시장을 분석한 자료와 경쟁사 정보 등을 포함해 보여 주면 좋다. IR팀이 있다면 투자자나 애널리스트, 제휴사 등에게 전달하기 위해 분기별로 업데이트한 자료를 폴더에 담아 만들어놓기 때문에 그것을 활용해도 된다. 활용도나 예산 절감 차원에서 홈페이지 등에 공시해 두면 누구나 접근해 이용할 수 있다.

특히 스타트업 기업 홍보는 이것저것 챙겨야 할 것이 많다. 기자들은 회사 규모도 궁금하지만 최고경영자에 대해서도 알고싶어 한다. 홍보담당자는 기자들을 만나기 전에 기자들이 궁금해할 만한 내용 위주로 회사 소개 자료를 미리 보내 주는 것이 좋다.

뉴스 가치가 높은 홍보 아이템을 제공하지는 못하더라도 회사를 대표하는 홍보담당자가 회사에 대해 아는 것도 없다면 기자는 시간이 아깝다고 생각할 수도 있다. 홍보담당자가 기자에게 찍히는(?) 그 순간 오랫동안 그 기자와는 볼 생각을 말아야 할 것이다.

프레스킷은 기자를 위한 것이므로 기자가 프레스킷을 활용하여 기사를 쓰는 데 도움이 되도록 만들어야 한다.

■ **프레스킷 포함 내용**

1. 기업 개요 (회사 연혁, 최근 3년간 매출, 자본금, 직원수, 전국 사업장 현황, 본사 및 사업장 사진 등)
2. CEO 소개 (이름, 출생지, 생년월일, 학력, 주요 경력, 수상 경력, 저서 등)
3. 주요 제품 (제품별 특징, 사진 등)
4. FAQ (자주 묻는 질문과 답변)

기자들과의 소통은 신뢰가 핵심이다

　최근 들어 우리 사회에서 '소통의 필요성'은 아무리 강조해도 지나치지 않다. 소통이 부족했던 사람이 어느 날 갑자기 '소통'하기란 쉬운 일이 아니다. 기자와의 소통은 홍보담당자들의 숙명이다. 시니어들은 나름의 노하우가 있겠지만 홍보 주니어들이 소통을 잘 하려면 그 자체가 고통일 수 있다. 또 소통을 억지로 하려다 보니 어디서부터 시작해야 할지 답답한 경험이 많았을 것이다.
　과거에는 기자와의 소통이 홍보팀 임원을(가끔 경영진의 지원 아래) 주축으로 이루어졌다면 이제는 홍보팀 외에 필요시에는 CEO도 기자들과 소통을 해야 할 경우가 있다. 담당 매체를 나눠 주니어들도 기자를 단독으로 만나야 한다. 기자는 나하고는 별개라고 단정짓지 말아야 한다. 언제 기자와 소통해야 할 상황이 발생할지 모른다. 평소 선배들이 기자들과 약속을 어떻게 잡고 어디서 만나, 어떻게 인사를 하고 무슨 얘기를 나누고 헤어지고 다음 약속을 어떻게 잡는지 정신을 바짝차리고 눈여겨 봐야 한다.
　다른 부서에서 볼 때 경중의 차이가 있겠지만 홍보부서에서 하는 일 중에서 중요하지 않은 일은 없다. 시니어들이 하는 일과 우선순위는 있겠지만 경중은 없으므로 홍보 주니어들은 매사 열심히 배우고 소통에 힘써야 한다.
　홍보 주니어들의 경우, 구체적으로 어떻게 소통해야 할까? 대부분의 기자들은 진정성을 가지고 소통하려는 홍보담당자들을 좋아하는 것 같다. 처음부터 술을 한잔 할 수도 있겠지만 쉽게 소통을 시작할 수 있는 좋은 방법은 얼마든지 있다.

홍보부서에 발령받은 홍보 주니어들이 제일 먼저 해야 할 일은 출입기자들의 이름과 얼굴을 익히는 것이다. 얼굴을 외우지는 못해도 이름은 외우는 것이 좋다. 언론사마다 인사 일정이 다르므로 전 매체가 일시에 바뀌는 경우는 드물다. 출입기자가 바뀔 때마다 한동안은 영어 단어 외우듯이 수시로 들여다보고 외워야 한다. 만약 기자실이 있으면 아침마다 기자실을 찾아가 인사를 한다. 한두 번 인사를 하다 보면 기자들과 점심약속도 할 수 있을 것이다. 점심식사 후에도 기자실에 들러 인사하다 보면 티타임을 가질 수도 있고 그러다 보면 저녁약속으로 이어질 수도 있다. 하지만 눈치없이 마감시간에 얼쩡거리면 안 된다.

출입기자가 바뀌었다면 인터넷 검색을 통해 최근 작성한 기사를 읽어보자. 최근 쓴 기사는 물론 관심분야가 무엇인지, 성향이 친기업적인지 등을 파악할 수 있다. 식사 등 정식으로 만나기 전이라도 전화통화 등으로 인사를 한 상태라면 기사에 대한 피드백을 해 주는 것이 좋다. 기자들은 나쁜 기사든 좋은 기사든 반응에 예민하다. 전화가 부담스럽다면 이메일이나 가벼운 문자도 좋다. 꼭 자기 회사 뉴스가 아니더라도 다른 회사 기사라도 읽은 소감을 말해 주면 된다. 기자들은 독자들이 자기 기사에 긍정적인 반응을 보일 때 보람을 느낀다. 환영인사에 기사 피드백까지 해 주는 홍보맨을 어떤 기자가 좋아하지 않겠는가?

그 다음에 전화를 걸거나 이메일을 통해 인사를 하고 시간을 내서 점심식사를 제안해보자. 대부분 기자들은 자기를 반겨주는 홍보맨에게 피드백을 준다. 그렇게 일단 인사를 하고 나면 다음 만났을 때 한층 반가운 인사를 나눌 수 있을 것이다.

기자의 얼굴을 외우는 것도 그렇고 매일 기자실에 들러 인사하고 소통하는 것이 쉽지 않겠지만 처음 출입한 기자들도 출입처 사람들과 소통하기 위해 비슷한 노력을 들인다고 한다. 특히 새로 출입하는 기자들에게 더 관심을 가지고 존재감을 알리기 위해 노력한다면 기자들은 긍정적으로 생각할 것이다. 열심히 하다 보면 처음 기자들과 만날 때와는 다른 기분과 분위기를 느끼게 될 것이다. 취재 요청이 들어왔을 때 최선을 다해 취재 지원을 하면 기자도 좋은 감정을 갖게 되면서 홍보담당자의 평판도 좋아질 것이다.

기자는 아이템에 목말라 한다. 부지런한 기자들은 스스로 출입처를 돌아다니며 아이템을 찾기 위해 노력한다. 특종(단독기사)을 쓰는 기쁨보다는 낙종(혼자 기사를 못 쓰는 것)을 더 싫어하는 기자들도 있다는 것을 명심해야 한다. 기자들도 홍보담당자들의 이야기에 관심이 많다. 서로가 알기 위해 애쓰는 것이다. 물론 시간이 필요하겠지만 기자들과 친하게 지내다 보면 '누구 기자가 어떤 기사를 쓰려하는구나' 하는 동향도 알 수 있고 친한 기자에게는 기사 아이템에 대해서 물어볼 수도 있다. 하지만 기자들과 신뢰하는 관계를 맺기 위한 노력이 한순간의 실수나 오해로 인해 물거품이 될 수 있으므로 기자들과 소통할 때에는 심사숙고해야 한다. 기자와 만나는 것에 부담을 갖지 말고 기자와 자주 만나다 보면 친해진다. 기자들을 '갑'으로만 생각할 것이 아니라 '파트너'로 생각하고 소통해야 한다.

기자 대상 설명회를 하라

흔히 브리핑이라고 하는 기자설명회는 기업보다는 정부 부처에서 많이 한다. 부처마다 대변인실을 두고, 규모 차이는 있지만 기자실을 운영하고 있다. 긍정적이든 부정적이든 이슈는 모두 뉴스가 될 수 있기 때문에 기자들은 단체장이나 그에 준하는 간부들을 취재한다. 보통 사건이나 사고 등 부정적인 내용이라면 개별 대응을 하거나 입장자료를 배포할 것이고 중요한 사안이라면 특정 장소와 특정 시간에 기자들에게 설명을 할 것이다. 그리고 긍정적인 내용이라면 사전에 보도자료를 만들어 배포할 것이고 기업과 조직의 성과로써 의미가 있다면 출입기자들을 대상으로 기자설명회를 진행할 것이다. 기자설명회는 출입기자가 있으면 기자단 간사와 상의해서 날짜와 장소를 정하고 필요한 조치를 취하면 된다.

기자설명회는 긴박한 사안이 아니라면 보통 평일에는 오전 10시에서 11시 사이에 하는 걸로 알고 있다. 관련 부서에서 브리핑을 하고 나면 기자들이 질의하고 답변하는 순으로 진행된다. 출입기자들이라고 출입처에서 브리핑하는 내용을 모두 기사화하지는 않겠지만 기자설명회 내용이 뉴스 가치가 충분하다면 방송은 그날 저녁 뉴스로, 신문은 다음날 조간 기사부터 보도한다.

기자설명회가 있으면 대부분 기자들은 보도자료를 꼼꼼하게 읽어본다. 설명회 중에 궁금한 내용이 있으면 기자들이 질문을 할 수 있기 때문에 홍보담당자들은 예상되는 질문에 대한 답변도 잘 준비해야 한다. 준비한다고 해도 예상하지 못한 질문이 나올 수 있고 답변을 잘못하면 기자설명회와는 다르게 뉴스가 나갈 수도 있다.

기자들은 자기가 쓸 기사에 필요한 내용을 보완하기 위해 질문한다. 그렇기 때문에 기자들이 질문하면 그 의도를 파악하고 신중하게 답변해야 한다. 그리고 관련 부서 책임자도 배석하는 경우가 많은데, 잘 알지도 못하면서 답변을 하지는 않겠지만 불필요한 답변을 할 수도 있기 때문에 사전에 대응 요령을 인지시켜야 한다. 너무 많이 알아서 기자들이 잘못 알고 있는 것을 바로잡으려는 과정에서 하지 않아도 될 얘기를 할 수도 있기 때문이다.

기자설명회를 하고 나면 전화로 추가 문의를 할 수 있으므로 전화를 잘 받아야 한다. 특히 방송뉴스에는 관계자 인터뷰는 물론 현장 그림이 있어야 하기 때문에 촬영 요청을 받을 경우에도 대비해야 한다.

기자는 초등학생부터 대통령까지 취재할 수 있는 사람이다. 그러다 보니 평상시는 물론이고 취재할 때도 자신감 있고 당당하다.

주니어들 중에는 기자들의 취재나 취재 전화에 대응할 때 자신감 없이 대하는 경우가 있다. 기자들은 취재할 때 간혹 따지듯이 다그치면서 물어보기도 하는데, 취재를 위해서일 경우가 대부분이기 때문에 당당하게 그리고 예의바르게 대하는 것이 좋다. 쉽지 않겠지만 무엇보다 답하는 내용이 논리정연해야 한다.

기자간담회를 가져라

언론사 데스크 대상 간담회

CEO를 비롯한 기업 주요 관계자와 기자가 만나는 자리를 '간담회'라고 한다. 기자회견이나 설명회와는 다소 부드러운 비공식적인 자리이며 보통 식사를 겸하는 경우가 많다.

기자간담회는 주관자의 레벨에 따라 그리고 간담회 현안에 따라 참석자 수가 수시로 변한다. 보통 기업은 별도로 간사가 없기 때문에 간담회를 하려면 일일이 기자 개인에게 확인해야 한다. 간담회 주제, 간담회 시간 및 장소 등에 대해 메일로 보내고 유선으로 참석 여부를 확인해야 한다. 간담회 날짜에 임박해서도 참석자가 변동되므로 간담회 당일 기자들이 자리에 앉기 전에는 참석 여부를 확신할 수 없다. 기업에 따라, 현안에 따라 다르겠지만 중견기업 CEO가 주관한다고 가정했을 때 보통 15~20명 정도가 참석하면 성공했다고 보면 된다.

간담회는 프레스킷과 기념품 등을 나눠주기도 하고 기업 현안에 대해 담화 형식으로 진행한다. 특정 이슈에 대한 해명이나 큰 이슈가 있을 때 호텔 같이 넓은 공간에 출입기자 전체를 초대하는 방법과 매체별로 시간을 두고 데스크 등과 만나는 방법 등이 있다. 전체가 만날 때는 보통 출입기자만 참석하지만, 기업 CEO가 매체별로 만날 때는 편집국장이나 데스크, 기자 등이 참석한다. 언론사에서도 CEO와 친분을 쌓을 수 있는 좋은 기회이기 때문에 선호한다.

보통 양측에서 인원 숫자를 맞춰 진행하는 경우가 많으며 식사나 술자리를 겸해 짧은 시간에 친분을 쌓을 수 있다는 장점이 있다. 보통 언론사 주변 식당에서 진행되는 경우가 많다. 이런 자리는 CEO가 주관하기도 하고 홍보담당 임원이 주관하기도 하는데, 이런 자리가 몇 번 진행되면 언론사도 기업의 주요 정보를 인지하고 관심을 갖게 되어 보도자료 아이템에 따라 기사가 크게 나올 수 있다.

출입기자간담회

기자실이 있는 대기업의 경우에는 기자들을 자연스럽게 만날 수 있고 거의 매일 식사를 하면서 대화를 나눌 수 있지만, 기자실이 없는 경우에는 기자에게 따로 연락해 약속을 잡고 만나야 한다. 모임은 점심과 저녁이지만 저녁 모임은 술자리로 이어진다고 보면 된다.

다 아는 얘기지만 기자들은 밥이나 술보다 기삿거리를 좋아한다. 만나서 밥 먹고 술 먹는 것도 친분을 쌓는 데 좋지만 기삿거리가 없다면 바쁜데 굳이 밥을 먹으러 나올 이유가 없다. 홍보담당자들도 기자와의 만남은 보도자료를 냈을 때 기사화하기 전이나 기사화 후에 친분을 쌓는 것이 목적인데, 처음 한두 번은 친하기 위해 그렇다 쳐도 매번 밥만 먹고 술만 마시면 곤란하다. 기자도 싫어한다. 답답하면 기자가 먼저 기사화할 것은 없느냐고 물어볼 것이다. 아이템을 준비하고 만나야 한다. 그렇다고 준비한 자료가 항상 보도되는 것은 아니다. 기사가 나오지 않았다고 서운해 하거나 실망할 필요는 없다. 기자는 기억하고 있다. 언젠가는 보답한다.

평상시 기자간담회의 역할은 보도자료에 힘을 싣기 위함이지만 실제 기자와 홍보담당자의 만남이 빛을 발휘하는 때는 위기 상황이다. 부정적인 이슈가 발생해 언론사가 다루지 않을 수 없을 때 회사 이름을 제목에서 내리고 본문에서는 알파벳 이니셜로 내보내거나 기사 분량을 줄이는 등 호의를 베풀 수도 있다. 자주 보지는 못하더라도 최소한 1년에 한두 번은 만나면서 서로 끈을 놓지 않는 것이 좋다.

오보를 차단하라

광고 카피 중에 '묻지도 말고 따지지도 말고'라는 말이 있다. 언론 홍보를 하고자 한다면 묻지도 말고 따지지도 말고 기자와 친해지라고 말하고 싶다.

홍보 주니어들 중에도 간혹 기자와 친해지는 방법을 묻는 사람들이 있다. 남자보다는 여자분들이 많았다. 성인이 사람 사귀는 법을 물으니 대충 말할 수도 없고 필자도 곰곰이 생각해봤다. 인간관계는 남자와 여자는 접근 방법이 조금 차이가 있기 때문이다. 사실 기자와 친해지는 방법은 크게 남녀를 구분하지 않지만 디테일을 신경쓰면 유리한 점이 더 많다.

기자들과 친해지려면 우선 아이템을 제공하는 것이다. 섹시하면 좋겠지만 아이디어 수준도 좋아야 한다. 그리고 오보를 하지 않도록 도와주는 것이다. 오보(誤報)만큼 기자의 자존심을 무너뜨리는 것은 없다. 낙종만큼이나 기분 나쁜 일이다.

오보는 기자가 취재를 했는데도 오보를 내는 경우와 홍보담당자가 잘못된 자료를 전달했거나 기자가 자료를 편집하는 과정에서 발생하는 오보 등이 있다.

세상일이 내 마음 같지 않아 입맛에 꼭 맞아떨어지지 않을 때도 많다. 오보는 기자의 잘못이든 홍보담당자의 잘못이든 있어서는 안 된다. 그럼에도 오보가 끊이지 않는 것은 특종에 대한 기자의 과욕과 보도 실적에 대한 홍보담당자의 욕심 때문인 경우가 대부분이다.

기자가 낸 오보는 자기 회사와 직접적으로 연관이 없으면 홍보담당자들은 오보 내용을 알기 어렵다. 우리 회사 얘기가 아니더라도 내가 아는 내용이라면 기자에게 관련 내용을 알려 주는 것이 좋다. 하지만 기업에서 제공한 보도자료 내용의 오류로 인해 오보가 나면 좋은 취지로 기사를 썼더라도 기자는 데스크로부터 경고를 받을 수 있고 심하면 오보로 인해 손해를 입은 사람으로부터 고소를 당할 수도 있다. 금전적 손해를 입혔을 경우에는 손해배상까지 해 줘야 한다. 상황이 이 정도까지 악화되면 기자와의 관계는 틀어질 수밖에 없다.

기자는 물론이고 홍보담당자, 그리고 제3의 인물까지 피해를 주는 오보를 막을 수 있는 방법은 없을까?

오보를 막으려면 소통을 제대로 해야 한다. 가장 쉬운 방법은 말보다 텍스트로 소통하는 것이다. 중요한 내용일수록 자료를 만들어서 배포하는 것이 좋다. 상황이 복잡할수록 오보 확률이 높아진다. 일부 홍보담당자들 중에는 나중에 책임 소재를 없애기 위해 구두로 하는 것도 좋은 방법이라고 하는데, 상황에 따라 판단할 일이다. 그럴 것 같으면 욕을 먹더라도 처음부터 이러저러해서 답변할 수 없다고 하는 게 낫다고 생각한다. 자료를 전달했더라도 오보가 나올 가능성이 있는 내용은 반복해서 설명을 해 주어야 한다. 기자가 이해를 못하는 것 같으면 전문가를 소개시켜 주든지 가판을 꼭 확인해야 한다. 일단 활자화되고 나면 돌이킬 수 없다. 기자에게도 궁금한 것이 있으면 언제든지 연락을 해달라고 해야 한다. 연락을 기다리지 말고 마감 직전에 확인 전화를 하는 것이 홍보담당자로서 기본 도리다.

간혹 홍보 주니어나 홍보를 잘 모르는 시니어들은 기사가 나가기 전에 기사를 미리 보여달라고 하는 경우도 있다. 기자가 불쾌하게 생각할 수 있으므로 꼭 필요한 경우가 아니면 믿고 맡기는 편이 낫다. 간혹 전문 영역의 경우에는 맥락이나 용어 등을 확인해달라고 초안을 보내주는 기자도 있는데, 흔치 않은 경우다. 홍보담당자들이 기자에게 기사를 보여달라고 하는 경우는 극히 제한적이다. 회사 경영진 인터뷰나 아주 전문적인 내용이거나 신제품 등에 관한 기획기사의 경우 등이다.

오보 방지를 위해 사전 검토가 꼭 필요하다고 최대한 정중하게 부탁해보자. 취재 과정에서 기자가 잘못 이해했거나 잘못 인용한 부분을 줄일 수 있다. 기자가 먼저 검토를 요청하는 경우도 있으므로 잘 부탁하면 대부분 홍보담당자의 상황을 이해하고 검토 부탁을 들어 줄 것이다.

맞춤법 등 세세한 것은 손대지 않는 것이 좋다. 꼭 필요한 내용이 누락되었거나 문맥상 어색하거나 불필요한 부분에 대해서는 수정을 요청해보자. 그렇다고 요청한 내용을 기자들이 모두 수정해 주지는 않는다. 기자 기준에서 대세에 지장이 없거나 상식 밖의 요구라고 생각될 때는 고쳐 주지 않는다. 혹 기자가 거절하더라도 서운해 하지 마라. 기자 입장도 이해해 줘야 한다. 자칫 기사 흐름이 틀어질 수 있고 또한 취재원 요청에 휘둘려 수정하다가 오보라도 하면 낭패를 볼 수 있기 때문이다. 오보는 나가기 전에 전력을 다해 차단하는 것이 최선이다. 이러한 취재 동향은 평소 언론 네트워크가 없다면 미리 파악하기가 어렵다.

어쨌든 보도되기 전에 오보를 막으면 괜찮지만 문제는 보도 이후에 오보를 발견했을 때이다. 앞에서도 언급했지만 오보는 정도에 따라 그 피해가 심각할 수 있다. 발견한 순간 최대한 빨리 내부 보고를 통해 방향을 정해 기자에게 정정을 요청해야 한다. 내부 보고서를 만들다가 골든타임을 놓치지 말고 구두로라도 상황을 임원이나 경영진에 보고하는 것이 좋다. 사안에 따라 기자가 정정 요청을 받아주지 않을 수도 있으므로 팀장이나 임원들도 기자에게 전화를 하거나 중요

사안일 경우 해당 언론사를 방문해 오보 정정 요청을 해야 한다. 언론사에서는 정정 보도 등의 공식적인 입장 표명은 꺼리는 게 대부분이다. 정정 보도는 아니라도 반론 보도를 실어 주겠다고 제안하기도 한다. 강경한 태도로 일관하기보다는 적정한 선에서 협의할 것을 권한다.

긍정적 보도도 그렇지만 오보는 한 번의 보도로 끝나는 것이 아니다. 타 매체가 추가 취재를 통해 후속 보도를 할 수도 있다. 사안에 따라 출입기자단이나 관련 기자단에 이메일이나 전화 등을 통해 어떤 내용이 잘못되었는지 알려야 타 매체로의 확대 왜곡 보도를 막을 수 있다. 물론 이러한 절차는 사전 내부 협의를 거쳐야 한다. 답답하다고 자의적으로 대응할 경우 오히려 일을 그르칠 수 있으므로 주의해야 한다.

그럴 경우는 드물겠지만 기업 입장에서 사안이 중대하다면 경영진에서는 정정 보도를 요청하고 언론중재위원회에 제소하라고 지시하는 경우도 있지만 정정 보도까지 얻어내기도 힘든 경우 반론 보도 선에서 타협을 해야 할 수도 있다. 사안이 상대적으로 미미한 경우에는 '다음에 좋은 기사를 써 주겠다'는 기자의 비공식적인 제안을 받아들여야 할 경우도 있다. 다시 말하지만 계속 고집을 부려 언론과의 관계를 부정적으로 끌고 가는 것보다는 적절한 선에서 타협하는 것도 고려해 볼 만하다.

기자 대응에도 노하우가 있다

　노하우라고 말했지만 사실 특별한 노하우는 없다. 가장 일반적인 것이 특별한 것이다. 내 시간이 귀하면 상대방의 시간도 소중하다. 기자의 귀한 시간을 생각하자. 필자의 경우 기본적으로 기자의 전화는 만사 제쳐놓고 받는다는 것이 노하우라면 노하우다. 회의 중일 때도 중요한 전화라면 복도로 나와 통화를 한다.
　기자도 사람이다. 자신의 전화를 잘 받아 주는 홍보담당자에게 전화를 하기 마련이다. 물론 직장생활이라는 게 피치 못할 상황도 있으므로 회의 중이라든지 받을 수 없는 상황이라면 바로 연락하겠다는 회신을 하고 전화를 하면 된다. 무작정 전화를 받지 않으면 여유가 없는 기자는 다른 취재원에게 전화를 한다. 기자와 좋은 인연을 맺을 수 있는 기회를 놓친 것이다.
　기자들은 출입처가 많은 이유도 있고 워낙 시간이 부족하다 보니 이메일이나 전화 취재를 많이 한다. 중요한 인터뷰나 기획취재의 경우 현장 취재를 할 때도 있는데, 이때는 직접 인터뷰를 통해 심층적인 취재가 필요하다고 판단할 경우에 국한된다. 매일 마감을 하는 일간지의 경우, 1면이나 각 면의 톱기사를 취재할 때는 많게는 수십 통의 전화 통화를 하면서 기사를 쓴다. 기본적으로 기자의 전화를 잘 받아야 하겠지만, 기자의 연락을 처음 받았을 때 기자가 원하는 요점을 잘 정리해서 전달해 주면 좋다. 마감 시간에는 전화 거는 시간도 줄여 주는 게 노하우라면 노하우다.
　홍보팀장들의 경우, 중요한 보도자료를 배포하면 아침부터 점심식사 직전까지 끊임없이 기자들의 전화를 받는 경우가 많다. 중요한 사안이기 때문에 예상 질문과 답변을 만들어놨지만 거기에서 벗어난 질문도 많다. 동시에 쏟아지는 전화에 대응하느라 놓친 전화들은 통화가 종결되면 차례로 전화를 걸어 대응한다. 수신은 핸드폰으로 하고 발신은 사무실 전화로 하면서 전화가 통화 중일 확률을 낮춰야 한다. 기본적인 Q&A를 홍보팀 직원들과 공유해서 누가 받더라도 기자들에게 대응할 수 있도록 하고 벗어나는 질문은 메모한 뒤에 피드백을 주겠다고 하면 된다. 보도 후에는 인터넷 검색 등을 통해 관심을 가지고 보도해 준 것에 대한 감사 인사도 해야 한다.

또 하나의 노하우는 기자가 궁금해 하는 정보에 대한 자료를 제공해 주고 취재에 도움을 주는 것이다. 바빠서 전화했을 것이므로 인터넷 검색 등을 통해 찾은 자료를 요약해서 보내 주면 된다. 어차피 완벽한 자료를 제공할 수는 없기 때문에 최대한 빠른 시간 안에 자료를 전달하는 것이 중요하다. 전부 그런 것은 아니지만 어떤 기자들은 전체 메일이나 메신저를 통해 본인이 필요한 정보를 요청하는 경우가 있는데, 이럴 경우 제일 먼저 정보를 알려 주도록 한다.

간혹 다른 업무를 하다 중간에 홍보 업무를 맡거나 순환근무 차원에서 잠깐 홍보 업무를 맡은 홍보담당자 중에는 기자 문의 전화에 대해 자세한 얘기를 듣고 싶으면 직접 만나자고 하는 사람도 있다. 꼭 만나서 설명을 들어야 하는 중요한 사안도 아니고 만날 시간도 없는데 이런 얘기를 들을 경우, 기자들은 다시는 전화를 하지 않는다고 생각하면 된다.

전화가 걸려오면 바로 받고 성심껏 대응을 해 주는 취재원에게 기자는 호감을 가진다. 식사를 하면서 안면을 익히는 것만큼 취재 대응을 통해 맺어지는 관계도 특별하다. 홍보담당자들에게 가장 큰 외부 고객은 기자다. 기자는 홍보담당자가 바로 전화를 받기를 원하고 당연히 그럴 것이라고 생각하고 전화를 건다. 전화가 귀찮을 리는 없겠지만 바쁘고 경황이 없다고 대충 받다 보면 오해를 살 수 있다. 어차피 전화를 받았다면 기분좋게 답변하고 도와주자. 기자의 취재가 중요하다는 마인드를 갖고 성심껏 대응하자.

　다음은 기자의 고유 권한을 인정하라는 것이다. 앞서 언론홍보담당자의 가장 큰 외부고객은 기자라고 했다. 즉 기자와 취재원은 평등한 관계가 아니라는 얘기다. 언론보도에 관한 한 편집과 보도 권한은 언론이 갖고 있다. 보도자료의 경우, 기자가 보도자료 제목만 보고 본문을 읽지 않을 수도 있고, 읽었다고 하더라도 어떻게 쓰든, 일부 내용만 발췌하든 기자의 권한이다. 또 기자가 기사를 써서 송고했더라도 데스크가 채택하지 않을 수도 있다. 이 모든 것이 편집권에 해당하고 기자의 고유 권한이다. 불평등한 관계라고 생각하는 홍보담당자들도 있겠지만 편집권을 무시하고 언짢은 내색을 하면 곤란하다. 편집권을 존중하고 예의를 갖춰 대응해야 한다.

　보도자료를 보내는 것은 보도를 요청하는 것인데, 태도가 불손하면 보도 요청이 거절될 수도 있다. 기자의 속성 자체가 강골 기질이 있어 기자의 언행과 태도 하나하나에 신경을 쓰면 홍보업무를 하기 어렵다. 홍보 자체가 기자에게 부탁하는 일이 대부분이다. 쉽지는 않겠지만 을의 마인드에 익숙해져야 한다.

　홍보담당자의 불손한 태도에 대해 기자로부터 전해들은 말이 있다. 전화를 해도 잘 안 받다가 통화가 되었는데, 민감한 사안에 대해 사실 확인을 요청하니 "기자가 그런 것도 모르느냐, 안 썼으면 좋겠다. 기사를 삭제할 테니 쓸 테면 써보라"고 했다는 것이다. '과연 그런 홍보담당자가 있을까?' 싶을만큼 필자로서는 믿기지 않는 상황이었지만 아무튼 대응을 잘못해서 기자가 화가 난 경우임에는 틀림없었다.

이런 경우 독한(?) 기자나 데스크에게 걸리면 회사나 조직에 대해 비판적인 기사를 쓸 수가 있다. 좋게 말해도 될 텐데 굳이 그럴 필요가 있을까? 하는 생각이 들었다. 홍보를 몇 달 하고 말 것이라면 몰라도 기자들은 출입처를 돌고 돈다. 직접적으로 만날 수도 있고 간접적으로 홍보담당자의 평판이 전해질 수도 있다. 우연이라도 오다가다 만나게 되면 어색하게 되지 않을까? 보도자료를 보내놓고 부탁했는데 보도가 되지 않더라도 쿨하게 넘기자. 다음에 또 기회가 있겠지,라고 생각하고 밝은 목소리로 전화하고 웃는 얼굴로 만나야 한다.

또 하나 기자와의 첫 대면은 중요하다. 전화든 이메일이든 첫 미팅이든 첫인상을 좋게 남겨야 한다. 홍보 주니어들이 가장 신경 쓰는 것이 기자 미팅이다. 작성한 보도자료를 출입기자들에게 배포하고 확인 전화를 돌릴 때면 홍보담당자를 긴장하게 만드는 기자가 있다.

반면 전화를 걸면 눈물이 날 만큼 친절하게 이것저것 물어보는 기자들도 있다. 짧고 굵게 '네!' 한마디만 하는 카리스마 넘치는 기자들, 그리고 "알았습니다" 한마디만 하고 끊는 기자 등 다양하다.

기자들을 자주 만나지 못하는 주니어들은 통화 후에는 기자들에 대한 선입견이 생길 수 있다. 누구랑 통화가 되었고, 누구와 통화를 못해 문자를 남겼는지, 누가 반응이 괜찮았는지까지 보고해야 한다. 최근에는 기자들도 전화보다는 문자나 메신저로 보도자료 발송여부를 알려주는 것을 선호한다. 그 시간은 기자들이 아이템에 대해 보고를 하는 시간이고 당연히 바쁘기 때문이다.

전화를 받지 못한 기자들은 문자를 남겨 주기를 원했고, 석간기자들은 전화를 안 받거나 받자마자 끊었고, 그나마 친한 기자들이 전화를 받아 주었을 것이다. 하지만 정작 친절하게 이것저것 물어보던 기자들이 단신으로 처리하기도 했고, 무섭게(?) 전화를 받던 기자들은 오히려 기사를 크게 써 주기도 했던 경험이 있을 것이다.

    필자가 기자를 단독으로 처음 만난 것은 기획 아이템을 갖고 나간 자리였다. 당시에는 조선일보 지면이 적합하다고 생각해 조선일보 출입 기자를 만났는데, 이런저런 얘기를 나누다가 헤어지기 직전에 기자가 먼저 기삿거리가 없는지 물었다. 준비한 기획 아이템을 조심스럽게 얘기하자 정리를 해서 보내달라고 했다. 며칠 뒤 지면에 크게 보도가 되었고 기자로부터 '좋은 자료를 제공해 줘서 고맙다'는 피드백을 받았다.

    공들여서 쓴 보도자료가 지면에 큼지막하게 실린 기사로 돌아왔을 때의 기분은 요즘 말로 '심쿵!'이었다. 그때 처음 만난 기자와의 인연은 아직 이어져오고 있으며 든든한 멘토로 도움을 받고 있다.

    필자는 기자와의 첫 대면에 대한 좋은 기억을 갖고 있지만 굴욕감을 느끼고 좌절을 맛본 기억을 갖고 있는 홍보담당자들도 있을 것이다. 물론 바쁘다 보면 무심하게 대할 수도 있겠지만 대부분의 기자들은 처음 만나는 홍보 주니어들에게는 친절하고 상냥하게 대하려고 한다. 기자실로 기자를 찾아갈 때는 바쁜 시간에 불쑥 찾아가기보다는 마감 시간을 피해 약속을 하고 찾아가는 게 좋다. 만나서 식사를 하면 좋겠지만 바쁜 시간을 피해 차를 마시며 우선 간단히 인사를 하는 것도 좋다. 물론 빈손으로 찾기보다는 좋은 기삿거리를 들고 찾아가면 환영받는다. 첫 대면에 좋은 감정은 꾸준히 연락하고 만나면서 관리를 할 때 재산이 된다는 걸 명심해야 한다.

    마지막으로 기사 정정 요청은 기자에게 먼저 해야 한다. 보도자료를 기사화하지 않았을 때보다 홍보담당자와 기자 관계가 더 서먹해지는 경우는 의도하지 않은 방향으로 기사가 빗나가거나 회사에 부정적인 기사가 나는 경우다. 하지만 대응을 잘못하면 관계회복조차 어렵다.

요즘은 인터넷을 통해 실시간으로 기사를 확인할 수 있다. 부정적인 기사를 보자마자 전화를 걸어 서운하다면서 감정을 드러내거나 당장 기사를 고치라느니, 내리라는 등 기사에 대해 이러쿵저러쿵 따지듯이 말해서는 곤란하다. 일이 꼬이면 기자 선에서 끝나지 않고 데스크에게 보고할 경우 언론과의 관계 자체가 틀어질 수 있다.

먼저 기사를 꼼꼼히 읽고 어떤 부분이 틀렸는지 관련 근거를 전달해야 한다. 물론 기자가 전화를 받지 않는 경우도 있다. 이럴 경우 문자 메시지를 보내 이러저러해서 통화를 원한다고 언제까지 콜백을 해달라고 요청하도록 한다. 연락이 없으면 데스크에게 요청을 할테니 이해를 해달라고 의사를 전달하도록 한다. 홍보담당자도 기업에서 역할이 있으므로 데스크에게 먼저 연락한 것도 아니고 기자와 통화를 원했으나 상황이 여의치 않아 데스크와 연락한 것이라고 하면 이해해 줄 것이다.

언론은 기업에 부정적인 기사 말고도 긍정적인 기사도 많이 보도한다. 보도자료를 보냈든, 기자가 취재를 했든 기업에 좋은 기사가 나면 감사의 표시를 하는 게 좋다. 전화를 하는 게 어색하면 기자에게 메일로 감사 인사를 하는 것도 괜찮다. 기사를 썼는데도 아무런 반응이 없는 것보다는 고마움의 표시를 하는 게 인지상정이다. 단신으로 처리가 되었더라도 감사인사를 하는 습관을 기르자.

홍보담당자들마다 노하우가 있지만 일반적인 노하우 몇 가지만 언급했다. 세상을 살다보면 잘 안 풀리던 일이 아무렇지도 않게 생각했던 일들로 인해 해결되기도 한다. 간단할 수도 있는 감사인사가 기자와의 관계를 긍정적으로 만들어갈 수 있다. 기자는 한 번 만나고 말

사람이 아니다. 나만의 노하우를 쌓아가자.

홍보 주니어들은 명심하자. 처음부터 프로는 없다. 스스로 프로라고 생각하고 프로답게 대응하다 보면 어느새 프로가 되어 있는 자신을 발견하게 될 것이다.

Chapter 3

전략적인 보도자료 작성법

기자는 왜 보도자료를 요청하는가

기업 입장에서 언론에 보도되는 가장 빠른 방법은 보도자료를 만들어 언론에 배포(Press Release)하는 것이다. 핵심 내용을 알기 쉽게 요약해 기사체로 작성한 글을 보도자료라고 한다. 보도자료는 기자들이 큰 수정 없이 바로 기사화할 수 있도록 기사체로 작성하는 것이 기본이다. 좋은 사진이나 도표, 그림 등도 기사를 키울 수 있고 기사화에 도움이 된다. 삼성이나 현대자동차, SK, LG 등 대한민국을 대표하는 기업의 뉴스 대부분은 홍보실에서 언론에 배포한 보도자료가 기사화된 것이다.

예전에는 언론사에 보도를 요청하고 뉴스를 발표하는 일은 정부기관이나 대기업이 아니면 쉽지 않았다. 보도자료도 일일이 가져다 주거나 배송업체를 통해 배달시켜야 했다. 사진도 따로 가져다 줘야 했다. 옛날 얘기다. 과거에는 언론에 무언가를 발표한다는 것은 정부기관이나 대기업에서나 할 수 있는 일이었지만 요즘은 일반 국민들도 쉽게 언론사나 기자에게 제보가 가능해졌다.

1990년대 후반부터 인터넷이 발달하면서 홍보담당자들과 기자들은 이메일을 통해 보도자료를 주고받기 시작했다. 이메일이 기자들에게 보도자료를 보내는 중요 수단이 되면서 요즘에는 뉴스거리가 되는 일만 있다면 중소기업이나 시민단체들도 언론에 뉴스를 발표할 수 있다. 인터넷만 검색하면 어느 신문의 어느 기자가 어디를 출입하며, 어느 분야를 담당하는지 쉽게 알 수 있고 해당 기자의 이메일도 알 수 있다. 따라서 기자들이 받는 보도자료의 양도 급증하고 있다. 대부분의 홍보담당자들은 FN메신저로도 보도자료를 배포하고, 전화를 하거나 문자를 보내지 않고도 카카오톡 등 메신저를 통해 보도자료 배포 사실을 알릴 수 있다. 기자의 연락처를 모르더라도 이메일을 먼저 보내놓고 기다리거나 언론사 편집국으로 따로 연락을 해도 된다.

　보도자료의 위력은 일반 사람들보다는 홍보실에서 근무하며 기자를 상대해본 사람이라면 쉽게 알 수 있다. 일반 사람들이 제보할 경우라도 시간이 부족한 기자들은 관련 자료가 있는지 묻기 마련인데 그 자료가 보도자료다. 홍보담당자들도 뉴스거리가 있어 기자와 얘기하다 보면 기자들은 "자료가 있습니까?"라고 묻는다. 자료를 보내 주면 검토해보겠다는 것이다. 자료가 없다고 하면 내용을 정리해서 자료를 만들어달라고 한다. 기자가 읽어보고 뉴스가 되겠다고 생각하면 데스크에 보고하고 지시를 받아 보충 자료를 요청하거나 추가 취재를 통해 보도하게 된다. 홍보담당자들은 기자에게 전달한 자료가 신문에 기사로 나갈 수도 있고 방송에 뉴스로 보도될 수도 있다는 것을 알아야 한다.

　그렇다면 기자들은 왜 보도자료를 요청할까? 가장 큰 이유가 홍보담당자들의 이야기를 일일이 들을 수 없을 만큼 바쁘기 때문이다. 전화를 하거나 만나서 녹음을 해서 내용을 정리해 기사화하는 데는 많은 노력과 시간이 걸린다. 대부분 그런 기사는 본인만 단독으로 처리하는 경우가 많기 때문에 감수하지만 그렇지 않을 때는 보도자료를 보고 핵심 내용을 발췌한 뒤에 보충 취재를 하면 쉽게 기사로 작성할 수 있기 때문이다.

　기자들은 보도자료를 읽고 핵심 내용을 파악해보면 뉴스가 될지 안 될지 금세 알 수 있다. 다만 즉시 킬할지 다른 보도자료와 함께 기획기사로 쓸지 여부에 따라 보류하기도 하지만 기사화는 장담할 수 없다.

　또 다른 이유는 보도자료는 문서로 커뮤니케이션하기 때문에 말보다 공식적이고 훨씬 정확하기 때문이다. 말은 와전될 수 있어 전달받은 정보가 틀릴 수도 있고 홍보담당자가 전달했더라도 기자가 제대로 알아듣지 못하고 전달한 내용과 다르게 오보를 낼 수도 있기 때문이다. 일단 보도되고 나서 후회해봐야 소용없다. 반면 보도자료는 거의 오류가 없다. 자료가 복잡하고 어려운 내용일수록 기자들은 더욱 보도자료를 원하는 경향이 있다.

몇 년이라도 홍보 업무를 하면서 기자를 만나본 홍보담당자들은 알 것이다. 아무 준비 없이 불쑥 전화하거나 찾아와 기사화 여부를 묻거나 기사화해달라고 해놓고 자료를 요청하면 없다거나 만들어보겠다고 하는 홍보담당자를 기자들이 달가워할 리가 없다. 시간을 뺏겼다고 생각할 수도 있고 무시당했다고 생각할 수도 있다.

말만으로 가능한 언론환경이 아니다. 언론에 보도를 요청하려면 보도자료 등 자료 작성은 기본이다. 새로 출시한 제품이나 예전에 없던 기술과 서비스, 기업의 비전을 보여줄 수 있는 중요한 행사나 사업, 경영진의 인사나 동정 등 알리고 싶은 것이 있다면 기자에게 전화하거나 찾아가기 전에 먼저 홍보 계획 자료를 만들어야 한다.

기자들에게 보도를 요청하려면 보도하고자 하는 내용을 일목요연하게 작성하는 것은 언론홍보에 있어 기본 중의 기본이다. 반드시 보도자료를 써서 배포해야 기사화할 수 있다. 결국 기자들이 보도자료를 좋아하는 것은 그들의 취재 업무를 도와주기 때문이라는 것을 명심하자.

보도자료 쓰는 법은 따로 있다

글이라는 것이 처음부터 잘 쓰려고 매달리다 보면 더 힘들다. 타고나지 않는 한 글은 물 흐르듯이 쉽게 써지는 것이 아니다. 필자의 경우에는 전체 개요를 짠 뒤에 마음에 들지 않더라도 일단 얘기하는 것처럼 계속 써내려간다. 일단 생각나는 대로 충분히 작성한 뒤에 단락을 재배치하고 분량을 조절한 뒤에 내용을 고친다. 일단 시작은 하겠는데 문장을 어떻게 이어가야 할지 생각이 나지 않으면 '왜냐하면'이나 '그래서', '다시 말해' 등 접속어를 붙이면서 생각나는 대로 써보자. 대부분 풀린다.

보도자료 작성에는 변치 않는 원칙이 있다. 먼저 결론을 쓰고 다음 문단에 설명을 덧붙이는 두괄식 방식이다. 왜 두괄식인가? 신문, 방송 등 언론보도를 보면 뉴스는 서론, 본론, 결론 순서로 말하기보다 결론부터 말하기 때문이다. 이유는 언론의 특성상 결론부터 말하는 것이 효과적이기 때문이다. 보도자료 역시 결론부터 말하고 그 결론에 대해 설명하는 방식이 기자와 독자의 오해를 없앨 수 있다.

또한 보도자료는 사진은 물론이고 표나 통계자료도 함께 제공하면 기사가 커진다. 그런 홍보담당자는 없겠지만 '대충 써도 기자가 알아서 잘 정리하겠지'하고 생각하면 안 된다. 보도자료에도 예의가 있고 성의가 있다. 기본기를 갖춘 보도자료라야 기자의 마음을 얻고 기사화된다.

홍보담당자들도 기자처럼 보도자료를 쓸 수 있는 방법이 있다. 보도자료를 쓸 수밖에 없고 빨리 써야 한다면 하고 싶은 말을 적은 다음 수정하는 것이 가장 쉽고 빨리 쓰는 방법이다. 흔한 방법이 '육하원칙'

이다. '언제, 어디서, 누가, 무엇을, 어떻게, 왜'를 일컫는다. 기자들은 누구보다 이 육하원칙을 강조한다. 사건·사고 기사는 기본적으로 육하원칙에 준해 작성되어야 하는데, 기자들이 처음 수습기자 생활을 시작하는 경찰청에서 일어나는 사건·사고는 육하원칙에 따라 간결하지만 필요한 것은 모두 담고 있다.

뉴스의 기본은 사실이다. 육하원칙은 사실을 기술하는 데 필요한 최소한의 정보다. 육하원칙에 근거해서 작성하면 일반인들도 쉽게 보도자료를 작성할 수 있다. 하지만 생각처럼 쉽게 작성하지 못하는 것은 화려하게 작성해야 한다는 강박관념 때문이다. 수식어는 사실이 아니다. 객관성이 떨어지는 단어는 쓰지 않는 것이 좋다. 쉽지 않겠지만 대부분의 보도자료는 육하원칙에 맞춰 가능한 쉬운 단어로 작성하는 것이 가장 좋다.

보도자료는 가능한 한 쉽게 써야 한다. '쉽게 쓰라니, 도대체 기준이 뭘까?' 일상 대화에서 흔히 쓰는 표준어 정도면 무난하다고 본다. 보도자료 중에 한자어나 전문용어 등을 사용해 작성하는 경우가 있는데 가능하면 중학교 3학년 정도 학생이 이해할 수 있게 쓰는 것이 좋다. 부득이하게 전문용어를 써야 한다면 용어설명을 덧붙이는 것이 좋다.

그리고 홍보 주니어들이 명심해야 할 것이 또 있다. 하나의 보도자료에는 하나의 주제만 담아야 한다는 것이다. 두 개의 주제가 있으면 초점이 흐려지기 때문이다. 하나의 주제로 작성하다가 또 다른 주제를 서술하면 먼저 작성하던 주제까지 무너지고 만다. 작성하려는 주제 외에는 언급하지 않는 것이 좋다. 다시 강조하지만, 보도자료의 주제는 처음부터 일관되게 작성해야 한다.

또 하나, 보도자료는 1차적으로 기자에게 보내는 글이지만 궁극적으로는 공중과의 소통이고 공중에게 보내는 메시지다. 과장하거나 왜곡된 보도자료는 기자는 물론 국민을 속이는 일이다. 언론사는 오보를 내고 기자는 무능력자로 낙인 찍힐 수 있다. 보도자료를 작성하는 홍보담당자나 관련 부서 담당자는 홍보하고 싶은 마음이었겠지만 그 자료를 믿고 기사로 작성한 기자나 그 기사를 읽는 국민들은 사기를 당하는 것과 같다. 해당 언론사와 기자는 거짓 보도자료를 제공한 기업이나 홍보담당자에게 좋은 감정이 들 리 없다.

입장을 바꿔 내가 기자라고 생각해보라. 기사화해달라고 부탁했는데 보내온 자료가 사실과 다르다면 기자는 '누구를 바보로 아나?'라고 생각할 것이고 다시는 그 홍보담당자를 보고 싶지 않을 것이다. 그나마 이것은 보도되기 전에 기자가 알아차렸을 경우이고, 허위 보도자료가 기사로 보도가 되었다면 항의로 그치지 않는다. 명예훼손은 물론 손해배상도 각오해야 한다.

책임공방을 떠나 사실과 다른 보도자료는 절대 작성하지 말아야 한다. 다시 말하지만, 보도자료는 언론과의 소통이고 국민과의 소통이다. 거짓된 보도자료는 기업에 대한 고객과 국민들의 신뢰도를 실추시킨다. 언론은 국민 생활에 긍정적 영향을 주는 사실을 확인해 뉴스로 보도하는 역할을 한다는 것을 명심해야 한다. 보도자료가 언론을 통해 기사로 보도되면 효과는 크겠지만 사실과 다른 보도자료를 배포하면 부정적 효과도 크다는 것을 잊지 말자.

홍보를 원하면 보도자료를 만들어라

보도자료(Press Release)는 기업의 정보를 보도해달라고 언론사에 제공하는 공식적인 자료다. 기자들이 기사를 쓰는 정보는 기자들이 직접 취재를 통해 얻은 정보 외에 보도자료와 제보 등이 있다. 부서와 신문 면에 따라 다르겠지만 경제나 산업면의 경우 보도자료에 의한 기사 작성이 제일 많다고 한다. 같은 날에 여러 언론사에서 보도되는 비슷한 뉴스들은 이러한 보도자료를 참고해 쓴 기사라고 보면 된다.

그렇다면 우리 기업에서 보도자료로 작성해 배포할 만한 아이템은 어떤 것들이 있을까? 정답은 언론이 관심을 가질 만한 아이템이다. 언론이 관심을 가질 만한 아이템은, 즉 국민들이 관심을 갖거나 국민 생활에 영향을 미치는 것이다. 그리고 예전에 없던 새로운 것(news)이어야 한다.

기업에서 보도가 될 만하다고 생각되는 아이템이 있다면 어떻게 보도자료를 만들고 언제 배포해야 할까?

우선, 기업 비전이나 CI 발표 등은 뉴스 가치가 있기 때문에 사실 중심으로 보도자료를 작성해서 배포하면 된다. 하지만 매년 하는 시무식이나 기념식, 사업계획 발표 등은 보도자료로 작성해 배포하더라도 언론사 입장에서는 기사화될 확률이 낮다. 하지만 이 아이템은 기업 입장에서는 중요하기 때문에 홍보담당자는 어떻게 기사화할 것인지 고민하고 전략을 잘 짜서 보도될 수 있도록 노력해야 한다. 평범한 아이템을 기사화하기 위해서는 이색적인 내용을 찾아내 '스토리'를 만들어야 한다. 지면 분석을 통해 언제 어떤 내용으로 보도자료를 만들 것인지 미리 준비하고 연간 계획을 세우는 것이 좋다.

하지만 모든 보도자료가 기사화되는 것은 아니다. 기자들은 많을 때는 하루에 수십 개의 보도자료를 받는다. 그 중에서 기사화되는 것은 1~2건에 불과하다. 소가 바늘 구멍으로 들어가는 것만큼 어렵다고 생각하겠지만 그래도 보도가 될 만하다고 생각되는 아이템이라면 보도자료를 만들어 배포해야 기회라도 주어진다.

「동아일보」 2016. 6. 20(월)

최초, 최고는 꼭 확인하라

　요즘처럼 인터넷이 발달하고 모바일 기술이 급속도로 발전한 환경에서 뉴스는 인터넷을 타고 급속도로 퍼진다. 거짓이나 과장은 경쟁사나 전문가들이 가만 두지 않기 때문에 기자들이 확인하면 금세 들통이 난다. 기자들이 자신이 쓴 기사가 크게 보도되기를 바라듯이 홍보담당자들도 크게 기사화되었으면 하는 욕심 때문에 보도자료 내용을 과장하기도 한다. 보도자료를 발표하는 입장에서는 뉴스 가치를 높이기 위해 '국내 최초', '세계 최초' 같은 수식을 붙이고 싶어한다. 하지만 정말 국내 최초인지, 세계 최초인지 확인을 해서 발표해야 한다. 만약, 최초가 맞다면 지금까지 나와 있는 제품이나 기술과 어떻게 다른지 근거를 들어 설득해야 한다.

　기자는 근거 없이 '최고'나 '최초'와 같은 수식어를 붙여 발표한 보도자료를 무조건 믿지 않는다. 반드시 확인한다. 과장된 내용이 담긴 보도자료를 기자에게 배포했다가 데스킹 과정에서 사실이 아닌 걸로 드러날 경우 기업이나 홍보담당자의 신뢰성이 떨어지는 것은 물론 앞으로 해당 기업의 보도자료는 휴지통으로 직행할 것이 뻔하다. 다행히 기자가 알고 사전에 보도를 차단하면 다행이지만 기자가 보도를 했을 경우 기사를 쓴 기자와 데스크까지 피해를 입을 수 있다.

　기자들은 과장된 보도자료를 한 번은 써 줄지 모르지만 나중에 과장한 것을 알게 되면 기자와 홍보담당자 사이의 신뢰는 깨지게 되고 다음부터는 보도자료를 보내도 기사화가 어려운 것은 물론 기피 대상으로 찍히게 된다.

　기자들로부터 신뢰를 잃으면 회복이 쉽지 않다. 기자들은 출입처가 같을 경우 기자실이나 행사장 등에서 자주 만나고 친한 기자들끼리는 정보를 교환하기도 한다. 취재 대상 기업이나 홍보담당자에 대한 얘기를 많이 하는데 홍보담당자에 대한 나쁜 소문은 금세 퍼진다. '최초'나 '최고'라는 표현을 쓸 때는 무엇이 최초고 왜 최고인지를 보도자료에 정확하게 밝혀 주는 것이 좋다.

「동아일보」 2016. 6. 1(수)

쉬운 단어로 쉽게 써라

저널리즘에서는 기사를 읽은 독자 모두가 읽은 내용을 이해하도록 쉽게 써야 한다고 말한다. 저널리즘의 원칙이 '정확한 정보 전달'이기 때문이다. 여기서 짚고 넘어가야 할 것은 쉽게 표현하라는 것이지 쉬운 내용만을 쓰라는 것이 아니라는 것이다. 자칫 중요한 내용은 빼먹고 쉬운 내용만 쓰다 보면 글에 깊이가 없을 수도 있다. 그렇다면 어떻게 해야 기자들이 보도자료를 쉽게 이해할까?

우선 쉽게 써야 한다. 기자들은 수습기자 과정을 거치면서 기사를 쉽게 쓰는 훈련을 받는다. 기사는 쉽게 써야 한다는 것이 기자들에게는 진리이기 때문이다. 쉽게 쓰는 훈련을 통해 기자들은 그만큼 빨리 쓴다. 특수(?) 훈련을 받아 쉽게 쓰는 기술자인 기자들에게 보내는 보도자료는 쉬워야 한다. 그래야 바쁜 기자들이 보도자료를 인용할지 말지를 결정하는 데 용이하다. 보도자료는 수신하는 기자 입장에서 써야 한다는 얘기인데, 아직 홍보 주니어들은 발신자 입장에서 작성하는 것이 현실이다.

그리고 쉬운 단어를 선택할 줄 알아야 한다. 초등학생이나 중학생도 쉽게 이해할 수 있는 평이한 단어로 작성하는 것이 좋다. 신문을 많이 읽다 보면 신문에서 즐겨 쓰는 용어가 분명히 있다. 신문이니까 무슨 거창한 단어를 써야 할 것 같지만 일상생활에서 말할 때 쓰는 단어가 많다는 것을 알 수 있다. 그리고 쉽게 쓰려면 애매하고 모호한 표현이 없어야 한다. 한 번 읽었을 때 뜻이 명쾌하게 전달되는 보도자료가 쉬운 보도자료다. 단어를 많이 아는 것도 좋지만 상황에 적확한 단어를 쓸 줄 알아야 한다. 역시 신문을 많이 읽는 방법밖에 없다. 흐

릿한 표현보다 명쾌하고 단도직입적인 표현에 익숙해지도록 하자.

일간지는 중학생 수준에 맞춰 알기 쉬운 단어나 표현을 풀어쓴다. 물론 어려운 경제용어 등이 등장할 때도 있지만 대부분 박스로 용어 설명을 하고 있다. 그럼에도 경제용어는 필자에게도 내용이 어려운 것은 사실이다. 공중파는 초등학생이 이해할 수 있는 수준으로 뉴스를 제작한다고 한다.

필자는 보도자료를 쉽게 쓰라고 하지만 정작 보도자료를 쓰는 주니어 입장에서는 갑갑할 수 있다. 내용이 쉬우면 그나마 다행이지만 보도해야 할 내용이 늘 쉬운 것은 아니다. 세상은 복잡해지고 기술은 발전한다. 당연히 어려운 내용이 포함될 수밖에 없다. 어려운 내용을 보도자료로 쓰는 데는 정말로 쉽게 쓰는 능력이 기사화 여부를 결정적으로 좌우한다. 어려운 내용을 쉽게 써서 기자에게 전달했을 때 기자가 쉽게 이해하도록 하려면 쉬운 사례를 들어 쉽게 작성하는 것이다. 어쨌든 보도자료는 쉽게 써야한다는 숙제는 여전히 어렵다.

핵심 내용은 정확하게 알려라

보도자료는 작성한 내용 중에 무엇이 뉴스이고, 무엇이 이미 알려진 내용인지 분명히 구분해줘야 한다. 그래야 기자는 보도자료의 핵심 내용을 정확히 파악해 기사화할 수 있다. 보도자료는 무엇보다 간결하게 작성해야 한다. 보도자료 본문은 A4 용지 기준으로 한 페이지를 넘기지 말고 많아도 2페이지를 넘지 않는 것이 좋다. 신문에 실리는 기사를 보면 A4 한 장을 넘는 분량의 기사는 많지 않다.

간결하게 쓰려면 어떻게 해야 할까?

우선 보도자료에서 어떤 내용이 핵심인지 정확하게 알려 줘야 한다. 보도자료를 읽어봐도 무엇이 새로운 사실인지 분명하지 않다면 기자는 기사화하는 데 주저하게 된다. 글을 쓰는 경험이 적은 사람들이 지닌 나쁜 버릇 가운데 대표적인 것이 중언부언하는 것이다.

글을 쓰는 것은 중요한 정보를 체로 걸러내는 과정이라고 한다. 글을 쓰고 난 뒤 군더더기는 없는지, 불필요하게 미사여구를 늘어놓지는 않았는지 검토해본다. 불필요한 단어나 형용사, 부사는 일단 떼어낸다. 불필요한 사족을 떼어내다 보면 글이 훨씬 생동감이 넘치게 되는 것을 알 수 있다. 하지만 지나치게 간결하게 작성하다 보면 설명해야 할 것을 정확하게 제시하지 못하는 경우도 있다. 이런 경우에는 보충 설명이나 참고자료를 첨부하면 된다.

간결한 글의 특징은 문장이 짧다. 그리고 복문을 쓰지 않기 때문에 한 문장에 하나의 주제, 한 문단에 하나의 메시지를 전달한다. 이렇게 작성한 보도자료는 글에 힘이 느껴지고 기자에게도 강한 인상을 준다.

정확한 보도자료를 작성하는 방법 중에 '개요 짜기'가 있다. 개요 짜기는 보도자료를 작성하기 전에 백지에 작성할 내용을 정리하는 것이다. 개요 짜기를 할 때에는 우선 보도자료에 포함할 내용을 열거한다. 그 뒤 비슷한 내용을 묶어 문단을 만들고 핵심 내용 순으로 나열한다. 그다음 문단과 문단 사이를 연결한다. 전체 글의 윤곽이 잡히면 본격적으로 보도자료를 작성하면 된다.

개요 짜기를 통해 작성한 글은 중복되는 내용을 사전에 차단하고 필요한 내용만 썼기 때문에 핵심을 정확히 전달할 수 있다. 또한 문단과 문단이 자연스럽게 연결되어 쉽게 읽힌다. 결국 보도자료가 전체적으로 짜임새를 갖추게 된다.

개요 짜기를 하는 습관이 들면 보도자료뿐만 아니라 글을 정확하게 쓰는 능력이 향상된다. 하지만 이런 습관을 들이기는커녕 평소 신문읽기조차 하지 않으면 글쓰기 실력은 평생 늘지 않는다.

한 문장에는 하나의 주제만 담아라

인기 소설가 김훈은 작가 이전에 기자였다. 사건을 요약하는 훈련을 받았고 글을 짧게 쓸 줄 알았다. 요즘 장강명 작가가 단기간에 인기를 끌 수 있었던 이유도 그의 기자 경력에서 기인한 짧게 쓸 줄 아는 필력 덕분이라고 생각한다. 김훈과 마찬가지로 사건을 요약하는 훈련을 받았고 짧은 글을 쓰는 데는 선수였다. 개인마다 취향이 다르겠지만 글의 기본은 문장을 짧게 쓰는 것이라고 생각한다. 하지만 짧게 쓰기 위해서는 오랜 훈련을 해야 하는데 그게 말처럼 쉽지 않다는 게 문제다.

훈련된 기자들일수록 훈련된 홍보담당자를 좋아한다. 언론사의 속성과 기자들의 특성은 물론 보도자료의 특징을 알기 때문이다. 반면 글쓰기 훈련을 받지 않은 비전문가나 홍보 주니어들 중에는 기자들의 특성은 물론 보도자료 작성의 기본조차 모르는 경우가 많다. 홍보 주니어들이 쓴 보도자료를 보면서 시니어들이 가장 많이 하는 말 중에 하나가 "소설 쓰냐?"라는 말이다.

좋은 보도자료는 기자가 수정 내용 없이 그대로 써도 되는 것이라고 생각한다. 결국 잘된 보도자료는 신문기사와 같다. 따라서 신문을 읽는 사람이라면 누구라도 보도자료를 잘 쓸 수 있다는 얘기다.

신문기사는 발생한 사건을 있는 그대로 알려주는 설명문이다. 설명문에서는 정보를 정확하게 전달하는 것이 중요하다. 특별한 경우를 제외하고 수사적인 표현이나 문학적인 표현은 삼가는 것이 좋다. 사실을 있는 그대로 설명하되 읽어보고 현장감이 느껴지도록 생생하게 표현해야 한다. 좋은 설명문은 읽어보기만 해도 무엇인지 쉽게 알 수 있으며, 사건 기사의 경우 읽어보는 것만으로 마치 현장에 있는 듯한 느낌을 준다.

신문기사 제목처럼 보도자료 역시 제목이 중요하다. 기자가 보도자료를 읽을지 말지 판단하는 첫 관문이 제목이다. 기사를 많이 읽다 보면 기자가 좋아하는 보도자료 제목을 짓기도 수월해진다. 제목은 하나만 붙이는 것이지만 전체를 설명하기 어렵다면 소제목을 한두 개 더 붙여도 된다.

보도자료 본문은 신문기사처럼 두괄식으로 쓴다. 첫 줄을 리드라고 하는데, 핵심 내용을 쓰면 된다. 보도자료는 한 문단이 끝날 때마다 한 칸씩 줄을 띄운다. 줄 띄우기를 해야 보도자료를 읽는 기자가 소감을 메모하거나 궁금한 내용을 적을 수 있다고 한다.

신문사마다 차이가 있겠지만 요즘 신문기사 문장은 평균 60~70 글자라고 한다. 보통 한 문장의 글자 수가 평균 50자를 넘으면 읽는 사람이 부담스러워 한다고 한다. 하지만 많은 사실을 전달해야 하는 신문이나 보도자료에서 50자 미만의 문장으로 글을 쓴다는 것은 결코 쉬운 일이 아니다. 하지만 주니어들이 쓴 보도자료는 평균 글자 수가 이보다 많다.

주요 그룹이나 대기업 홍보실에는 훈련된 홍보담당자들이 많다. 주니어들은 평소 선배들이 어떻게 보도자료를 쓰고 또 보도자료는 어떻게 보도되는지 확인해야 한다. 좋은 기사를 많이 읽고 한 문장 글자 수를 평균 60자~70자 이내로 쓰는 훈련을 하다 보면 신문사에서 요구하는 형식에 익숙해지게 될 것이다.

또 주니어들이 흔히 하는 실수가 문장의 호응 관계, 즉 주어와 술어를 알 수 없도록 쓴다는 것이다. 특히 한글은 주어와 술어가 떨어져 있기 때문에 문장을 짧게 써야 뜻이 쉽게 전달된다. 글을 여러 개의 단문으로 자르면 전체 글이 길어질 것이라는 생각하는 사람이 많다. 그래서, ~하며, ~하니, ~해서 등의 말을 끊임없이 이어붙이다 보니 장문이 된다.

홍보 주니어들은 문장을 짧게 쓰는 요령이 궁금할 것이다. 문장을 짧게 쓰는 요령은 일단 하나의 문장에 하나의 주어와 술어를 갖고 하나의 주제를 전달한다고 생각하면 된다. 하나의 문장에 여러 개의 주제가 담겨 있다고 생각해보라. 당연히 문장은 길어지고 보도자료는 핵심이 없어지고 만다.

전문용어는 꼭 필요한 경우에만 써라

보도자료는 중학교 3학년도 이해할 수 있는 수준으로 써야 한다고 했다. 신문기사가 그 수준이기 때문이다. 그리고 방송뉴스는 초등학생이 알아들을 수 있도록 보도해야 한다고 했다. 결론은 초등학생이나 중학생이 알아들을 수 없는 용어는 가급적 사용하지 말고 쓰더라도 쉽게 설명하라는 것이다.

종합지와 다르게 경제지는 경제와 기술에 대한 전문지식이 어느 정도 포함하고 있으므로 학계나 업계에서 통용되는 전문용어가 사용되기도 한다.

전문지에 보내는 보도자료는 쉽게 풀어쓰기보다는 필요한 경우라면 전문용어를 쓰는 것도 괜찮다. 첨단기술이 적용된 신제품에는 전문용어 없이 보도자료를 작성한다는 것이 쉽지 않다. 오히려 풀어쓰려다가 문장이 이상해질 수 있다. 전문지에는 오히려 전문용어를 섞어 뉴스를 전달하는 것이 뜻을 명확하게 전달하는 데 유리할 수 있다.

「헤럴드경제」 2015. 9. 10(목)

전문용어 없이 보도자료를 쓸 때 설명이 쉽지 않을 경우에는, 보도자료 본문에는 전문용어를 사용해 자료를 작성하고, 본문 뒷부분에 박스 등으로 용어 해설을 덧붙이면 된다.

공부해야 보도자료도 잘 쓴다

언론에 보도자료를 발표한다는 것은 기업은 물론이고 임직원들에게도 중요한 일이다. 상장사의 경우에는 주가에도 영향을 미치고 기업의 긍정적 이미지 제고에도 도움이 되다 보니 CEO가 직접 챙기거나 임원이 챙긴다.

보도자료 관련 내용은 대부분 현업 부서에서 초안을 작성하는데, 현업 부서에서 관련 내용에 대해 잘 알고 있더라도 기사체로 언론이 좋아하는 콘셉트에 맞게 자료를 작성하기는 어렵다. 그러다 보니 홍보할 만한 아이템이 있으면 대부분 현업 부서에서 홍보담당자와 사전미팅을 통해 그림을 그린 뒤에 초안을 작성한다. 현업 부서에서 참고자료와 함께 홍보담당자에게 전달하면, 홍보담당자가 기자들의 구미에 맞게 다듬어 배포하는 구조다.

때로는 현업 부서에서 작성이 어렵다고 하는 경우도 있는데 홍보담당자는 현업 부서 담당자에게 설명을 듣거나 인터뷰를 한 뒤 관련 자료를 참고해서 작성하기도 한다. 설명이라고 했지만 거의 인터뷰에 가깝다. 담당자가 알고 있는 내용을 듣는 게 아니라 기자가 궁금하게 생각할 만한 내용을 인터뷰해야 한다. 따라서 홍보담당자는 인터뷰에 능숙해야 한다.

현업 임원이나 CEO를 인터뷰해야 하는 경우도 있다. 여기서 말하는 인터뷰는 질문하는 능력과 듣는 능력이다. 잘 묻고 잘 듣다 보면 무엇이 핵심 포인트인지 빨리 파악할 수 있다. 홍보 주니어들은 질문하고 받아적기가 만만치 않은데 인터뷰에 집중하기 위해 녹음을 하는 것도 좋은 방법이다. 스마트폰 녹음 기능을 이용하면 인터뷰에 집중할 수 있고 나중에 다시 들으면서 핵심 내용도 파악하기에 용이하다.

필자가 생각하는 홍보담당자는 질문을 잘 해야 한다고 생각한다. 좋은 질문을 통해 보도자료를 받아볼 기자는 물론 뉴스를 접하게 될 독자들이 궁금하게 생각할 만한 내용을 끌어내야 좋은 보도자료를 작성할 수 있다. 질문을 잘한다는 것은 상대방이 알아듣기 쉽게 하면 된다. 간혹 자신의 지식을 뽐내려고 많이 아는 척 전문용어를 쓰면 상대방도 그에 맞는 단어를 찾아 답변을 하게 되고 보도자료 전체 내용이 어려워진다. 쉬운 말로 다시 다듬는 수고를 감수해야 한다.

좋은 질문은 기자들이 어떤 내용으로 질문하는지 검색해보면 알 수 있다. 모두를 인터뷰의 달인이라고 할 수는 없겠지만 인터뷰 훈련을 통해 단련된 기자들은 어려운 질문보다는 상식적인 질문을 던진다. 기자들은 보편적인 질문을 통해 훌륭한 답변을 유도하고 그것을 좋은 기사로 만들어낸다.

홍보담당자가 자신의 생각을 강하게 내세우는 것은 좋지 않다고 본다. 기자에게도 물론이고 회사 내에서 사전 취재를 위해 인터뷰를 할 때도 자신의 생각보다는 남의 생각을 잘 끄집어내고 잘 듣는 것이 우선이다. 이를 보도자료로 작성할 때 설득력 있게 전달하면 된다.

홍보담당자들은 시니어가 되면서 기획도 하고 기자들을 만나면서 네트워크 관리 비중이 높아진다. 반면 홍보 주니어 업무의 절반 이상은 보도자료 등 자료를 작성하고 정리하는 일이다. 보도자료는 물론 참고자료, 기고, CEO 편지와 연설문, 사보 원고까지 다양하다. 홍보담당자는 글쓰기가 업무의 대부분인 직업이라고 할 수 있다. 글쓰기를 두려워하면 안 된다. 수준에서 차이가 있을지는 모르지만 최소한 작성하는 방법은 알고 있어야 한다. 따라서 주니어부터 시니어까지 홍보담당자들은 글쓰기 훈련을 게을리해서는 안 된다.

그럼 글쓰기 훈련은 어떻게 해야 할까? 가장 좋은 교과서는 역시 신문이다. 최고의 글쓰기 전문가인 기자들이 알기 쉽고 간결하게 쓴 글이 신문기사다. 매일 신문을 읽고 마음에 드는 기사는 영역별로 스크랩해서 수시로 읽어보자. 보도자료를 작성할 때 참고해도 된다. 보도자료는 신문기사를 흉내를 내 쓴 글이기 때문에 신문기사의 스타일을 따라 쓰다 보면 좋은 보도자료를 작성할 수 있다.

홍보담당자라면 글쓰기를 체계적으로 배워야 한다. 언론사에서 운영하는 아카데미라든지 사외 교육기관의 홍보담당자 글쓰기 과정도 들어보면 좋다. 신문 외에 잡지도 좋고 문학작품도 읽어 두면 글쓰기 능력 향상에 도움이 될 것이다.

홍보 주니어 중에는 평소 신문을 보지 않거나 볼 수 없는 사람들이 많은 것으로 안다. 바빠서 신문은 볼 시간이 없다는 말도 사실이다. 홍보하려는 매체의 특성을 알지도 못한 상태에서 아무리 보도자료를 보내고 기자들을 만나봐야 기사화될 확률은 높지 않다.

다독, 다작, 다상량은 보도자료 작성에도 크게 도움이 된다. 신문 읽기를 통해 좋은 기사를 많이 읽고, 보도자료를 많이 써보고, 그리고 어떤 아이템이 기사가 될 수 있을지 많이 생각하고 연구해야 한다. 어떤 이슈들이 어떤 지면에 어떻게 기사화되는지 파악하고 분석해보자. 언론사마다 특성을 파악하고 신문 지면과 방송 프로그램을 분석하고 각 매체 특성에 맞게 홍보 전략을 세워야 한다. 이 모든 것이 공부라고 생각하자. 투자 없이 성과 없다.

기자에게 먹히는 보도자료를 쓰라

　세상살이가 다 그렇겠지만 기업 내부는 물론 기업을 둘러싼 외부에서도 다양한 일들이 벌어진다. 언론분야만 보더라도 기업 운영에 긍정적인 일만 보도되면 좋겠지만 세상이 어디 그런가?
　언론에 좋은 기사가 나고 방송에 보도되기 위해서는 '사실'을 체계적으로 작성한 보도자료를 배포해야 한다. 예를 들어 CEO가 새로 부임했다면 2~3줄짜리 단신인 동정에서부터 주요 이력이나 경력, 그리고 포부 등을 포함해 스트레이트 기사로 나갈 수 있다. 평소 출입기자들과 친분을 쌓아온 홍보담당자라면 사진이 포함된 스트레이트 기사라도 나가도록 노력해야 한다.
　홍보담당자들이 보도자료를 보내는 목적은 단 하나, 언론에 기사를 내기 위해서다. 그렇다면 보도자료가 기사화될 확률은 얼마나 될까? 며칠에 걸쳐 자료를 조사하고 작성한 보도자료라 하더라도 모두 기사화되는 것은 아니다. 보도자료가 기사화되는 것은 아이템이 좋거나 평소 매체 관리를 잘했거나 둘 중 하나다. 그저 운이 좋은 경우는 없다.
　기업에서 뉴스 가치가 높은 홍보 아이템을 하루에 2개를 냈다고 치자. 2가지를 모두 기사화해도 무방하지만 일반적으로 언론이 한 기업에서 낸 보도자료를 모두 지면에 기사화하는 경우는 거의 없다. 물론 지면을 달리 할 수도 있지만 특정 기업의 홍보 아이템을 모두 싣게 되면 언론의 공정성을 의심받을 수 있기 때문이다. 물론 하나는 인터넷에 올리고 또 하나는 지면에 보도하기도 한다.
　이는 회사끼리도 마찬가지다. 경쟁사에서 비슷한 아이템을 먼저 보도자료로 배포하면 역시 기사화되기 어렵다. 물론 묶어서 보도가 나갈 수도 있지만 평소 관계와 뉴스 가치를 참고해 기사화 할 것이다. 기업은 이윤을 남길 목적으로 기업의 긍정적인 뉴스를 대중들에게 알리기 위해 언론사를 활용한다. 하지만 언론사는 기업의 정보가 많이 모이기 때문에 그 정보를 균등하게 분류해서 지면별로 기사를 배분하는 시스템이다. 언론의 입장에서는 한정된 지면을 운용해 경쟁을 유도하고 그 과정에서 광고를 유치해 운영된다. 언론 역시 이윤을 남겨 운영해야 하는 기업의 입장과 크게 다르지 않다.

만약 기업에서 배포한 보도자료가 기사화되지 않았다면 이유가 무엇인지 분석해야 한다. 이유는 대부분 비슷하다.

첫 번째 이유는 뉴스 가치가 없기 때문이다. 홍보담당자 입장에서는 정성을 들여 쓴 보도자료가 기사화되지 않으면 속상한 것이 인지상정이다. 하지만 기자 입장에서도는 뉴스 가치가 없는데 기사화해 달라고 요청받는 것도 짜증나고 한편 미안한 일일 것이다.

보도자료는 기자들에게 초점을 맞춰야 한다. 팀장 외에 임원들의 수정을 포함하여 홍보담당자가 퇴고를 거듭한 보도자료라고 하더라도 뉴스 가치가 없으면 기사화되기 어렵다.

뉴스 가치에 대한 판단 기준은 언론사마다 기자마다 차이가 있다. 특히 주니어의 경우에는 이유가 궁금하다면, 적절한 시간에 편한 기자에게 왜 보도가 안 되는지 물어보라. 언론사 체계를 알지 못한 상태에서 기자들의 조언은 미처 생각하지 못한 것들을 깨닫게 해주고 홍보 역량을 한층 업그레이드할 수 있을 것이다. 다만 상황과 타이밍이 적절하지 않으면 기자의 고유 영역을 침범하는 것처럼 비춰질 수 있으므로 주의해야 한다.

두 번째 이유는 희소성이 없어서다. 희소성이 없다는 것은 뉴스 가치가 없는 것과 같다. 이미 기자들이 다 알고 있는 내용을 보도자료로 만들어 배포하면 기자들은 당연히 짜증이 나기 마련이다. 제목만 읽고 삭제할 가능성이 높다.

세 번째 이유는 타이밍이 맞지 않았기 때문이다. 기사화하고 싶다면 제때 알려야 한다. 제때 보도가 안 되면 그 뉴스는 뉴스로서 가치를 잃게 된다. 기업에서 알리고 싶은 뉴스가 있다면 제때 알리거나 미리 알려야 기사화된다.

네 번째는 구체성이 없어서다. 보도자료는 구체적인 사실이 담겨야 한다. 무슨 말인지 알 수 없는 추상적인 말이나 불필요한 수식어를 자제해야 한다. 기자가 한눈에 알아볼 수 있도록 구체적으로 요점을 전달해야 한다. 이러한 이유를 찾았다면 다음 보도자료 계획에 반영하여 같은 실수가 없도록 해야 한다.

그렇다면 보도자료가 기사화되었을 때는 어떤 경우일까? 기사화된 경우와 반대의 경우다.

보도자료를 잘 써서 잘 배포하는 것도 중요하지만 기사화된 다음에 잘 대처하는 것도 중요하다. 일단 자신이 쓴 보도자료가 어떤 매체에 어떤 사이즈로 보도가 되었는지 확인해야 한다. 시험을 쳤으면 점수가 몇 점인지 확인하는 것과 같다. 내가 쓴 보도자료가 어떤 매체, 어떤 기자가 어떻게 기사화했는지를 알아야 매체별로 특성과 기자의 성향을 알 수 있다. 그리고 내가 쓴 보도자료에서 무엇을 보완해야 하는지도 알 수 있다. 인터넷에서만 확인하지 말고 신문 지면을 통해서 실제 지면에 어떻게 보도되었는지도 확인해보는 것이 좋다. 어느 지면에 어떻게 들어갔는지, 그 지면에 다른 회사 기사는 어떤 것이 들어갔는지 보고 우리 회사에 적용할 수 있는 뉴스는 없는지 생각하다 보면 다음 보도자료 아이템을 구할 수도 있지 않겠는가?

그리고 기사화되면 문자(전화는 기자가 바쁘거나 부담스러울 수도 있다)나 이메일을 통해 감사인사를 하는 것이 좋다. 당연하다고 생각하겠지만 의외로 소홀한 홍보담당자들이 많다.

홍보 주니어들은 해피콜에 익숙해지도록 해야 한다. 회사에서도 업무가 끝나고 상사로부터 수고했다는 말을 들으면 보람되고 기분이 좋지 않은가? 기자들도 마찬가지다. 기사를 쓴 보람을 느낄 수 있기 때문이다. 보도자료 한 번 보내고 말 것 아니라면 다음을 위해서라도 감사인사는 꼭 하는 것이 좋다.

보도자료 초안은 기사를 참고하라

여러분이 보도자료 작성 지시를 받았다면 어떻게 하겠는가? 관련 부서에서 자료나 초안을 받았다면 모르겠지만 처음부터 작성을 해야 한다면 사실 부담이 있는 게 사실이다. 필자 생각에 홍보 주니어들이 쉽게 활용할 수 있는 방법 중 하나는 인터넷 검색이다. 네이버나 다음 등 포털 사이트에 작성해야 하는 보도자료 관련 용어를 검색해 비슷한 유형의 기사를 참고해 작성한다. 잘 쓴 신문기사를 직접 쓰고 베끼는 것과 같은 방식이다.

홍보담당자의 역량에 따라 여러 단계가 있겠지만 보도자료를 신속하게 작성하는 단계는 테크니션 1단계라고 보면 된다. 하지만 이런 방식으로만 보도자료를 작성하면 쉽게 보도자료를 쓸 수는 있겠지만 작성 능력은 크게 향상되지 않는다. 또한 참고할 기사가 없는 경우에는 작성하기도 쉽지 않다.

그리고 시간이 되고 여력이 된다면 자사에서 배포한 보도자료 외에 타사에서 배포한 보도자료와 보도기사를 카테고리별로 정리해 DB화 해놓고 보도자료를 쓸 때 참고하는 것도 좋다. 보도자료는 기사체를 참고로 하는 것이므로 기사 종류별로 정리해보자. 물론 요즘에는 인터넷에 검색하면 어지간한 건 다 나오지만 그래도 평소 자기 입맛에 맞는 자료를 정리해 놓으면 편하다. 보도자료 형식 외에도 좋은 콘텐츠를 많이 알고 있는 것도 큰 도움이 되므로 평소 좋은 글을 많이 읽고 잘 쓴 글을 자주 읽는 습관을 들이도록 하자.

【기사 종류】

- 스트레이트 뉴스용
- 기획 · 해설 기사용
  - 뉴스 뒤의 뉴스(긍정적 뒷담화)
  - 보도 추진 배경을 설명하는 자료
  - 기승전결 기법으로 작성하는 정삼각형 스타일
- 피처 기사용
  - 감정과 감성에 호소, 눈물과 웃음을 주는 감동적인 스토리 중심
  - 주인공이 등장해야 하며, 증언과 체험 등 에피소드 위주로 작성. 박진감 넘치는 사건 스타일
- 캡션 기사용
  - 사진을 사용하여 비주얼을 강조하면서 의도하는 메시지 전달
  - 창의적인 연출 사진, 글 구성은 5W1H로 간단하게 요약

애드버토리얼을 활용하라

최근 언론홍보의 큰 변화 중 하나는 지면을 산다(buying)는 것이다. 독자 입장에서 보면 신문과 잡지 그리고 방송 등에서 때때로 홍보성 기사를 볼 수 있다. 누가 봐도 십중팔구 홍보성 기사인 것도 있고 심증은 가는데 물증이 없는 아리송한 기사도 있다. 합법적이면서 세련되게 쓴 홍보성 기사인 애드버토리얼(advertorial)이다. 애드버토리얼은 광고(advertisement)와 편집기사(editorial)의 합성어로 기사 속에 광고주에게 유리한 내용을 포함한 광고성 기사다.

신문을 기준으로 보면 1면 외에 정치, 사회, 경제면이 대부분의 지면을 차지하고 있지만 마니아 독자층이 있는 레저나 생활, 문화 등 읽을거리가 많은 정보성 기사도 중요성이 높아지고 있다. 흔히 볼 수 있는 것이 주요 일간지의 섹션 특집이고 주로 잡지에서 깊이 있는 기사를 다룰 때 보이는 형식이다.

매체에 따라 운영 방식도 다르고 광고 금액은 발행부수에 따라 매체별로 차이가 있다. 물론 본지에 기사가 배정될 경우에는 광고비가 뛴다. 언론 보도만으로는 아쉽고 그렇다고 광고를 집행하기에는 예산 부담이 되기 때문에 기업마다 다양한 애드버토리얼을 활용하고 있다.

하지만 애드버토리얼이라고 해서 기업에서 제공하는 대로 기사를 써 주지는 않는다. 기업에서 기획해서 자료를 제공해야 하는데, 사진은 물론 그래픽 자료까지 자료가 탄탄할수록 좋다.

일간지 외에 통신사도 애드버토리얼이 가능하다. 쉽게 말해 홍보를 대행하는 서비스인데, 1회당 금액이 정해져 있지만 패키지 등 연간 계약을 하면 할인이 가능하다. 종류는 보도자료 원문 배포 서비스와 사진 전송(단순 전송, 현장 취재 후 전송)으로 나뉜다. 원문 배포 서비스는 보도자료를 주요 언론사와 포털 사이트에 배포해 준다. 평소 기자들과 관계를 맺는 홍보담당자들이 포진해 있는 기업체라면 관계없겠지만 예산이 많지 않거나 언론홍보담당자가 별도로 없는 기업에서 중요한 홍보를 진행할 경우 활용해보는 것도 좋다.

제목은 보도자료의 얼굴이다

보도자료의 제목은 신문기사 제목과 TV 뉴스 자막처럼 핵심이 무엇인지 금세 알 수 있어야 한다. 내용과 관계없는 '낚시용' 제목을 붙이지 말고 기자가 보도자료를 읽고 싶은 마음이 들도록 붙여야 한다. 어떤 이는 제목은 명쾌해야 하므로 가능한 한 조사를 쓰지 말고 명사형으로 작성하라고 조언하기도 한다.

기자들은 보도자료 제목을 보고 본문을 읽을지 말지 판단하고 첫 문장을 읽고 기사로 쓸지 말지 결정한다고 한다. 특히 방송기자들에게는 제목 외에 그림(영상)이 있는지 없는지도 중요한 판단 기준이 된다. 방송기자들은 그림이 가진 뉴스로서의 가치와 완성도에 따라 메인뉴스인지 단신뉴스인지 또는 아침뉴스인지 저녁뉴스인지 판단한다.

신문은 물론 방송에서 제목의 역할은 독자와 시청자의 이목을 끄는 것인데 뉴스의 제목을 훑어보다가 제목이 끌리는 기사부터 읽게 된다. 결론적으로 신문기사나 방송뉴스가 되기 위해서는 보도자료 제목을 잘 뽑아야 한다는 얘기다.

과연 제목을 잘 뽑는 노하우는 있을까? 짧아야 할까? 길어야 할까? 언론사는 기자들로 하여금 간략하게 제목을 붙이도록 하고 있다. 한 글자가 2byte, 띄어쓰기는 1byte이므로 최대 15자를 넘지 않는 게 좋다고 한다. 제목이 너무 길면 한눈에 들어오지 않아 전달력이 떨어지기 때문이다.

아무리 좋은 기사라 하더라도 제목이 눈에 띄지 않으면 그 기사는 파묻히고 만다. 흔히 언론을 제목 장사라고 한다. 그래서 제목만 전문적으로 뽑는 카피라이터를 편집부에 배치하는 언론사도 있다. 기자가 보도자료 제목을 읽었을 때 한눈에 무슨 뜻인지 알 수 없거나, 읽고 싶은 생각이 들지 않으면 보도자료는 바로 삭제될 가능성이 높다. 기자들은 제목이 시원찮으면 내용도 신통치 않다고 생각하기 때문이다.

외국 조사에 의하면 기자들이 보도자료를 훑어보는 데 보통 5초 정도 걸린다고 한다. 제목만 보면 1~2초 정도 걸린다고 봤을 때 결국 뉴스가 될 것 같은 보도자료만 읽는다는 얘기다. 본문까지 읽어볼지 여부를 결정하는 것이 바로 보도자료 제목이므로 홍보담당자들은 기자들이 제목만 보고도 전체 내용을 단번에 이해할 수 있도록 신경을 써서 제목을 정해야 한다.

신문사의 경우, 기자가 가제목을 붙인 기사를 넘기면 데스크가 수정한 뒤에 기사를 편집부로 넘긴다. 기사 제목은 편집부에서 편집 전문기자가 붙이기도 한다. 편집자는 넘겨받은 제목이 그럴 듯 하거나, 기사를 읽었을 때 좋은 제목이 떠오르면 기사를 큼지막하게 키우지만 가제목이 마음에 안 들고 섹시한 제목도 떠오르지 않으면 기사 크기를 줄인다. 기사를 키워도 제목이 주목을 끌지 못하면 독자들이 읽지 않을 것이라고 판단하는 것이다. 그래서 보도자료에서 제목이 가장 중요하다고 하는 것이다.

인터넷 매체는 포털 사이트를 통해 뉴스가 노출되는 횟수가 많기 때문에 제목이 특히 중요하다. 인터넷과 모바일의 발달로 공중들은 제목을 먼저 보고 클릭을 하기 때문에 포털 사이트에서는 피싱이나 어뷰징 등 클릭을 유도하기 위해 후크성 제목을 선정적으로 붙이는 부작용도 있다. 제목이나 본문에 키워드로 검색될 수 있도록 유명 연예인이나 화제가 되는 인물의 이름을 넣거나 미녀, 얼짱 등의 단어를 넣는 경우도 있다고 한다.

하지만 기사를 클릭해보면 연예인과는 아무 연관이 없고, 미인은

커녕 여자 관련 뉴스조차 아닌 경우도 있다. 전형적인 낚시성 기사다. 이런 기사는 기자는 물론 언론사 자체를 독자로부터 멀어지게 할 수 있다. 당연히 홍보담당자들도 기자를 낚기(?)위해 낚시성 제목을 붙여서는 절대 안 된다.

좋은 제목의 공통점은 3가지 정도다. 첫째, 단순명쾌하고 한번에 이해할 수 있어야 한다. 보통 신문의 제목은 9~15자 정도라고 한다. 신문의 경우 제목을 줄이기 어려우면 제목은 놔두고 활자의 크기를 줄인다. 작은 활자로 된 긴 제목의 기사보다는 큰 활자로 인쇄된 짧은 제목의 기사에 독자들은 더 눈길이 가게 마련이다. 결국 기사의 중요도는 제목의 크기가 결정한다는 얘기다. 보도자료의 제목을 짧고 간결하게 짓는 요령을 익히려면 신문의 제목을 늘 주의깊게 살펴보는 버릇을 들여야 한다. 보도자료를 작성하는 홍보담당자가 제목을 짓는 것과 기자가 제목을 짓는 것은 결국 같은 일이기 때문이다.

둘째, 제목이 궁금증을 유발하도록 해야 한다. 제목이 보도자료의 내용 전체를 담고 있지는 않아도 호기심을 불러일으키거나 읽고 나면 뭔가 소득이 있다고 생각될 경우도 기자의 관심을 끌 수 있다.

'○○○직원들이 통영으로 간 까닭은?'이라는 보도자료 제목이 있다고 치자. 제목에 보도자료 내용이 전부 들어있지 않아도 호기심을 불러일으킬 수 있다. 왜 갔을지 독자들이 궁금해 할 수도 있고 비교적 클릭이 쉬운 인터넷뉴스에서는 이런 기사에 대한 열독률이 높다.

셋째, 구체적이어야 한다. 가령 ○○그룹이 10년 후 비전을 발표한다고 했을 때 '○○그룹, 2030 비전 발표'라고 하는 것보다 '○○그룹, 2030년 매출 100조 달성'이라고 하는 것이 훨씬 낫다. 제목이 구체적이기 때문이다.

매번 보도자료 제목을 잘 지을 수는 없다. 보도자료 제목을 잘 지으려면 어떻게 해야 할까? 제목이 잘 떠오르지 않는데 억지로 제목을 붙이고 제목에 맞춰 보도자료를 쓰다 보면 글이 꼬일 수도 있다. 제목이 잘 떠오르지 않으면 먼저 보도자료를 작성하고 나서 나중에 제목을 붙여도 된다.

일반적으로 정보를 모아 글의 기본적인 계획을 수립한 뒤 제목을 붙이고 후에 보도자료를 작성한다. 제목이 떠오르지 않으면 몇 가지를 만들어 팀 동료들과 공유한 뒤 정하는 방법도 있다. 여러 사람의 의견이 모아질수록 더 좋은 제목이 떠오를 수도 있다.

기자들은 '섹시한' 아이템을 찾는데 '섹시하다는 말은 기사 내용도 중요하지만 제목에도 적용된다. 보도자료 역시 제목이든 내용이든 매력적이어야 기자들에게 선택받을 수 있다.

보도자료 제목 뽑는 요령

- 사실을 기반으로 핵심을 담는다.
- 짧고 명쾌해야 한다.
- 호기심을 유발해야 한다.
- 구체적이어야 한다.
- 의성어, 의태어를 활용한다.
- 댓구를 맞춰 운율을 강조한다.
- 최신 유행어를 활용한다.

「국민일보」 2016. 6. 21(토)

보도자료는 역피라미드 형식으로 써라

보도자료는 제목 외에 전문(lead)과 본문(body)으로 구성되어 있다. 전문이란, 보도자료 전체 내용을 함축적으로 표현한 첫 문장이다. 전문만 읽더라도 보도자료의 전체 내용을 알 수 있도록 써야 한다고 하는데, 홍보 주니어들에게는 말처럼 쉽지 않다. 그리고 본문은 사실 중심으로 역피라미드(두괄식) 구조로 작성하고 중요한 순서대로 써야 한다.

보도자료는 어떤 사건에 대한 설명이므로 기사체인 역피라미드 형식으로 쓰는 것이 유리하다. 데스크나 편집부 기자는 기사가 정해진 지면보다 길 경우 뒤부터 자른다. 그런데 중요한 내용이 기사 뒷부분에 있다면 결국 본 기사에서 중요한 내용이 누락되게 된다. 보도자료를 역피라미드로 작성해야 하는 이유가 여기에 있다.

홍보 주니어들이 보도자료와 관련해서 가장 많이 듣는 말이 '역피라미드 형식으로 쓰라'는 말일 것이다. 역피라미드 형식은 전달하고자 하는 핵심 내용을 먼저 전달하고 핵심 내용에 대한 설명을 순서대로 밝힌 글이다. 특히 사건을 보도하는 일반적인 뉴스 기사는 모두 역피라미드 형식이다.

홍보 주니어들은 왜 '역피라미드'로 써야 하는가? 하는 의문이 들 것이다. 신문기사를 읽어보면 알겠지만 사건을 알리는 뉴스기사는 모두 역피라미드 형식이다. 흔히 보도자료로 많이 작성하는 신제품 출시나 혁신적인 기술 개발 등 대부분의 콘텐츠들은 '사건'에 가깝기 때문에 역피라미드 형식으로 쓰인 것을 알 수 있을 것이다.

반면 인터뷰 기사를 포함한 박스기사나 기획기사는 역피라미드 형식도 있고 중간이나 마지막에 핵심 내용이 나오는 피라미드 형식도 있다. 피라미드 형식은 서론-본론-결론이나 기-승-전-결 형태로 끝에 결론이 나오는 글이다.

결국 보도자료를 쉽게 작성하는 방법은 필요한 모든 것을 나열하는 것이 아니라 핵심 정보부터 중요한 내용을 나열하면 된다. 무엇을 취하고 무엇을 버릴 것인지 우선순위를 고민해야 한다. 분량이 많은 경우에는 중간 제목을 달아주는 것도 기자들의 가독성을 높이는 데 도움이 된다.

뉴스 가치가 아주 높지 않더라도 스토리를 발굴하고 사진을 첨부해서 보도자료를 잘 만들어 배포하면 몇 개 매체에는 기사가 날 수 있다. 스토리가 재미 있으면 분량에 대한 제한이 없는 인터넷 매체에는 크게 보도될 수 있다.

아래 보도자료는 첫 문장에 핵심 내용이 거의 다 나온다. 장애인축구발전기금을 누가, 언제, 얼마를 전달했는지 나오고 이어 두 번째 단락에 기금을 어떻게 모았는지 전달하게 된 배경 등에 대해 설명하고 있다. 아래 단락으로 내려갈수록 중요도가 덜한 내용이다. 뒷부분은 굳이 잘려나가도 의미 전달에는 큰 무리가 없다.

「조선일보」 2014. 4. 18(금)

[보도자료 예시]

LIG그룹, 대한장애인축구협회에 장애인축구발전기금 전달

- LIG그룹 임직원들의 적극 참여로 총 1억 2천 7백만원 성금 모아
- 대한장애인축구협회와 장애인들의 사회 참여 및 스포츠 활성화에 기여

(주)LIG(www.ligcorp.com)는 대한장애인축구협회(http://kofad.kosad.kr/)를 방문, 장애인축구발전 기금 1억여 원을 전달했다고 24일 밝혔다.

이번 장애인축구발전기금은 총 127,540,000 원으로 지주사를 비롯해 넥스원 등 각 계열사의 3천 3백여 명 임직원이 동참하여 만들어낸 희망기금이다.

대한장애인축구협회는 2007년 창립된 이후 뇌성, 시각, 지적 청각장애인 단체별 축구를 조직적으로 발전시켜 왔으며 체육활동을 통한 장애인들의 적극적인 사회 참여는 물론 일반인들의 장애인 스포츠에 대한 인식을 개선하는 데 앞장서 왔다. LIG그룹은 2007년부터 장애인축구협회 후원 및 친선경기를 통해 인연을 맺어왔는데 2012년 구본상 부회장이 2대 협회장에 취임하면서 그 사이는 더욱 각별해졌다.

그동안 LIG그룹은 전국장애인축구선수권대회 후원은 물론 네덜란드에서 열린 뇌성마비장애인축구 세계선수권대회 지원하는 등 지속적으로 후원해 왔다. LIG그룹은 대한장애인축구협회의 '축구공 속에는 꿈이 가득하다'는 슬로건에 동참하고 후원 및 친선경기 등 적극적인 교류를 통해 기업의 사회적 책임과 의무를 다하기 위해 노력하고 있다. …(이하생략)

보도자료 작성은 5W1H가 기본이다

　보도자료는 '5W1H'를 기본으로 주제를 앞에 내세우는 두괄식으로 작성하는 게 좋다고 했다. 홍보담당자는 대부분 5W1H를 보도자료 작성의 기본으로 알고 있다. 보도자료를 신문기사와 똑같이 작성할 수는 없다. 언론사마다 기준이 다르고 기자마다 취향이 다르기 때문이다. 그리고 신문기사처럼 작성하지 않아도 된다. 기자의 몫을 남겨 놓아야 하기 때문이다.

　홍보 전문가들은 보도자료가 크든 작든 일단 기사화되면 어지간한 광고보다 효과가 크다고 말한다. 그래서 보도자료는 기사화될 수 있도록 작성해야 하고 맞춤법은 물론이고 내용이 부정확하거나 과장되어서는 안 된다.

　앞에서도 언급했지만 보도자료는 기사체를 흉내낸 글이다. 신문기사는 기자가 작성하지만 보도자료는 홍보담당자가 작성했다는 차이뿐이다. 기사체는 기본적으로 육하원칙에 따라 쓴 글이다. 기사는커녕 글쓰기 훈련이 되어 있지 않은 사람들은 육하원칙대로 쓰는 것이 쉽지 않다. 따라서 홍보 주니어를 비롯해 홍보담당자가 보도자료를 쓴 뒤에는 육하원칙에 따라 작성되었는지 점검해야 한다.

　보도자료를 작성한 뒤 육하원칙에 해당하는 정보들을 제대로 반영되었는지 검토하는 것이 귀찮을 수도 있지만 사실 매우 중요한 일이다. 기자가 크게 손보지 않고 기사를 쓸 수 있도록 보도자료의 완성도를 끌어올리는 것은 홍보담당자의 역량과 평판에 큰 영향을 미친다는 것을 명심해야 한다. 보도자료가 홍보담당자의 역량에 따라 다소 차이가 있을 수는 있지만 '기자나 편집부에서 잘 정리해주겠지'하고 생각하고 대충 써서 보내는 홍보담당자는 없어야 한다.

기본적인 형식조차 갖추고 있지 않은 보도자료를 자꾸 보내면 휴지통으로 가는 것은 물론이고 향후 그 회사에서 보낸 보도자료는 읽히지도 못하고 삭제될 가능성이 높다.

보도자료를 보내고 난 뒤에 내용이 틀려 이메일 앞머리에 '[수정]'이라고 붙인 보도자료를 다시 보내는 기업도 있다. 절대 그런 일은 없어야 하겠지만 홍보를 하다 보면 자의든 타의든 몇 년에 한 번쯤 그런 일이 발생할 수도 있다. 하지만 1년에 몇 번씩 그런 일이 발생하면 그 기업과 홍보담당자는 기자들에게 요주의 인물 혹은 기피대상이 될 수 있다. 언제 오보가 날지 모르기 때문이다.

가능하면 보도자료를 작성하고 나서 다른 사람과 공유하고 시간이 지난 뒤에 다시 읽어보는 등 검증 작업을 거친 뒤 배포하는 것이 좋다. 보도자료에 등장하는 경영진을 비롯한 임직원들의 이름은 물론이고 맞춤법이나 외래어 표기 등도 주의해야 한다.

보도자료는 눈으로 읽는 것보다 소리 내어 읽어보라고 한다. 주어와 술어 관계 등 문맥 파악도 용이하다. 보도자료도 글이다. 고치면 고칠수록 좋아진다.

보도자료, 첫 문장이 중요하다

　보도자료는 제목이 중요하다. 그다음은 리드(lead)다. 리드는 기사의 첫 문장을 말한다. 뉴스의 리드는 제목만큼이나 중요하다. 홍보맨들은 신문을 볼 때 기업 관련 뉴스를 제외하고는 기사 제목과 첫 문장만 보고 기사를 계속 읽을지 결정한다.
　기자도 마찬가지다. 보도자료 제목하고 리드만 읽어보았는데 내용이 별로거나 무슨 내용인지 알 수 없다면 읽지 않는다. 따라서 보도자료 첫 문장에 전체 내용이 쉽게 전달되도록 작성해야 한다.
　리드를 쓸 때 잊지 말아야 할 것은 발표 내용이 왜 중요한지 강조하는 것이다. 첫 문장 하나에 사실도 요약하고 의미까지 강조한다는 게 쉽지 않다면 둘째 문장쯤에서 사건의 의미와 중요성을 짚어 주는 게 좋다. 보도자료는 정보의 전달도 중요하지만 주변 사람들이 왜 관심을 가져야 하는지에 대해서도 충분한 설명이 있어야 한다.
　기자들은 리드에 아래의 내용을 가급적 담도록 교육을 받는다고 한다. 첫째, 독자와 관련된 기사라는 것, 둘째, 중요한 기사라는 것, 셋째, 가장 놀랄 만한 내용이라는 것, 넷째, 내용을 한눈에 파악할 수 있을 것 등이다. 이는 보도자료를 작성하는 홍보 주니어들도 명심해야 할 것이다. 또한 리드는 고치고 또 고치라고 교육한다.
　보도자료를 쓰다 보면 첫 문장이 잘 떠오르지 않아 전혀 진도가 나가지 않는 경우가 많다. 이럴 경우에는 첫 문장에 너무 고민하지 말고 일단 글을 처음부터 끝까지 쓰고 난 뒤 리드를 고치는 것도 방법이다.
　리드는 전체 내용을 함축적으로 보여주고 뒤에 이어지는 문장에서 리드에서 언급한 내용을 중요한 순서대로 설명해 주면 된다. 두괄식으로 작성되는 보도자료에서 첫 문장이 중요하다는 것을 절대 잊어서는 안된다.

좋은 아이템은 다양한 정보에서 나온다

　홍보담당자가 관련 분야에 대해 전문가 수준의 지식을 갖고 있다면 좋겠지만 반드시 그럴 필요는 없다. 언론홍보에서 중요한 것은 언론감각이다. 전문적 지식을 언론감각으로 재해석해서 기자들에게 창의적인 메시지를 전달하는 능력이다. 그렇다면 언론감각과 창의력은 어떻게 가질 수 있을까? 필자가 생각하는 언론감각은 평소 기자와의 만남과 신문기사나 방송뉴스 모니터링을 통해 형성된다고 생각한다. 보도자료의 첫 번째 고객은 기자이고 그 기자를 설득시키는 것이 중요하다. 결국 끊임없이 기자를 만나고, 지속적으로 신문과 방송 모니터링을 하는 것이 기사화 성공의 지름길이다.

　제품이든 서비스든 홍보를 하려면 해당 아이템에 대해 많은 연구를 해야 한다. 개발자 인터뷰를 통해 관련 기술을 이해하는 것은 물론 개발 스토리를 찾아내야 하고, 마케팅 담당자에게는 어떤 관점에서 고객들에게 어필할 것인지, 그리고 그 제품이 고객들의 생활에 어떤 영향을 미치는지도 예측해야 한다. 기자들이 홍보담당자가 갖고 있지 못한 각도에서 아이템을 바라보듯이 홍보담당자 역시 개발자나 영업 책임자들이 보지 못하는 앵글을 찾아낼 수 있어야 하므로 가능한 많은 자료를 확보하는 것이 좋다.

　전문자료를 확보한 다음에 해야 할 일은 인터넷 등을 통해 일반적인 정보를 수집하는 것이다. 전문자료는 기업의 입장이고 일반 대중들이 제품을 구입하도록 하려면 전문자료를 일반적인 정보와 결합시켜 고객에 맞는 메시지를 개발해야 한다. 그 과정에서 종합지가 적합한지, 경제지에 적합한지도 찾아낼 수 있고 어떻게 홍보할 것인지에 대한 방법도 함께 찾아낼 수 있다.

아웃도어 브랜드 네파는 창의적인 홍보를 통해 화제 뉴스를 만들어내 언론에 등장했다. 지난 2015년 7월 북한의 목함지뢰 사건이 벌어지자 남북 간 군사 대치 상황에서 전역을 앞둔 장병들이 전역을 연기했다. 이후 많은 장병들이 전역을 연기하는 상황에서 네파는 '따뜻한 세상' 100일 캠페인을 통해 사회에 귀감이 되는 인물을 하루 한 명씩 총 100명을 선정해 파팅 점퍼를 증정하기로 했다. 네파 대표가 캠페인 1호 주인공에게 자사의 점퍼를 입혀주는 사진은 주요 매체에 보도가 되었다. 이 캠페인은 기업의 상술이라는 비판도 있었지만 국가적 위기와 적절히 연결시켜 이벤트를 추진함으로써 언론으로부터 대단한 관심을 끌어내는 데 성공했다. 사회적인 상황과 대중의 정서를 잘 읽어낸 창의적인 아이디어라고 할 수 있다.

좋은 아이디어는 다양한 정보를 수집하고 그 정보를 분석하고 토론하는 과정에서 나온다고 했다. 때로는 아이디어가 좋다고 생각했는데 언론이 원하는 아이템이 아닐 수도 있고, 큰 기대를 하지 않았는데도 언론에 크게 보도되기도 한다. 당장 아이디어가 떠오르지 않더라도 조급해하지 말고 다른 방향이나 한 단계 밖에서 접근해보는 것도 방법이다.

일단 보도자료 초안이 잡히면 팀 동료들과 회람을 통해 의견을 수렴해보고 홍보와 무관한 주변 사람들의 반응도 들어보는 것이 좋고 친분 있는 기자에게 직접 문의하는 것도 방법이다. 한 가지 명심해야 할 것은 영웅심에 혼자서 해보려고 아이템을 갖고 있다가 골든타임을 놓치는 우를 범해서는 안 된다는 것이다.

전역 연기 1호 전문균·주찬준씨 네파 '따뜻한 패딩' 1호 주인공

지난달 남북 간 군사 대치 상황에서 처음으로 전역 연기를 자원했던 전문균(22)·주찬준(22)씨가 '따뜻한 패딩' 1호로 선정됐다. 사회를 따뜻하게 덥혀준 미담의 주인공에게 패딩 점퍼를 전달하는 '따뜻한 세상' 100일 캠페인의 첫 대상자다. 아웃도어 브랜드 네파가 7일 시작했다. 두 사람은 지난달 25일 강원도 화천군 육군 7사단 예하 부대를 전역할 예정이었다. 하지만 북한의 목함 지뢰 도발이 벌어지자 자진해서 부대에 남겠다는 뜻을 밝혔다. 이후 많은 장병들이 이들처럼 전역을 연기했다. (본지 8월 24일자 6면)

네파는 캠페인 사이트(warmpadding.kr)를 통해 미담 사례를 모으고, 소비자 투표를 통해 추가 대상자를 선정할 예정이다.

구희령 기자 healing@joongang.co.kr

「중앙일보」 2015. 9. 8(월)

스토리텔링형 보도자료를 써라

주니어들이 보도자료를 작성하면 선배들은 '하고 싶은 얘기가 뭐냐?'고 묻고, 작성한 보도자료를 기자들에게 배포하면 '야마가 뭐죠?'라고 묻는다. 그 얘기와 야마가 '스토리'의 다른 이름이라는 걸 빨리 알아차려야 한다.

언제부터 스토리를 강조했는지는 모르겠지만 언론홍보에서 스토리는 분명 중요한 소재이면서 무기다. 그 스토리를 활용한 스토리텔링 홍보가 유행한 지 오래다. 알리고자 하는 스토리를 이야기체로 설득력 있게 전달하는 것이 스토리텔링이다.

스토리텔링의 소재는 어떤 것들이 있을까? 보통 인물 인터뷰에서 스토리가 많이 공개되지만 스토리의 소재는 무궁무진하다. 아는 만큼

「경향신문」 2015. 5. 26(목)

보이기 마련이다. 신문기사를 읽거나 방송뉴스를 볼 때, 기자들과 만나 얘기할 때는 물론 일상생활에서 스토리를 발굴하는 훈련을 해보자.

예를 들어 신제품을 개발했을 경우, 그 제품을 개발하기까지의 역사라든지, 개발 배경, 그리고 그 제품을 개발한 인물, 그 제품을 주로 사용할 타깃, 그리고 그 제품으로 인해 일어난 일화를 발굴해 스토리를 구체화하는 것이다.

스토리가 있으면 일반 보도자료 외에도 칼럼이나 박스기사, 인물 인터뷰 등 다양한 형식으로 다양한 지면에 노출될 수 있다는 장점이 있다.

기자 입장에서 작성하라

　미국의 3대 대통령을 지낸 토머스 제퍼슨은 "모든 재능 중에서도 으뜸은 한 단어로 족할 것을 두 단어로 말하지 않는 재능이다."라고 말했다. 이 말은 홍보담당자들이 보도자료를 쓰기 전에 한 번쯤 새겨봐도 좋을 말이다.

　홍보 주니어들이 보도자료를 작성할 때 흔히 하는 실수가 기업의 입장에서 쓰는 것이다. 홍보하려는 회사 얘기에만 사로잡혀 기자의 입장을 이해하지 못하고 독자에게 중요한 정보가 무엇인지 생각하지 못하는 경우가 많다. 기자의 입장이 되지 못하는 것이 주니어들이 보도자료 작성을 어려워하는 큰 이유 중 하나다. '기자의 입장에서 쓴다'는 것은 발표자의 관점에서 벗어나야 한다는 것이다. 언론이 당연히 우리 기업 뉴스에 관심을 가질 것이라고 생각한다. 하지만 보도자료를 몇 번 배포하다 보면 기사화시키는 것이 얼마나 어려운지 실감하게 된다.

　국내에는 수많은 기업과 기관이 있다. 서로가 지면을 놓고 다투는 경쟁자다. 보도자료를 발표하는 기업은 많은데 언론이 관심을 가질 만한 기업은 손에 꼽는다. 그 기업이 큰 광고주라는 이유 외에도 발표하는 뉴스가 국민 입장에서도 관심을 가질 만한 중요한 정보를 담고 있기 때문이다.

　'보도자료를 통해 무엇을 얘기하려고 하는지', '대중의 생활과 어떤 연관이 있고, 어떤 영향을 미칠 것인지' 등에 대한 질문에 답할 수 있도록 작성해야 한다. 더구나 그런 질문과 답변에 대해 자문하면서 쉽게 쓰라고 하니 주니어들은 죽을 맛이다. 사실 시니어들도 말은 쉽게 하지만 막상 쓰라고 하면 막막한 것은 주니어들과 다르지 않을 것이다.

기업에서 경영진이 주관하는 행사를 홍보한다고 치자. 대부분 행사 개요와 순서를 요약해서 사진과 함께 보도자료를 발표한다. 이런 일상적인 보도자료는 언론에서 가장 꺼리는 아이템 중 하나다. 왜냐하면 이런 행사가 하루에도 수십 건이 열리고 보도자료로 쏟아지기 때문이다.

행사를 직접 주관하는 업무 담당자 입장에서는 홍보보다는 행사만 무사히 끝내면 그만이다. 하지만 홍보담당자 입장에서는 기업 홍보에 좋은 아이템이 될 수도 있기 때문에 행사에서 흥미롭거나 중요한 가치를 담아내려고 한다.

우리가 "이런 행사를 했으니 보도해 주세요"가 아니라 '독자들이 관심을 가질 만한 내용'을 행사 안에 포함시켜 보도자료를 만들어야 한다. 기자 입장에서 행사를 홍보할 예정이라면 기획 단계에서부터 홍보담당자가 포함되어야 하는 이유다.

고위 관계자의 코멘트를 붙여라

뉴스는 물론이고 보도자료 역시 팩트(fact), 즉 신뢰성이 생명이다. 그 신뢰성을 높이는 방법 중 하나가 보도자료에 주요 인물의 코멘트를 덧붙이는 것이다. 보통 보도자료 중간이나 끝부분에 큰 따옴표(" ")를 활용하여 대표나, 해당 임직원 등이 직접 한 말을 덧붙이면 기자는 그 말을 인용해 기사화할 수 있다. 기사를 읽은 독자들은 기자가 직접 취재를 통해 확인해서 보도된 것이라고 생각하고 '누가 그랬다카더라'면서 주위 사람들에게 전파하게 된다.

반면 ○○○ 관계자라는 용어를 쓰면 신뢰성이 떨어진다. 취재원을 밝힐 수 없는 특수한 상황 말고는 실명을 밝히는 경우가 대부분이다. 그리고 코멘트를 붙일 때 그 인물이 관련 분야 전문가여야 하며 보도자료에서 말하고자 하는 뉴스의 의미와 향후 전망을 밝히는 것이 좋다.

기업에서 배포하는 보도자료에는 뉴스의 신뢰 외에 무게감을 위해 대부분 CEO 이름으로 코멘트를 단다. 보도자료에 코멘트를 붙이면 기자도 편하게 기사를 쓸 수 있다. 특히 중요한 보도자료인데 CEO 코멘트가 없다면 몇몇 기자들이 전화를 할 것이다. 보도자료에 CEO 코멘트를 붙여놓으면 기자들도 CEO를 인터뷰한 것처럼 기사를 쓸 수 있다.

보도자료 끝에 회사 소개를 하라

보도자료가 기사와 다른 점은 보도자료 앞부분에 보도자료를 배포하는 기업의 홍보담당자 연락처가 있고 신문기사나 방송뉴스는 보도하는 기자의 바이라인(by line)이 있다는 것이다. 그리고 보도시간이 짧은 방송뉴스나 지면이 제한되어 있는 신문기사에는 보도자료를 배포한 회사 소개 내용이 없지만 보도자료에는 보도자료를 배포하는 회사를 소개하는 내용이 붙어 있다. 삼성이나 현대자동차, LG 등은 굳이 소개하지 않아도 기자들이 잘 알겠지만 중견기업이나 스타트업 기업들은 기자들이 모르는 경우가 대부분이다. 보도자료 끝에 회사를 소개하는 단락을 덧붙이는 것도 좋은 방법이다.

그렇다면 보도자료 뒤에 회사 소개를 붙이는 이유가 무엇일까? 첫째, 기자가 그 회사를 모를 수도 있기 때문에 회사에 대한 정보를 제공하는 것이다. 회사 정보를 제공하면 보도자료의 신뢰성을 높여 자연스레 보도 확률도 높아진다.

둘째, 보도자료를 이해하는 데 도움이 된다. 기자들은 기업에서 발표한 보도자료만 가지고 기사를 쓰지 않지만 보도자료 내용만으로 뉴스를 완벽하게 이해하기 어려울 수 있다. 회사에 대한 기본적인 정보를 참고해서 기자가 필요한 내용을 추가해서 기사를 작성할 수 있도록 도와준다.

회사 소개 글은 5~6줄 정도로 작성하는 것이 좋다. 회사가 언제 생겼는지, 대표는 누구인지, 주요 생산제품이나 서비스 품목은 무엇인지, 직원들은 몇 명인지, 자본금은 얼마인지, 최근 매출 실적은 어떤지, 상장은 했는지, 업계에서의 위치는 어떻게 되는지, 본사나 공장은 어디에 있는지 등등을 정리하면 된다. 회사 소개는 장황하게 쓰기보다는 객관적 사실을 있는 그대로 일목요연하게 정리하면 된다.

회사 소개글을 쓰면서 브로셔나 홈페이지에 있는 글을 구구절절 다 쓸 필요는 없다. 회사 소개 글은 핵심적인 사실만을 정확히 전달해야 한다. 꼭 필요한 최소한의 정보만 남기고 홈페이지 주소를 남기면 된다. 그리고 보도자료의 연장이므로 '~입니다'보다는 기사체로 쓰는 것이 좋다.

언론은 사람 이야기를 좋아한다

　기자들이 좋아하는 보도자료 아이템은 일단 새로운 내용이다. 쉽지 않겠지만 새로운 아이템으로 작성된 보도자료를 배포했을 때 보도가 용이하기 때문이다. 다음으로 독자가 좋아하고 관심을 가질 만한 정보와 뉴스인데 새로운 사람에 대한 정보다. 특히 뉴스메이커로서 성공한 CEO들의 이야기를 좋아한다. 물론 실적이 우선이겠지만 특이한 경영 스타일이나 이색적인 이력과 취미 등을 통해 기업을 간접 노출하는 것도 홍보 방법이 될 수 있다.
　경제지가 기업인으로서 성공한 CEO들에게 관심이 많다면 종합지는 범위가 더 넓다고 할 수 있다. 신문에는 뉴스보다는 사람 이야기에 특화된 사람(People) 코너가 있다. 역경을 딛고 성공했거나 그 과정과 결과가 사회의 관심을 끄는 사람, 자기희생을 통해 다른 사람들에게 감동을 주는 사람, 자기 분야에서 열심히 노력하여 최고의 기술을 개발한 사람 등 세상에 알려지지 않은 사람이야기는 끝이 없다.
　정치면이나 사회면 등에도 인물 인터뷰가 들어가기도 하지만 인물에 특화된 면을 운영한다는 것은 그만큼 사람 얘기가 뉴스로서 가치가 있다는 방증이다. 언론은 대중들에게 귀감이 되고 사회정화에 도움이 되는 뉴스를 발굴하여 세상에 알리는 역할을 하기 때문이다.
　마찬가지로 신문사 편집국장이나 방송국 보도국장이 기자에게 흔히 하는 얘기가 있다. 사람 얘기가 재미있다는 것이다. 소비자들은 대박 제품에도 관심이 많지만 그 제품을 만들어낸 사람에게도 관심을 가진다. 신문 지면 중 사람 면이 가장 열독률이 높다는 것만 봐도 알 수 있다.
　조선일보는 'People&Story', 중앙일보는 사람 '사람', 동아일보 '투데이', 한겨레 '사람', 경향 '사람과 사람', 한국경제 '사람들', 매일경제 '사람들', 서울경제 '사람&사람' 등 언론사마다 사람면이나 피플 면을 고정으로 두고 사람 얘기를 싣는다. 특히 중앙일보는 사람 면을 2페이지에 걸쳐 편집할 때도 있어 '사람' 콘텐츠에 대한 관심을 보여주고 있다.

기자들이 뉴스메이커에 관심을 가지는 것처럼 유능한 홍보담당자들도 사람을 들여다 봐야 한다. 그럼에도 불구하고 기업의 홍보담당자 대부분은 아직도 홍보 초점을 제품이나 회사에 맞추려고 한다.

제품이 대박 나고 회사 매출이 증가하더라도 결국 그 중심에는 그룹 총수든 전문경영인이든 사람이 있다. 그가 살아온 감동적인 인생에 독자들은 열광하기도 한다. 'CEO는 활동의 절반을 홍보에 써라'는 말처럼 기업 CEO는 그 자체로 브랜드라고 할 수 있다. CEO는 회사 유명 제품만큼이나 뉴스거리로 가치가 높다.

세계에서 브랜드 가치가 가장 높은 기업은 애플이다. 애플은 스티브 잡스라는 'CEO'가 있었기 때문에 세계 최고의 브랜드 이미지를 구축할 수 있었다. 광고를 거의 하지 않던 애플에 비해 스티브 잡스와 같은 CEO가 없는 코카콜라는 매년 천문학적인 액수의 광고비를 지불하면서 브랜드 가치를 유지했다고 한다.

방송 역시 인물 인터뷰나 인생 성공에 대한 뉴스가 자주 나온다. 대중들은 선행이든 악행이든 사람 이야기에 관심이 많다. 그중 따뜻한 사람들의 이야기를 '휴먼 스토리'라고 한다.

뉴스에는 선정적인 기사가 많다. 주목도가 높아 클릭률이 높기 때문일 것이다. 불구경, 싸움구경은 사람들의 눈살을 찌푸리게 하지만 관심을 끈다. 그래서인지 언론도 갈등과 사고 기사를 톱으로 많이 다룬다. 그래도 기자들은 사회 구성원들에게 감동을 줄 수 있는 감동적이며 교훈까지 줄 수 있는 아이템을 좋아한다.

취재원이 톱으로 쓸 만한 따뜻한 아이템을 제보하는 것은 기자 입장에서 정말 고마운 일이다. 하루에 보도되는 지면은 정해져 있고 그 지면을 두고 여러 기업과 단체에서 경쟁을 하기 때문에 기사를 써도 보도가 되지 않는 경우가 많다. 그런데 홍보담당자가 제보한 아이템이 면 톱을 잡았다면 기자에게는 무엇보다 큰 선물이 된다.

홍보담당자가 아이템을 발굴하고 보도자료를 작성해 기자에게 전달하고 신문이나 방송을 통해 자신이 발굴한 기사를 접하는 쾌감은 홍보담당자만이 느낄 수 있는 행복이다. '수고했다'는 말 한마디를 들으면, 힘들었던 기억들이 봄눈 녹듯 사라진다.

그렇다면 이런 휴먼 스토리는 어떻게 찾을까? 휴먼 스토리는 사람에게서 나온다. 내부 직원이든 외부 고객이든 사람을 만나야 한다. 내부 직원들과 만나고 친해지다 보면 묵묵히 자신의 일을 하는 직원들 얘기를 듣게 된다. 그 직원들에게 연구원이나 생산 현장 직원들의 얘기도 듣게 된다. 직원들은 소소하게 생각하겠지만 기자 입장에서 보면 훌륭한 홍보 아이템인 경우가 많다.

PI(President Identity)

- 기업 최고경영자와 관련된 모든 언론보도는 전략에 따라 실행된 결과다.
- CEO의 PI를 통한 브랜딩 작업이다.
- CEO에게 필요하다고 생각되는 이미지를 구축해 직원들과 고객, 그리고 국민들에게 전달한 것이다.

최고경영자 PI 전략

- 최고경영자 인터뷰는 사전 계획을 수립해라
- 명성 관리 세부 계획안 수립 및 보고
- 최고경영자 BIO 및 프로필 사진 정리
- 최고경영자의 강의, 서신 등 어록 수집
- 최고경영자 경영철학 자료화
- 결과 리뷰 및 보고
- 추가 프로그램 및 자료 개발

「조선일보」 2016. 5. 31(화)

중요한 발표는 기자회견을 하라

최고경영자 등 중요 인물을 인터뷰할 때는 보도자료를 미리 작성해야 한다. 흔히 뉴스메이커라고 하는 중요 인물의 기자회견은 기삿거리가 되기에 충분하다. 사전에 주요 내용을 내부 검토를 거쳐 정리해놓아야 한다. 기자회견에 참석하는 기자들에게 계획과 함께 요약해서 배포하면 기자회견에서 CEO가 기자들에게 하고 싶은 얘기가 무엇인지 '야마'를 알려 줄 수 있다.

기자회견은 기자들이 충분한 시간을 갖고 기사를 작성할 수 있도록 오전에 하는 것이 좋다. 기자회견을 기획할 때 주요 내용을 미리 정리하고 이를 Q&A로 만들어 두어야 한다. 오전 10시에서 11시 사이에 많이 하는데, 점심시간 끝나기 전에 기자회견 내용을 정리해 보내주면 된다. 기자들이 점심 식사를 끝낸 뒤에 회견 내용을 참고해서 기사를 마감시간 안에 끝낼 수 있어 기자들도 좋아한다. 사정이 여의치 않아 참석하지 못한 기자를 위해 기자회견 후에 기자회견 주요 내용을 전달해야 하는데 이때도 요긴하게 활용할 수 있다.

기자회견 내용을 잘 정리하는 방법 중 하나가 녹음이다. CEO 발언은 파장이 클 수 있으므로 별도로 필기도 해야 한다. 녹음된 내용을 회견 직후에 정리해서 참석한 기자는 물론 참석하지 못한 기자들에게 배포하면 기사 작성에 도움을 줄 수 있다.

기자회견에서는 기자의 질문을 정확히 파악하고 적확한 답변을 전략적으로 하는 것이 중요하다. 기업 이슈가 있다면 CEO와 사전 교감을 통해 기자회견과 관계없는 불필요한 답변을 하지 않도록 해야 한다. 자칫 기자회견과는 다른 내용으로 기사가 날 수도 있기 때문에 사전 관리를 하지 못하면 그 책임은 고스란히 홍보담당자가 지게 된다는 것을 명심해야 한다.

기업에서 중장기 비전 등 중요한 사업계획을 발표할 경우에는 대부분 최고경영자가 주관하기 때문에 효율적인 진행을 위해 기자회견에 참석하는 기자단 간사와 협의해서 매체별로 질문을 배정하기도 한다. 기자회견이 끝난 후에는 기업 특성과 CEO의 성의를 담은 선물을 제공하는 것도 좋다.

성공 스토리를 찾아라

기사는 처음에는 작은 사실에서 시작한다. 제보일 수도 있고 우연히 발견될 수도 있다. 거기서 멈추지 않고 그 사실이 일어나게 된 인과관계를 찾아보면 기사가 커질 가능성이 있다. 이 흐름이 스토리텔링이다. 홍보담당자가 취재해야 하는 영역이다. 어느 정도 관찰하고 이야기를 만들면 기사가 될 수도 있겠지만 확실히 기사가 되기 위해서는 사회적인 영향력, 즉 감동이 있어야 한다.

감동의 요소는 취재원과의 심도있는 인터뷰를 통해 깊은 속내를 알아야 얻을 수 있다. 단순한 사실 그 자체는 많다. 하지만 같은 사실이라도 홍보담당자가 어떤 관점으로 보느냐에 따라 이야기로 발전될 수 있다. 사실을 바라보는 관점이 야마다. 평소 야마를 찾는 연습을 해야 한다. 신문을 봐도 되고 기자들에게 문의해도 된다. 발굴한 사실이 훌륭한 '야마'로 인해 큰 기사가 될 수 있다. 일반 직원들이 얘깃거리를 옆에 두고도 알아차리지 못하는 것은 바로 이 야마를 모르기 때문이다.

신문은 정치면, 사회면 등 여러 면으로 구성되어 있다. 방송 역시 여러 부서에서 취재한 프로그램으로 이루어져 있다. 그럼 어떤 면에 관심이 많을까? 물론 독자에 따라 다르겠지만 언론은 성공 스토리에 관심을 갖고 비중 있게 다룬다. 성공의 주체는 사람일 수도 있고 제품일 수도 있다. 성공의 과정과 노력, 그리고 비결을 알려 주는 기사는 열독률이 높다. 이런 기사는 성공을 지향하는 현대인들의 관심을 끌기 때문에 방송 아이템으로도 인기가 높다.

성공한 사람이 현재 유명인이라면 그 재미와 주목도는 더욱 높을 것이다. 연예인이나 기업 CEO 등 뉴스메이커 등이 이런 기사의 주인공으로 자주 등장한다. 언론이 하는 일 가운데 중요한 역할이 쉽지 않은 일을 참고 견뎌내 성공한 사람들을 대중에게 소개하면서 그들을 시대의 영웅으로 만드는 일이다. 언론은 그들의 성공 스토리를 콘텐츠 삼아 뉴스로 만들어 낸다.

세계2위 방산업체 내부직원에 주는 상 국내 협력사 LIG넥스원 과장이 받아

국내 방위산업체의 영업담당 과장이 해외의 글로벌 방위산업체가 수여하는 상을 받아 화제다. LIG넥스원에서 항공·전자전(Aerospace Electronic War) 분야 영업을 담당하는 전중석 과장(32·사진)이 주인공이다. 그는 최근 세계 2위의 글로벌 방위산업체인 미국 BAE시스템스 딕 올리버 회장에게서 '2009 BAE시스템스 체어맨스 어워드 동상(Bronze)'을 받았다. BAE시스템스가 한 해 동안 가장 좋은 실적을 낸 직원에게 수여하는 이 상을 다른 회사 직원이 받은 것은 이 상이 만들어진 지 19년 만에 처음이다.

전 과장은 LIG넥스원이 비행조종컴퓨터(FLCC)와 전방시현장치(HUD)를 T-50 훈련기에 공급하면서 이 분야의 핵심 기술을 가진 BAE시스템스와 공동 사업을 벌이는 일을 2004년부터 맡았다. BAE시스템스가 LIG넥스원과 함께 한국은 물론이고 다른 나라로 진출할 수 있는 길을 열어 연간 400억 원 규모의 계약을 이끌어 내는 등 좋은 실적을 올린 게 이번 수상의 계기가 됐다는 설명이다.

전 과장은 23일 통화에서 "가끔 와서 탕수육을 사는 사람보다 자주 와서 자장면을 사먹는 사람이 되자는 마음가짐으로 적극적인 영업을 한 게 좋은 평가를 받은 것 같다"고 말했다.

김용석 기자 nex@donga.com

「동아일보」 2009. 11. 24(화)

'직원'도 좋은 뉴스거리다

　언론홍보는 하려면 제대로 해야 한다고 생각한다. 기자에게 보낸 보도자료가 기사화되어 신문에 나거나 방송에 보도되면 국민들이 보게 된다. 얘기가 안된다고 생각하는데 상사가 시켜서, 혹은 시간에 쫓겨 참고자료를 적당히 짜깁기해서 보도자료를 만들면 먼저 자기가 알고, 배포하면 기자가 알고, 운이 좋아 기사화되더라도 국민이 알게 된다. 보도자료를 만들 때는 무엇을 야마로 할 것인지, 제목은 무엇으로 할지, 방송뉴스용인지 신문기사용인지, 배포 시기는 언제가 좋을지 등에 대해 고민해야 한다.

　기자는 독자와 시청자의 눈높이에 맞춰 기사를 쓰고 뉴스를 만든다. 최초 보도자료를 만들 때 기사로서 의미가 있는지, 국민들에게 유익한 정보가 되는지, 우리 회사에 도움이 되는지 생각해야 한다. 그다음 정성을 다해 보도자료를 만들어 기자들에게 보냈을 때 기자들이 얘기가 된다고 생각하면 기사화되는 것이다.

　기업 홍보담당자들의 가장 큰 고민은 보도자료 아이템이다. 기업이나 사업부별로 사업계획을 취합해서 연간 홍보 계획도 짜고 수시로 발생하는 긍정적인 이슈도 대응해야 한다. 여기서 말하는 긍정적인 이슈는 큰 규모의 수주나 경영진을 비롯한 직원들과 관련된 뉴스다. 경영진에 대한 얘기는 별도로 하고 신입사원이나 연구원 등 직원들도 좋은 홍보 아이템이 된다.

　기업 내부에서 화젯거리를 찾기 위해서는 홍보담당자들의 노력이 가장 중요하다. 직원들이 홍보 마인드를 갖고 '우리 회사에는 이색 직원이 없을까?' 하는 생각으로 주변을 둘러보고 제보해야 한다. 회사에서 일어나고 있는 일들 중에 기사로 나갈 수 있는 일들은 의외로 많다. 홍보팀에서 직원들이 활발히 제보하도록 분위기를 만들어야 한다. 자신의 업무로 바쁜 직원들이 회사에 관심을 갖고 눈에 불을 켜고(?) 아이템을 찾도록 해야 한다. 그것도 홍보담당자의 업무 영역이고 능력이다.

직원을 홍보 아이템으로 기사화했던 사례는 많지만 필자가 자주 언급하는 사례가 하나 있다.

2009년도 11월쯤 사내게시판에 해외영업담당 전OO 과장이 세계 2위의 방산업체인 BAE Systems 회장이 수여하는 '2009 BAE Systems Chairman's Award'를 수상했다는 글이 올라왔다. 그 상이 어떤 상인지, 왜 받게 되었는지에 대한 설명은 없이 다만 축하해 달라고만 적혀 있었다.

글을 올린 직원에게 자초지종을 들어보니 그 상은 1996년부터 사내 직원들에게 수여했는데, 2009년부터 회장 지시로 외부 고객에게도 시상을 하기로 하면서 전 과장이 회장 상을 처음으로 받게 되었다는 것이다.

기사가 될 것 같은 느낌이 들어 보고를 하고 품의를 했다. 전 과장에게는 상패나 상장 같은 게 있으면 갖고 오라고 하고 그날 보도자료를 썼다. 다음 날 회사 CI 앞에서 사진을 찍은 다음 경쟁이 덜 치열한 월요일자 지면을 노려 일요일 오전에 출입기자들에게 보도자료를 배포했다.

방산업계에서는 드문 뉴스라 그런지 연합뉴스와 뉴시스 등 통신사에서 받아줬고 한국경제 등 경제지에서도 기사화됐다. 이튿날 동아일보 인물면에도 배꼽기사로 큼지막하게 보도가 되었다. 업계는 물론 사내에도 화제가 되면서 경영진에게 기사에 언급된 수상 의미와 업적 등이 보고가 되었고, 전 과장은 그해 영업 우수사원으로도 선정되어 포상도 받았다. 자칫 게시판 축하글로 묻혀버릴 수도 있는 아이템을 발굴한 탓에 회사는 물론 기업문화도 홍보하고 직원 개인에게 동기 부여를 했던 좋은 사례였다.

홍보 주니어들은 우선 사내 정보가 모이는 부서 사람들과도 친하게 지내고 회사 게시판도 자주 살필 것을 권한다. 괜찮은 홍보 아이템을 찾아 냈을 경우, 홍보팀에서 보도자료 배포를 해야할지 하지 말아야할지 결정해야 한다. 기업에서 보도자료를 내기로 한 경우에 출입기자 전체에 보도자료를 보낼 것인지, 매체 한 곳에만 자료를 전달할 것인지 결정해야 한다. 내부 검토를 거쳐 보도자료를 출입 기자들에게 보내야 한다.

모든 신문에는 '피플'이나 '사람'면이 있다. 화제가 되는 사람, 각종 동정과 부음 등이 실리는 지면이다. 그 곳에 인물 기사가 실리게 하려면 어느 기자에게 연락해야 할까? 피플이나 사람면 담당기자에게 직접 보도자료를 건네는 게 방법이다. 출입기자에게 보내면 되지만 담당기자를 소개받아도 된다. 사실 이 순서가 바뀌어도 기사가 날 확률에 큰 영향을 미치지는 않을 것이다. 하지만 출입 기자들에게 문의하지 않으면 기회도 없는 것이다.

다양한 아이템을 만들어서 출입기자든 피플담당 기자든 일단 제안하는 것이 좋다. 하지만 이 모든 지면에 기사가 전부 나갈 수도 없고 나갈 필요도 없다. 어떤 쪽을 공략하는 것이 가장 효과적일지 판단하는 것은 홍보담당자의 몫이다. A일보에는 스트레이트, B일보에는 피플 면으로 소개되는 방법도 있다. 같은 분야 기자들의 경쟁을 피하면서도 여러 매체에 홍보할 수 있는 방법이다. 지금 바로 인사팀에 문의해서 채용을 언제 진행하는지 물어보자. 최근 입사한 신입사원 중에

성적이 우수하거나 이색적인 경력 등 홍보할만한 아이템을 가진 직원을 찾아보자.

'엄지 척' 깁스한 박인비, 그래도 행복해요

인대 손상 당분간 손 못 써
6주 재활 10월 복귀 예정
1박2일 경포대 가족 여행

올림픽 끝나고 달라진 점?
아이들까지 알아보고 축하

엄지 척. 리우 올림픽에서 금메달을 따낸 '골프 여제' 박인비(28·KB금융그룹)가 엄지를 들어 보였다. 116년 만에 올림픽 정식종목으로 부활한 여자골프에서 우승한 영광, 그리고 올 시즌 내내 괴롭혔던 통증이 그의 엄지에 함께 남았다.

박인비는 29일 서울 서초구 양재동 더케이호텔에서 열린 기자회견에서 금메달을 목에 걸어 보였다. 그는 왼손 엄지에 깁스를 하고 있었다. 당분간 박인비를 필드에서 볼 수 없다는 걸 의미한다. 그는 "손상된 인대 재생을 위해서는 손을 쓰지 않는 게 가장 좋은 방법이라는 진단을 받았다. 앞으로 3주 동안 깁스를 해야 하고, 이걸 풀어도 3주 동안은 재활 치료를 받아야 한다. 그래서 다음달 중순 열리는 에비앙 챔피언십에는 출전할 수 없게 됐다"고 밝혔다.

꿈 같았던 리우 올림픽이 끝났지만 박인비는 여전히 행복해 보였다. 지난 23일 귀국한 뒤 지난 주말 강원도 경포대로 가족과 1박2일 여행을 다녀왔다. 박인비는 "올림픽 금메달을 따니 할머니나 어린이들까지 날 알아보고 축하해 줬다. 골프를 치지 않는 분들에게도 응원을 받는 게 이전과 달라진 점"이라고 말했다. 지난 25일 다른 선수들과 함께 청와대 오찬에 초청받은 것도 뜻깊은 추억이었다. 박근혜 대통령 옆자리에 앉았던 박인비는 "국민들에게 큰 희망을 줘서 고맙다는 말씀을 대통령께서 하셨다. 영화 '인천상륙작전'을 관람하고 우셨다는 등 사적인 얘기도 나눴다"고 전했다.

올림픽 얘기는 해도 해도 끝나지 않았다. 박인비는 "컨디션이 좋지 않았지만 절대 물러서고 싶지 않았다. 두려움 때문에 포기한다면 내 골프 인생을 포기하는 거라고 생각했다"고 털어놨다. 또 그는 "올림픽을 앞두고 코치가 내게 '영혼 없이 스윙한다'는 말까지 했다. 어려움이 있었지만 올림픽을 준비하는 기간이 길었던 건 다행이었다"며 "개막을 앞두고 숙소 엘리베이터에 갇혔던 일, 연습라운드에서 홀인원 한 일 이 모두 좋은 징조라고 생각했다. 남편 선배(김응진 코치)와 인연이 닿은 것도 운명적이었다"고 했다. 그는 "올림픽에서 매 라운드 18홀을 끝내고 내려올 때 '내가 할 수 있는 걸 다 했다'는 생각이 들었다. 골프 선수로서 업그레이드 된 기회"라고 덧붙였다.

올림픽 라운드를 치르는 동안 박인비는 '돌부처'라는 닉네임처럼 흔들림이 없었다. 그는 멘털의 중요성을 또 다시 강조했다. 박인비는 "골프는 정신력 50%, 기술 35%, 창의력 15%다. 정신력이 뒷받침 돼야 앞으로 어떻게 할지 방법을 찾을 수 있다. 그러나 기술이 부족하다면 정신력도 약해진다"고 털어놓았다.

메이저 4개 대회를 우승해 커리어 그랜드슬램을 달성한 박인비는 올림픽에서도 정상에 올라 '커리어 골든 슬램'을 완성했다. 올림픽 금메달은 대중에게 한 발 더 다가가는 기회가 됐다. 1998년 US여자오픈에서 박세리(39·하나금융그룹)의 '맨발 투혼'에 열광했던 이들이 '세리 키즈'로 성장했다. 박인비도 그 중 하나다. 깁스로 상징되는 박인비의 투혼은 또 다른 '인비 키즈'를 만들 전망이다. 박인비가 깁스를 하고도 환하게 웃은 이유다.

박인비가 쉬는 동안 미국여자프로골프협회(LPGA) 투어는 에리야 쭈타누깐(21·태국)과 리디아 고(19·뉴질랜드)의 양강 체제가 구축되고 있다. 쭈타누깐은 29일 끝난 캐나다여자오픈에서 시즌 5승째를 올리며 리디아 고(4승)를 따돌리고 시즌 다승 1위로 올라섰다. 박인비는 "젊은 선수들이 잘하고 있다. 그러나 골프는 나이의 영향을 많이 받지 않는 종목이다. 난 골프가 아직 즐겁다. 앞으로 충분히 기회는 있다"고 의지를 다졌다. 인천 영동도에서 10월13일부터 열리는 LPGA 투어 KEB하나은행 챔피언십이 박인비의 복귀전이 될 가능성이 크다.

김두용 기자 enjoygolf@joongang.co.kr

박인비는 리우 올림픽에서 입은 엄지 부상을 딛고 금메달을 목에 걸었다. 29일 기자회견에서 박인비가 왼손 엄지에 깁스를 한 채 올림픽 금메달을 깨무는 포즈를 취하고 있다. [뉴시스]

「중앙일보」 2016. 8. 30(화)

좋은 칼럼은 기사보다 낫다

좋은 칼럼은 좋은 기사 이상의 영향력을 갖고 있다. 감각 있는 홍보담당자라면 보도자료 외에 칼럼을 공략하는 것도 훌륭한 홍보 방법이다. 언론사마다 신문사는 논설위원, 방송사는 해설위원 제도를 운영하고 있다. 신문에는 기사 외에 칼럼이 있는데 논설위원이 작성하기도 하고 데스크나 현장 기자들이 쓰기도 한다.

칼럼은 어떤 분야의 흐름을 전반적으로 짚어 주거나 업계의 발전을 위해 방향을 제안하는 식이다. 가능하다면 홍보 계획 단계에서 보도자료 배포와 칼럼 게재를 동시에 기획하는 것이 좋다. 보도자료를 그대로 베낀 광고성 칼럼은 싣지 않으므로 기업에서 직접 진행하기는 어려우므로 필요한 경우 기자에게 정식 요청하거나 업계 전문가에 의뢰해 칼럼 게재를 추진하는 것도 방법이다.

언론사는 권위 있는 필자가 쓴 칼럼을 선호한다. 칼럼 단골 필자는 비교적 언론 활동이 자유로운 대학교수들이 많다. 그리고 연구기관에 소속된 연구원들도 많이 기고한다. 한국과학기술연구원(KIST)은 연구원이 언론에 칼럼을 게재할 경우 이를 인사고과에 반영한다고 한다. 칼럼이 독자의 공감을 얻고 사회의 반향을 불러일으킨다면 칼럼니스트가 속한 조직이나 기관도 인지도가 올라가고 영향력도 높아지기 때문이다.

칼럼은 특정 주제에 대해 필자의 주장을 담거나 사회현상에 대한 비판은 물론 대안까지 짚어 준다. 주장성 칼럼은 자기 주장이 분명해야 한다. 특정 제품이나 서비스를 홍보하기는 어렵지만 필자가 소속된 기업이나 기관을 알리고 조직의 전문성을 알리거나 인지도를 올리는 데는 도움이 된다. 정부기관이나 연구기관에서 많이 활용하는데, 대안은 제시하지 않고 문제만 지적할 경우 무책임하다는 느낌을 줄 수 있고 자칫 논란이 될 경우 조직에 오히려 부정적인 영향을 미칠 수도 있다. 반면 정보성 칼럼은 제품에 대한 정보와 사회 트렌드를 알려준다. 은근히 특정 제품이나 서비스를 홍보하기도 한다.

언론에 칼럼을 게재하는 일반적인 방법은 글을 쓴 뒤 출입기자나 관련 부서에 보내는 방법과 이러저러한 주제로 칼럼을 쓰려고 하는데 게재가 가능한지 출입기자를 통해 언론사와 협의를 한 뒤에 쓰는 방법 등이 있다.

비영리단체와 다른 기업의 경우에는 홍보아이템이 미리 정해져 있는 경우가 많으므로 먼저 어떤 주제로 쓸 것인지 정해야 한다. 그리고 주제가 정해지면 주제에 적합한 필자를 물색한 다음 칼럼이 실렸으면 하는 언론매체를 선택한 뒤에 게재 가능 여부를 타진해야 한다. 게재가 어렵다면 다른 매체에도 게재 요청을 해야 한다. 그럴 리는 없겠지만 한꺼번에 여러 매체에 게재를 요청하는 것은 위험하다. 동시에 각각의 네트워크를 통해 요청할 수 있으므로 추진 주체를 일원화하는 것이 좋다. 비슷한 내용의 칼럼이 동시에 두 매체에 나온다고 생각해보라. 설마 하겠지만 불가능한 상황도 아니다.

인사·부고·인물 동정 보도자료 배포 방법

기업에서 인사는 중요하다. 보도를 통해 알려야 할 경우에는 언론사마다 형식의 차이가 있으므로 인터넷 기사 등을 참고하여 작성한 뒤에 출입기자에게 보내면 된다. 동명이인이 있을 수도 있으므로 이름 옆에 한자를 함께 요구하는 곳도 있다.

신문에는 주요 인물의 부고란이 있다. 부고 기사는 신문사가 형식을 통일하고 있으므로 보낼 때는 신문 부고란을 참고하여 형식에 맞게 보내면 된다. 부고용 보도자료는 언론사에서도 가장 우대한다. 즉 부음에 대한 소식은 마지막까지 넣는다. 지면에 반영되지 못할 경우 인터넷판에 올릴 수도 있으므로 마감이 끝났더라도 보내는 것이 좋다.

인물 동정도 중요한 보도자료 가운데 하나다. 정치부는 대통령을 비롯하여 정당 대표와 국회의원들이 있고, 경제부는 경제단체나 재계 CEO 등인데 특히, CEO 동정은 기업 홍보실 입장에서는 꼭 챙겨야 한다. 인물 동정 보도자료를 보낼 때에는 기사에 맞는 사진을 함께 보내는 데 신경을 많이 써야 한다. 우선 신문에 사용할 수 있는 품질을 갖춰야 한다. 그리고 플래카드 등 행사 취지에 맞는 배경이 있으면 좋다. 여러 명이 등장할 경우 반드시 모든 인물의 이름을 보도자료에 언급하는 것이 좋다. 좌측부터 이름과 소속, 직책 등을 차례로 쓰면 된다. 단체 사진이라면 가로겠지만 개인일 경우에는 명함판 사진을 쓰는데 홍보실에서는 언론에 보도될 것을 대비하여 미리 준비해둬야 한다. 특히 인사 관련 사진은 뒤에 배경이 없어야 한다.

좋은 사진은 기사를 키운다

사진도 뉴스 가치를 판가름하는 중요한 요소다. 신문은 텍스트만큼 이미지를 강조한다. 때로는 텍스트보다 더 강조할 때도 있다. 편집부 기자는 독자의 시선을 끌 수 있는 지면을 만들기 위해 하루 종일 고민한다. 취재기자가 아이템 고민을 하듯이 편집기자는 레이아웃을 고민한다. 때로는 한 장의 사진이 어떤 텍스트보다 영향력이 크다는 것을 잘 알기 때문이다. 특히 독자들의 시선을 끌어야 하는 자동차나 핸드폰 등 전자제품을 출시할 때에는 유명 연예인이나 모델을 기용한다.

보도사진은 어떤 포맷이 있다. 무엇보다 사람이 있어야 하고 자연스럽게 행동하는 사진이 좋다. 특별한 경우가 아니면 명함판 사진은 쓰지 않는다. 꼿꼿이 서서 부자연스럽게 찍은 행사 사진을 제일 싫어한다. 따라서 행사를 알 수 있는 배경이 있고 그 배경에 맞게 자연스러운 포즈를 취하고 웃는 사진이 보도될 확률이 높다. 단 예외는 있다. CEO 등 경영진 선임 등의 보도자료 사진은 작게 쓰기 때문에 명함판 사진이나 여권사진을 쓴다.

보도자료와 함께 사진을 이메일로 보낼 때는 반드시 첨부파일로 보내야 하며 보도자료 문서 안에 붙여서 보내면 안 된다. 보도자료 본문에서 사진을 떼어내는 데 상당히 번거롭기도 하지만 그 전에 바쁜 기자가 사진을 생략해버릴 수 있다. 보도사진은 첨부파일로 별도로 보내고 적절한 제목을 붙여야 한다. 사진이 여러 장일 경우 1, 2, 3번처럼 번호를 붙이고 사진 설명도 달아야 한다.

사진 설명은 첨부 번호와 사진 번호가 일치해야 하며 누가 무엇을 하고 있는 사진인지 명확하게 설명해야 한다. 사진 설명은 현재진행형으로 붙이며 '~하는 모습'이나 '~하는 장면'이라고 하면 안 된다. 신문은 사진 설명에 '모습'이나 '장면' 같은 용어를 쓰지 않는다. '○○○가 ○○월 ○○일 ○○○에서 열린 ○○○행사에서 ○○○를 하고 있다'는 식으로 붙이면 된다.

신문에 게재된 사진은 해당 신문사에 소속된 사진기자가 찍는 것이 원칙이고 제일 좋다. 하지만 기업에서 취재를 요청하는 행사는 많고 사진기자는 제한적이다 보니 기업에서 직접 촬영해서 보낸 사진을 활용하는 경우도 많다. 영향력 있는 매체일수록 편집자의 눈은 까다롭다. 대충 찍은 사진은 용납하지 않는다. 중요한 행사라면 사진기자를 초청하여 촬영하고 여의치 않다면 보도사진 전문가에게 맡기는 것이 좋다. 특히 경영진 인터뷰 기사를 준비하거나 주요 기획기사라면 취재기자에게 사진기자를 동반해 줄 것을 미리 부탁해야 한다. 기자들은 사진이 확실히 필요하다고 생각하면 사진부에 취재요청을 한다.

특히 이미지가 중요한 신제품 사진은 조명과 앵글에 따라 느낌이 달라지기 때문에 스튜디오에서 전문가가 촬영하는 것이 좋다. 기업에 사진전문가가 있어서 촬영하면 좋겠지만 직접 촬영해야 한다면 우선 초점이 맞아야 한다. 신문에 사용되는 사진은 주로 JPG 파일 형식이다. 사진의 해상도가 높을수록 사진을 크게 쓸 수 있는데 신문에 사용하려면 최소한 0.5Mb 픽셀 정도는 되어야 한다. 그리고 행사 사진일수록 스토리가 있어야 하고 무엇보다 보도사진에 적합한 앵글이어야 한다.

방송도 그렇지만 신문도 비주얼을 강조하고 있다. 증권면 등 특별한 경우가 아니라면 대부분 1면에는 최소 1장 이상의 사진을 쓴다. 중요한 이벤트나 인물의 동정은 사진 보도자료 형태로 보내는 것도 좋은 방법이다 사진 보도자료란 본문 없이 사진 제목과 사진 설명, 그리고 사진을 보내는 방법이다. 여러 사례가 있겠지만 기업에서는 제품 출시나 사회공헌활동 등 동정을, NGO 등에서는 1인 시위 사진 등을 언론사에 보낼 때 사용한다.

사진만을 사용한 기사를 보면 사진 아래 짙은 글씨로 된 제목과 그 아래 사진 설명으로 되어 있다. 신문에서 어떤 사진을 좋아하고 즐겨 쓰는지 평소 관심을 갖고 있다가 비슷한 홍보 사례가 있다면 배포해보자. 쉽게 접근할 수 있는 방법이 연간 행사나 출시를 앞두고 있는 신제품 등을 활용한 홍보다. 일단 계획을 세우면 실행은 실제 일정에 맞춰 진행하면 된다. 그리고 언론사에서 원하는 보도사진을 제대로 확보할 수 있는 역량을 갖추고 게재될 수 있는 품질을 갖춘 사진을 배포하는 것이다.

사진은 분명 기사를 키운다. 그렇다면 사진기자가 원하는 보도사진은 어떤 것일까? 보도 확률이 높은 보도사진의 3가지 주제를 3B라고 한다. Baby, Beauty, Beast가 그것이다. 3B를 보도사진에 활용해보자. 실제 지면을 보면 업종을 불문하고 수많은 기업에서 3B 법칙을 활용해 사진을 연출하고 있는 것을 확인할 수 있다.

최근 주가가 치솟은 송일국 씨의 삼형제 아들 삼둥이를 카드 회사 최초로 광고 모델로 기용하면서 기업도 친근하고 좋은 이미지를 얻었다. 그리고 미인은 화장품, 향수 홍보에 많이 등장한다. 그리고 홍보대사는 물론이고 모터쇼 등에 모델도 미인들이 많이 등장한다. 은행이나 보험사 등에서 신제품을 소개할 때 자사 직원이나 전문 모델을 활용하여 피켓을 들고 찍는 사진은 많이 봤을 것이다.

하지만 제품보다 제품을 들고 있는 모델이 예쁘다는 생각이 들 때도 있는데, 그것은 제품보다 모델이 눈에 들어온다는 단점도 있다. 모델의 화장이나 옷 색깔이 너무 튀지 않고 배경과 조화를 이루어 제품이나 홍보하고자 하는 콘텐츠가 잘 드러나도록 해야 한다.

마지막으로 사람보다는 친근하게 어필하는 것이 동물이다. 동물들을 보도사진에 적절하게 사용한다면 더 다정하고 호감도 높은 사진자료로 독자들의 이목을 끌 수 있을 것이다.

사진 역시 보도자료의 중요한 영역이다. 3B인 아기, 미인, 동물을 활용하여 독자들에게 보다 호감을 줄 수 있는 사진자료를 배포하면 기사화 확률이 높아질 것이다.

사진기사는 3B 2F가 기본

광고에서 소비자의 관심과 주목을 끄는 요소로 3B(Beauty, Baby, Beast)가 있다. 3B법칙을 쓰는 이유는 실패할 확률이 낮기 때문이다. 3B 활용의 최고는 바로 공익광고다. 공익광고에서 가장 많이 쓰는 포맷이 미인 엄마와 미남 아빠, 귀여운 아기, 그리고 애완동물이다.

언론홍보에도 3B법칙이 통하는데 특히 사진기사가 그렇다. 미인의 예는 산업, 경제면에 많이 등장한다. 전자제품이나 금융서비스 업체가 많이 사용하는 콘셉트가 상품 앞이나 서비스 소개판을 들고 얼짱 각도로 포즈를 취한 사진이다. 때로는 상품광고모델인 연예인이 등장하기도 한다. 창의성도 없고 특별하기도 않은 평범한 사진인데 언론은 많이 활용한다. 제품이나 상품서비스 출시 때 보도자료를 만들어 배포하기도 하고 직접 사진기자를 초청해 행사를 통해 노출한다.

아이들 사진은 계절 기사에 많이 쓰인다. 봄, 가을에는 행사장 등에서 퍼포먼스를 하기도 하고 여름에는 물장난을 하는 경우 등이다. 동물이 등장하는 사진기사는 새해에 그해에 해당하는 동물을 사용한 사진이다. 귀여운 동물 사진을 대하는 독자의 기분을 좋게 해 준다. 이처럼 3B는 가장 기본이라 많이 기사화되지만 반면 너무 많이 활용되기 때문에 기자나 데스크 입장에서는 그 안에서 좀 더 특별한 아이템을 요구하게 된다. 3B를 넘어 기사로 채택되기 위해 홍보담당자들이 활용할 만한 아이템이 2F다.

2F는 'Foreigner', 'Fun'이다. 첫 번째 'Foreigner'는 외국인이다. 그동안 언론에 노출된 외국인 관련 기사를 보면 한복을 입은 외국인 학생들이 성인식을 하거나, 김치를 담그는 모습을 담은 사진기사다. 국내 기사나 국내 사람들로 이뤄진 신문 속에서 분명 이색적인 상황임에 틀림없다. 두 번째 'Fun'은 즐거움이다. 지금도 Fun경영은 좋은 아이템이다. CEO가 산타 복장을 하고 직원들에게 선물을 나눠 준다거나 한때 지구상에서 가장 유명한 춤이었던 말춤을 CEO가 추는 모습은 언론에 단골 아이템이었다. 오죽하면 오바마 미국 대통령도 말춤을 추었을 정도였다.

중요한 행사를 홍보해야 할 때 보도자료 외에 사진기사로도 노출될 수 있도록 3B와 2F를 감안해서 홍보 계획을 수립하는 것이 좋다.

행사를 놓치지 마라

기업에는 다양한 행사가 있다. 연구소를 개관한다든지 공장을 준공한다든지 ○○주년 기념식이나 ○○후를 내다보는 비전선포식 등은 많은 사람들이 오랜 기간 준비한 성과를 보여 주는 자리이기 때문에 CEO들은 언론에 크게 노출되기를 바란다. 홍보담당자들도 몇 주, 몇 달을 준비하지만 결과는 준비한 만큼 보도되는 것이 쉽지 않다.

신문을 포함한 방송은 특정 기업의 행사를 안내해 주는 곳이 아니다. 언론에 행사를 보도하고 싶다면 시민들의 삶에 긍정적 영향을 미칠 수 있어야 한다. 홍보담당자들은 중요한 행사를 단순히 CEO 동정이나 단신으로만 보도하는 것에 만족해서는 안 된다.

기업에서 벌이는 행사는 특정 장소에 사람들을 모아놓고 정해진 식순에 따라 축사 및 주요 퍼포먼스가 있다. 행사를 주최한 기업이나 행사 참여자들에게는 의미 있는 행사일지라도 언론사 입장에서 보면 전부 기삿감이 되는 것은 아니다. 행사가 독자(시민이나 국민)들에게 유의미해야 한다. 최소한 내부고객인 직원들에게라도 긍정적 영향을 미쳐야 한다.

기업 행사를 육하원칙으로 분석해보면, '언제, 어디서, 무엇을, 왜'에 해당하는 내용은 행사를 주최하는 기업의 입장에서 의미가 있기 때문에 어지간해서는 크게 보도되지 않는다. 하지만 '누가, 어떻게'에 해당하는 부분은 참석한 사람의 사회적 위치와 행사 접근 방식에 따라 기사가 커질 수 있다. CEO 주관 하에 매년 하는 행사라고 그냥 보도자료를 내는 수준에서 넘어가지 말고 예년과 달리 누구를 초대해서 어떻게 행사를 기획할지 고민해보자.

물론 행사에 공을 많이 들였다면 언론에 노출되기를 바라는 것이 인지상정이겠지만 행사를 크게 벌인다고 해서 언론에 크게 보도되는 것은 아니다. 규모나 중요도가 크지 않지만 보도해야 할 행사가 있고 규모가 크지만 보도가 되어서는 안 되는 행사도 있다.

보도되어서는 안 되는 행사는 제외하고 꼭 보도해야 하는데 규모가 크지 않은 행사에 대해 얘기해보자.

행사 홍보는 한 매체에 보도하든지 아니면 여러 매체에 보도하는 방법이 있다. 한 매체 보도는 행사 내용에 적합한 매체를 찾아 기획기사를 내는 것이고 여러 매체에 보도하는 것은 행사 내용을 세분화해서 단계별로 홍보하는 것이다. 홍보 주니어들은 '행사를 세분화한다'는 말을 이해하지 못할 것이다. 여기서 말하는 세분화의 의미는 행사 자체를 나눈다는 의미가 아니라 행사를 성사시키기까지 시간대별로 각 단계를 나눈다는 것을 의미한다.

예를 들어 어떤 기업의 '창업 50주년 기념'이라는 행사를 홍보한다고 하자. 행사 당일 기념식 보도자료를 배포하기 전에 몇 개의 단계가 있을까? 이런 단계들이 유기적으로 홍보가 되려면 전략적인 기획이 필요하다.

예를 들자면, 첫째, 단순히 행사 그 자체만 준비하지 말고 언론의 입맛에 맞는 콘셉트를 찾아낸다. 창업주의 탄생과 성장 그리고 창업 관련 일화 등 아이템으로 역사를 알 수 있는 전시회를 준비한다. 전시회 자체도 홍보가 될 수 있지만 콘텐츠에 따라 추가 홍보가 가능하다. 둘째, 과거 50년에만 초점을 맞추지 말고 미래 50년에 대한 비전을 제시한다. 결국 기업은 지속경영이 가능해야 하고 그럴 때 사회적으로 주목을 받는다. 셋째, 기업이 50년 동안 영위하는 데 기여했거나 기여하고 있는 인물 등을 발굴해 회사 이름으로 시상한다. 행사를 앞두고 수상자를 발표하면서 기념식 일정도 함께 언론에 알릴 수 있다. 넷째, 현재 근무하고 있는 전 임직원들이 창업 50주년을 기념할 수 있는 이벤트를 열어 사진과 함께 보도자료를 언론에 배포한다. 다섯째, 행사 당일 CEO 등 경영진이 참석해 창업 50주년을 기념한 퍼포먼스를 펼치고 행사사진을 첨부해 보도자료를 배포한다. 창립 50주년이므로 창업주나 CEO 외에도 VIP가 참석한다면 사진기자들을 초청해 별도 사진행사를 따로 준비한다. 가장 흔한 것이 CEO 인터뷰다. CEO가 노조위원장과 함께 회사 깃발을 흔들기도 하고 직원들과 함께 나무 심기 등 퍼포먼스를 진행해도 된다.

이런 행사는 행사 자체를 기획하는 실무부서와 홍보담당자가 사전에 협의를 통해 최상의 보도 성과를 위해 날짜와 시간 등을 잡는 게 좋다. 사실 실무부서는 큰 사고 없이 행사를 마무리하는 것이 우선이기 때문에 굳이 언론에 보도될 필요가 없다고 생각할 수도 있다. 기사

「세계일보」 2016. 5. 30(월)

가 될 것 같다는 느낌이 있다면 홍보담당자가 실무부서를 설득해 행사 기획에 참여하고 보도자료를 준비해야 한다. 하지만 일부에서 홍보에 열을 올린다는 지적이 있다면 무리해서까지 할 필요는 없다.

이상 몇 가지 예를 들었지만 단계별로 보도자료를 배포하면 조금씩 기사가 보도되는 것이 만족스럽지 못할 수도 있지만 지속적으로 기사가 노출된다는 것 외에 회사 역사를 정리한다는 장점도 있다.

보도자료에 넣는 사진의 용량을 줄여라

기자들은 하루에 수십 개의 보도자료를 이메일로 받는다. 앞에서 언급했듯이 제목만 보고 지우는 이메일도 꽤 된다고 들었다. 휴가를 가거나 외국 출장으로 며칠 이메일을 확인하지 못하면 받은 편지함이 꽉 찬다고 한다. 이렇게 이메일이 빨리 차다보니 기자들은 용량이 큰 메일이나 첨부파일을 싫어한다.

보도자료가 대용량이 되는 가장 큰 이유는 보도자료 본문에 붙이는 사진이다. 아직도 한글이나 워드문서에 대용량 사진을 붙여 넣어 메모리를 많이 차지하고, 문서를 열거나 편집하는 데도 시간이 오래 걸린다. 2Mb면 충분한 보도자료가 지나치게 큰 사진을 붙여 수십 Mb가 되는 경우가 있다. 잘 찍은 사진이라면 한 번은 봐주겠지만 기자들은 대용량 사진을 좋아하지 않는다. 사진이 너무 좋아 대용량 사진이 필요하면 다시 요청할 것이다. 참고로 신문에 실리는 대부분 사진들은 아주 큰 사진을 제외하고는 고해상도 사진이 아니다. 필요 없이 고해상도 사진을 보도자료에 붙여서 기자들에게 스트레스를 줄 필요는 없다.

신문을 보면 알겠지만 관련 사진은 한 장밖에 실리지 않는다. 보도자료 내용에 따라 관련 사진을 다 담지 말고 가장 필요한 1~2장만 삽입하는 것이 좋다. 보도자료의 취지에 맞게 기자가 활용하기 편해야 한다. 그리고 사진설명(caption)을 꼭 달아서 사진 속 인물이나 장소 그리고 상황에 대해 설명을 해 줘야 한다. 육하원칙에 맞춰 달아주는 게 제일 무난하다.

Chapter 4

보도자료 배포에 대한 이해

보도자료 배포는 전략적으로 하라

홍보팀이나 홍보담당자가 있는 기업에는 보도자료를 받아주는 출입기자가 있다. 관리를 하든 하지 않든 출입기자 리스트는 일단 확보하는 것이 기본이다. 통신사, 신문사, 방송사, 기타 인터넷 매체까지 관리할 수 있는 재원이나 인력이 넉넉하면 좋겠지만 기업마다 녹록하지 않은 것이 현실이다. 그렇더라도 출입기자단은 꼭 세팅을 해놓는 것이 좋다.

홍보 타깃이 결정되고 메시지가 정해졌다면 어떤 매체가 적절한지 분석한 뒤에 배포할 매체를 정해야 한다. 홍보담당자는 언론매체의 속성은 물론 출입기자들의 성향과 누가 어떤 분야에 관심이 많은지 등에 대해 알고 있어야 한다. 보도된 뉴스를 보면서 각 언론매체와 기자들이 어떤 아이템을 자주 다루는지, 어떤 관점에서 기사를 바라보는지, 어떤 스타일로 기사를 작성하는지 등을 눈여겨보고 분석해야 한다. 신문은 어떤 형식과 내용으로 기사와 인터뷰를 보도하는지, 그리고 방송은 어떤 앵글을 좋아하고 어떤 뉴스를 보도하는지 공부해야 한다. 홍보담당자에게 신문과 방송 등 기사가 보도된 언론매체는 교과서와 같은 것이다. 신문과 방송 등에서 보도되는 내용을 보면 '이런 것도 뉴스가 되는구나' 하는 아이디어가 떠오를 것이다.

매일 아침 신문 기사를 읽고 방송 뉴스를 보는 것 외에도 언론에 대한 학습을 꾸준히 하는 것이 좋다. 이런 과정을 거쳐 자신의 기업은 물론 업계에 대한 폭넓은 지식과 정보가 쌓이면 기자를 만났을 때 이는 홍보 전문가로 인정받는 계기가 될 수 있다.

언론매체는 전통 매체인 신문과 방송, 잡지 외에 새로운 매체인 뉴미디어 등 여러 가지가 있다. 우선 신문은 인쇄 매체와 인터넷 매체로 나뉜다. 인쇄 매체는 그 특성에 따라 종합지와 경제지, 전문지 등으로 나눌 수 있다. 또한 발간 시간에 따라 조간과 석간으로 나뉘고 발행 주기에 따라 일간지, 주간지, 월간지 등으로 구분된다. 그리고 인터넷 매체는 지면 발행 없이 인터넷에 기반한 매체와 지면으로 발행된 기사를 온라인으로 옮겨놓은 매체가 있다. 국가기간뉴스통신사인 연합뉴스와 민영통신사인 뉴시스 등도 인터넷을 기반으로 하지만 인터넷 매체로 정의하는 것은 개인적인 판단에 맡긴다.

종합지와 경제지를 구분하면, 뉴스를 바라보는 관점에 차이가 있다. 종합지가 주로 다루는 뉴스는 정치면과 사회면 비중이 높다. 국민들이 관심을 가질 만한 정치 이슈, 국민들의 생활과 밀접한 일반 뉴스, 사회현상과 변화상을 보여주는 시사성 뉴스를 집중적으로 보도한다. 재미와 감동이 있는 인물 인터뷰, 사회 이슈를 짚고 해결 방법을 제시하는 기획, 특히 경제 분야 뉴스는 경제 섹션을 별도로 제작하는 매체가 증가하고 있다. 반면 경제지는 국가 경제는 물론 기업이나 기업인들과 관련된 뉴스 등을 주로 보도한다.

예를 들어 신기술을 개발했다고 했을 때, 종합지가 기술 자체보다는 그 기술이 산업 전반이나 국민 생활에 미치는 긍정적 영향에 초점을 맞춘다면 경제지는 그 기술이 이전 기술과는 어떻게 다르며 어떤 특징을 갖고 있는지, 기술로 인해 대한민국의 기술력이 얼마나 향상되는지, 관련업계에 어떤 변화가 있는지, 수입이 대체된다면 얼마나 될지 등등에 관심을 가진다. 기술의 향후 전망에 대한 통계자료를 함께 보내면 언론에서는 그래픽 등을 통해 매출이나 수출 규모 변화를 예측하여 보여 주기도 해 기사가 커질 수도 있다. 요즘은 종합지와 경제지의 경계가 많이 허물어져 위와 같은 구분은 큰 의미가 사라진 것이 사실이다. 그래도 종합지와 경제지는 분명한 차이가 있으므로 매체 특성은 이해하고 있어야 한다.

그리고 방송은 공중파 외에 종합편성 방송, 그리고 케이블 TV가 있다. 요즘은 인터넷의 발달로 인해 1인 방송도 다양하다. 방송도 신문과 마찬가지로 TV 등을 통해 방송된 콘텐츠를 인터넷 사이트를 통해 재방송하기도 한다. 종합지와 경제지, 그리고 방송 위주로 설명을 했는데 전문지나 잡지의 경우도 크게 다르지 않다.

보도자료를 기획하기 전에 타깃을 정하겠지만 출입기자 외에도 보도자료 성격에 따라 다른 분야의 기자를 공략하는 것도 고려해야 한다. 통신사든 신문사나 방송사든 그 매체가 갖고 있는 특성에 맞게 다양한 아이디어로 아이템을 구상해 기자들에게 제안해야 한다. 감각 있는 홍보맨이라면 그런 상황을 예측하고 다양한 아이디어를 고민해서 전략을 세워야 한다. 다만, 다양한 매체와 지면을 구분해서 전략을 수립하고 여러 매체를 엮어 보도할 경우 최대한 빠른 시간 안에 보도가 되도록 해야 한다.

홍보담당자 중에는 처음부터 홍보로 잔뼈가 굵은 사람이 있는가 하면 다른 부서에서 근무하다가 홍보부서로 전입해 오거나 언론사에서 기자로 근무하다 입사한 경우 등 다양하다. 소위 홍보 바닥에 잠깐 머물다 갈 것이 아니라, 홍보쟁이로 승부를 보겠다면 매체별로 친한 기자 한두 명쯤은 사귀어 두는 게 좋다. 홍보 주니어들은 아직 실무자라 기자들에게 큰 도움을 주지는 못한다고 생각하겠지만 가끔 연락하고 소주도 한잔하며 지내다 보면 인간적으로 친해져서 도움을 받을 때가 있을 것이다.

기획이나 홍보 전략을 의논하기에 기자만 한 사람이 없다고 생각한다. 언론홍보에 욕심을 내는 주니어라면 기자들과 만날 수 있는 자리는 무조건 참석하자. 출입기자 관리도 잘 안하는 홍보담당자가 있는 반면 출입기자 외에도 기업 성격에 맞게 다른 분야 기자도 알아두고 준비할 줄 아는 홍보담당자는 어느 정도 경지(?)에 이르렀다고 볼 수 있다. 기업의 상황과 최고경영자의 의지 등에 따라 다르겠지만 그 많은 매체를 다 관리한다는 것은 불가능하다. 기본적으로 관리해야 할 매체의 범위를 정하고 기업 규모에 맞게 언론관계를 맺어야 할 것이다.

홍보 주니어들의 큰 고민 중 하나는 배포할 보도자료의 뉴스 가치가 떨어지는 경우다. 즉 특정 매체에 단독으로 준다고 해도 지면에 보도될 수 없다면 고민하지 말고 통신사를 비롯해 전 매체에 보도자료를 배포하는 것이 낫다. 단신이나 미니 기사로 보도가 되겠지만 기획기사에 사례로 들어가거나 여러 인터넷 매체에 보도될 수도 있다. 홍보 여부가 헷갈리는 아이템이라면 보도자료를 작성하기 전에 '필요성 검토'라는 절차를 통해 일반 소비자를 상대로 하는지, 관련 분야 전문가와 오피니언 리더를 상대로 하는지 미리 파악하는 것도 방법이다.

소비자를 상대로 하는 것은 보통 B2C 업종의 소비재 제품일 경우가 대부분인데 마케팅에서 소비자 행동 조사를 기반으로 소비자의 지식 수준과 관심 등에 맞춰 보도자료를 작성한다. 보도자료에 제품 트렌드나 대중 생활 패턴에 변화가 있다면 종합지나 방송에서 관심을 가질 가능성이 높다.

홍보담당자들은 발표한 보도자료가 당연히 지면에 보도될 것이라고 착각(?)한다. 기자에게는 겉으로 "큰 뉴스는 아니지만 보도자료를 열심히 만들었다. 잘 부탁한다."고 말하지만 내심 크게 보도해 줄 것이라고 기대한다. 발표한 보도자료가 얼마나 크게 보도될지는 그 보도자료가 가진 뉴스 가치에 달려 있다. 기업에서 배포한 보도자료가 지면에 기사화되는 데는 1차 게이트 키퍼인 기자에 이어 데스크, 부장, 편집국장 등 여러 단계를 거친다. 이런 검증 단계를 거치면서 뉴스 가치가 낮은 기사가 살아남는다는 것은 불가능하다.

그럼에도 불구하고 똑같은 뉴스 가치를 가진 보도자료가 어떤 때는 크게 나가고 어떤 때는 작게 보도될 수도 있다. 최근에 터진 이슈와 관련된 보도자료일수록 크게 보도될 수 있다. 평상시에는 뉴스거리가 안 되지만 이슈와 연관이 있을 때는 언론에 보도될 수 있다.

매체 특성에 맞게 보도자료 전략을 세워 배포했으면 어떻게 보도되었는지도 살펴보아야 한다. 몰라서 그러는 것인지 아니면 알면서도 귀찮아서 그러는 것인지 몰라도 홍보 주니어들이 흔히 범하는 실수 중 하나는 기업 입장에서 보도자료를 작성하는 것이다.

공급자 중심에서 작성할 것이 아니라 보도자료를 받아볼 기자와 기사를 읽을 독자 입장에서 작성해야 객관성을 담을 수 있다. 그리고 대부분 홍보담당자들은 보도자료는 중학생 수준의 쉬운 용어로 풀어 써야 한다는 것을 알고 있다. 전문용어를 써야 한다면 박스 등에 용어 해설을 덧붙이는 것이 좋다. 너무 어려운 내용으로 된 보도자료는 자칫 기자의 외면(?)을 받을 수도 있기 때문이다.

홍보 주니어들은 보도자료를 배포하고 나서 어느 매체에 보도되었는가에만 관심 갖지 말고, 매체마다 기자들이 보도자료를 어떻게 편집해서, 어떻게 보도했는지 기업에서 배포한 보도자료와 비교하는 습관을 가져보자. 기자에게 어필할 수 있는 보도자료를 작성하는 법을 알 수 있다. 이런 경험이 축적되면 자신만의 홍보 노하우가 되고 역량이 된다. 보도자료를 배포할 때 어떤 아이템을, 어떤 관점, 어떤 스타일로 써야 할지 감을 잡게 된다. 그리고 영향력 있는 기자가 어떤 아이템과 스타일을 좋아하는지도 알게 된다. 그래야 그 매체가 선호하는 뉴스, 독자들이 원하는 뉴스를 만들 수 있다. 좋은 기사를 읽고, 따라 쓰다 보면 보도자료를 개발하고 작성하는 기술은 자연스레 향상된다.

그리고 오피니언 리더 등 전문가를 상대로 한다면 업계 이슈나 관심을 끄는 것이 무엇인지 찾아서 전문지를 대상으로 하는 보도자료를 만들어야 한다. 영향력이 큰 일간지 지면이나 방송 뉴스에 나오면 좋겠지만 현실적으로 어지간한 기업 기사는 보도될 가능성이 높지 않기 때문에 전문지에 대한 홍보도 병행하는 것이 좋다.

사실 전문지는 대중보다는 관련 업계와 전문가 집단을 타깃으로 발행하는 매체라고 할 수 있다. 전문 매체이므로 전문용어를 쓰는 것도 허용된다. 전문지 기자들은 종합지나 경제지, 그리고 방송기자들과는 다른 그룹을 형성하고 취재를 하는 경우가 많기 때문에 다르게 접근할 필요가 있다.

일반 대중용으로 쓸 것인지, 전문가용으로 쓸 것인지 혼란스럽다면 2가지 종류로 나누어 배포하는 전략도 고려해보자. 기자들의 추가 취재에 대비한다는 장점도 있으므로 여력이 된다면 계획 단계에서 작성하면 좋다. 기자에게 미리 설명하든지 설명 자료를 전달하든지 방법은 기업 여건에 맞게 홍보담당자들이 찾아내야 한다.

기자가 작성하는 기사 외에도 기업을 알릴 수 있는 방법은 여러 가지가 있다. 신문이나 방송에 보도되기를 원한다면 독자나 시청자들이 원하는 정보와 방법 등을 알려주는 기획 보도자료를 배포하는 것도 방법이다. 기자들은 다른 매체가 쓰지 않은 단독보도를 좋아하며 언론사에서도 '단독'이라는 타이틀을 붙여 우대한다. 홍보 주니어들에게 지면이나 프로그램 분석 작업을 시키는 이유가 여기에 있다.

신문이나 잡지 등 고정 코너는 알아두는 것이 좋다. 신문이든 방송이든 적당한 코너에 기업을 알릴 수 있는 맞춤형 보도자료도 만들어서 제안해보자. 일반 대중들이 관심이 많은 재테크나 취업 노하우, 그리고 건강 비결 등에 대한 방법을 알려주는 뉴스는 가독성과 시청률이 높다. 요즘은 종이신문보다 인터넷을 통해 기사를 읽는 경우가 많기 때문에 독자들이 기사를 클릭하는 횟수에 따라 수익을 내는 구조다. 모바일로 뉴스를 많이 접하는 요즘 언론 환경 변화에서는 클릭률이 높아져 포털 메인에 노출될 확률도 높아지게 된다.

국내 최초로 기술 개발에 성공했다고 치자. 이런 경우 그 기술이 세계적인 관심을 집중할 정도라면 기사 가치가 매우 높기 때문에 거의 모든 매체에서 보도될 가능성이 높다. 이럴 경우라면, 기자회견을 열어 같은 날짜에 언론에 보도되도록 하는 것도 방법이다. 기업마다 처한 상황이 다를 수도 있으므로 기자회견을 할 것인지 보도자료만 보내고 말 것인지는 내부 보고를 통해 결정하면 된다.

그리고 인터넷 매체에 먼저 기사라도 나면 다른 매체나 방송에서는 다루지 않거나 단신으로 처리할 수도 있으므로 사전에 배포 전략을 잘 짜야 한다. 또한 기자회견 전에 정보가 새나가지 않도록 특히 보안에도 신경을 써야 한다. 기자회견 전에 먼저 기사가 보도되면 궁금한 것이 없어진 기자들이 굳이 시간을 내서 기자회견장을 찾을 필요가 없기 때문에 애써 준비한 기자회견이 흥행에 실패할 수가 있다. 이럴 경우를 대비하는 것도 홍보담당자의 역량이고 몫이다.

홍보를 하다 보면 기업 입장에서는 꼭 보도를 추진해야 하는 아이템인데 뉴스 가치가 높지 않은 경우도 많다. 홍보 효과가 가장 높다고 생각되는 매체와 지면을 선택해 '단독'으로 기사를 추진하거나 매체별로 다른 기획을 준비해도 된다.

사실 언론사들도 경쟁이 심하지만 같은 분야를 담당하는 기자들끼리도 경쟁이 심하다. 예를 들어 A일보에서 국내 최초로 개발한 기술에 대한 기사를 먼저 보도하면 B일보는 그 보도를 하지 않거나 단신으로 처리하는 식이다. 물론 B일보 독자는 모를 수도 있겠지만 요즘처럼 인터넷에 실시간으로 기사가 보도되다 보니 같은 내용의 기사를 하루 지나 보도한다는 것은 뒷북을 친다는 인상을 줄 수 있기 때문이다. B일보 기자가 A일보에서 보도한 기사를 쓸 수 있는 경우는, 뉴스 가치가 높아 추가 취재를 통해 내용이 차별화되었거나 기술을 개발한 사람을 인터뷰하는 등 형식을 달리하는 경우다.

　　대통령 동정이나 대통령과 국회의원 선거, 정치인 활동 등 정부와 관련된 대부분의 활동은 국민의 삶과 밀접한 관련이 있으므로 뉴스 가치가 높다. 그리고 전기료나 수도세, 버스나 지하철 운임 등의 인상도 국민들이 관심을 가지는 큰 뉴스다. 일반 기업은 직접적인 연관성이 없겠지만 공기업이나 사회단체는 국민의 삶에 관심이 많을 수밖에 없다. 정치부나 사회부가 사건도 많고 뉴스도 많아 지면이나 보도시간이 많은 만큼 언론사에서도 정치부와 사회부에 많은 인력을 배치, 운영하고 있는 것만 봐도 알 수 있다. 대기업도 국민 생활에 긍정적 영향을 미치는 뉴스는 보도가치가 있어 보도 확률이 높다. 대표이사 선임 발표나 동정, 영업 실적의 향상, 큰 물량의 수출과 수주, 총수나 대표의 신규 사업 발표나 사업 제휴, 신제품 개발 등 보도자료로 발표할 만한 아이템은 수없이 많다. 보도자료를 잘 만드는 것도 중요하지만 배포전략을 잘 세워야 아이템이 빛을 발한다는 것을 명심하자.

퍼블리시티를 이해하라

퍼블리시티(Publicity)는 언론에 자료를 배포하여 기자들로 하여금 기사화되도록 하는 활동을 말한다. 가장 흔한 것이 보도자료지만 보도자료에만 국한되는 것은 아니다. 기업에서 언론의 관심을 끌고 기사화하기 위해 하는 모든 계획적인 활동을 퍼블리시티라고 할 수 있다.

기자에게 배포된 정보와 자료가 뉴스의 형태로 보도되기 때문에 퍼블리시티를 얼마나 치밀하고 전략적으로 배포하는가에 따라 기사화에 영향을 미친다. 또한 현재 기업이나 기자들의 상황이 다를 수도 있기 때문에 퍼블리시티를 진행하기 전에 언론의 상황을 미리 확인하고 스케줄을 잘 파악해야 한다.

마감 데드라인이 있던 과거에는 뉴스 생산의 절차가 시간적 흐름에 따라 구성되었다. 인터넷은 물론 모바일 환경이 발달한 요즘에는 퍼블리시티를 계획하고 진행하는 데 시간 제약을 덜 받는 것이 사실이다. 지면을 발행하는 언론사를 제외하고 인터넷 매체에는 마감시간이 큰 의미가 없어졌지만 언론사의 편집 체계에 따른 발행 주기를 고려해 보도자료 배포 스케줄을 맞춰야 하기 때문에 게재를 희망하는 보도 기준일의 체크는 필수적이다.

일간지의 통상적인 편집 스케줄은 아침 9시에서 10시까지 주요 아이템 선정을 위한 데스크 회의가 진행되는데, 이때 주요 기사를 정한다. 오후 2시 회의를 거쳐 오후 4시 회의에는 지면별로 기사를 확정하고 추가 진행되는 기사에 대한 마감을 시작한다. 오후 5시를 기점으로 가판 초판이 발행되면 지면별로 기사를 점검하고 이상이 없을 경우 6시경 가판이 출고된다. 가판 발행과 함께 기사를 체크한 뒤 인쇄된 신문은 지방부터 서울 순으로 배달된다. 언론사의 운영 시스템을 재차 언급하며 강조하는 이유는 보도자료를 배포하기 전에 이러한 시스템을 알고 있으면 배포 효과를 극대화할 수 있기 때문이다.

배포 타이밍은 보도자료 배포 과정에서 매우 중요한 요소라 할 수 있다. 무엇보다도 매체별, 섹션별로 기획이나 특집기사를 계획하고 있을 때에는 기사 마감일을 사전에 확인한 후, 기자와 충분한 협의를 거친 뒤에 기사 마감일 전까지 자료를 전달해야 한다.

특히 방송 매체는 보도희망일 전날 오후 또는 당일 오전 9시 전에 배포하면 좋은데, 기자들이 현장 취재를 요청할 경우에는 행사 진행 최소 2일 전에는 방송용 보도자료 작성을 완료하여 미리 배포하고, 보도 희망일 전날까지 기자에게 취재 진행 여부를 확인해야 한다.

주요 행사시 기자간담회를 진행할 때에는 프레스킷(press-kit)을 준비해 참석한 기자들에게 나눠 주고, 참석하지 못한 기자들에게는 행사 종료 직후 프레스킷과 함께 보도자료를 배포하면 된다.

경영진이 주관하는 행사가 아닐 경우에는 별도 프레스킷을 제작하기보다는 메일로 보내는 것이 좋다. 메일 발송 시에는 내용을 텍스트 파일로 전환하거나 메일 본문에 바로 얹어 용량을 최소화하는 것이 좋다.

보도자료에 관심을 가지고 기사화 작업을 진행하는 기자들에 대비해 보도자료 배포 직후에는 항상 대기 상태에 있어야 하며, 보충 취재나 기타 문의를 하는 경우에는 시청각 보충 자료나 추가 설명 자료 등을 즉시 전달해야 한다. 사진이나 이미지 자료의 경우는 기자가 원할 경우 즉각 응대를 할 수 있도록 관련 자료를 준비하고 있어야 한다. 해당 내용이 전문적이거나 특정인이 답해야 하는 사안일 경우 기자들은 관련부서에 직접 연락할 수도 있다. 이럴 경우는 내부 공지를 통해 홍보부서로 연락하도록 숙지시키는 것이 좋다.

누구에게 배포할 것인가를 고민하라

보도자료는 쓰는 것 못지않게 배포하는 것도 중요하다. 즉 배포할 번지수를 잘 찾아야 한다는 것이다. 큰 그룹사나 대기업을 제외하고 홍보할 아이템이 많지 않은 일반 기업이나 중소기업은 정부 부처와 달리 출입기자 관리가 체계적으로 되지 못하는 것이 현실이다. 그래서 부서를 옮긴 예전 출입기자에게 메일을 보내는 일도 벌어진다. 물론 그 기자가 담당기자에게 전달해 주거나 바뀐 기자가 보도자료를 받지 못했다고 홍보팀으로 연락하기 전에는 모른다. 어쨌든 챙기지 못한 건 홍보담당자 탓이다.

평소 관리를 잘해서 전출을 가는 기자가 전입을 오는 기자에게 인수인계를 해주면 고맙겠지만 출입처가 한두 개가 아니고 수십 수백 곳이 되다 보니 인수인계는 쉽지 않다. 혹시 인수인계를 해 주지 않았다고 서운해할 필요도 없다.

그렇다면 바뀐 출입기자 연락처는 어떻게 알 수 있을까?

첫 번째 방법은 전임 기자에게 전화해서 확인하는 방법이 있다. 하지만 확인을 한답시고 마감 시간에 전화하지 말고 적당한 시간에 예의를 갖춰 물어보는 게 좋다. 바뀐 기자에게는 구구절절 얘기하지 말고 간단히 인사하고 연락처만 주고 조만간 연락하겠다고 하고 끊는 것이 좋다. 자칫하면 '나는 홍보 초보입니다'라고 말하는 것과 같다. 점심식사 약속이라도 잡으면 베스트다.

그다음은 편집국으로 전화해서 "어느 회사인데 누구 기자 후임기자가 누구인가요?"라고 물어보는 방법이다. 언론사 홈페이지에 전화하면 해당 부서까지는 연결해 주겠지만 해당 기자 연락처는 개인정보기 때문에 잘 알려 주지 않는다. 내근은 부장과 데스크라고 하는 선임 차장들이 하는데 이들이 사무실로 걸려오는 대부분의 전화를 받는다. 사무실로 전화할 때는 더 신경을 써서 전화를 걸고 예의를 갖춰야 하는 이유다. 임원이 함께 갈 수 있다면 언론사를 방문해서 얼굴을 보고 직접 인사를 하고 연락처를 주고받는 방법도 있으므로 추천한다.

그다음은 담당기자를 모르는 경우다. 포털 사이트 검색창에 해당 기업과 연관된 키워드나 홍보하려는 목적과 관련 있는 단어를 입력해 보자. 목록에서 관련 뉴스를 클릭한 뒤에 바이라인에서 기자 이름과 이메일 주소를 수집한다. 이메일에 홍보하려는 사연과 홍보하려는 내용을 적어 이메일을 먼저 보내고 연락을 바란다고 해보자. 바로 연락을 주기도 하겠지만 며칠 시간이 걸릴 수도 있다. 이틀 정도 지나도 회신이 없으면 위의 방법대로 사무실로 전화해서 물어보자.

1주일에 한두 번 보도자료를 배포하는 회사라든지 뉴스거리가 많은 기업이라면 알리지 않아도 기자들이 몰려들겠지만 그렇지 않다면 평소에 출입기자단 관리를 철저히 하는 수밖에 없다. 보도자료를 받아줄 출입기자 관리만 잘 해도 홍보 절반은 성공한다.

보도자료에 맞는 지면은 다양하다

홍보 목적에 딱 맞는 기자는 그때그때 다르다. 기본적으로 출입기자에게 배포하지만 보도자료를 꼭 출입기자에게 보내야 한다는 법은 없다. 아이템이 다양할수록 언론사는 보도자료 콘셉트에 따라 기사화되는 지면이 다르고 기사화하는 부서와 기자들이 그때그때 다르다. 주니어들은 '잘하는 방법이 뭘까?' 궁금하겠지만 부지런히 공부하고 챙기는 방법밖에 없다.

홍보해야 할 중요한 아이템이 있다고 하자. 기본적인 보도자료는 출입기자들에게 보내고 방송이나 기획 보도자료나 칼럼 등으로 추가 홍보를 하고 싶다면 보도자료를 별도로 만들어야 한다. 시간적인 여유가 있다면 좋겠지만 기업마다 홍보팀은 물론이고 인력이 빠듯하다. 그렇다보니 신문, 방송 구분없이 전 매체에 같은 형식의 보도자료를 보내는 것이 현실이다.

혁신적인 신제품을 출시했을 때는 제품 출시에 대한 보도자료는 출입기자에게 보내야 하겠지만 신제품에 반영된 기술에 대한 자료는 과학담당 기자에게 보내도 된다. 그리고 신제품을 개발한 연구원은 사람이나 피플면 담당기자에게 보내도 된다. 그리고 신기술이 사회적으로나 기술사적인 면에서 의미가 있다면 칼럼으로도 노출이 가능하다. 물론 그 전에 성과를 충분히 설명할 수 있어야 한다. 물론 이러한 노력들은 거의 동시에 이뤄져야 한다. 당연히 여러 지면에 동시에 기사화되는 건 불가능하겠지만 어떤 면을 공략하는 것이 나을지 판단해서 진행해야 한다. 운이 좋아 여러 면에 나올 수도 있겠지만 뉴스라는 것이 시간이 지나면 더 이상 뉴스가 아니기 때문이다. 그리고 뉴스로서 가치가 조금 부족해도 출입기자들을 계속 챙겨왔다면 보도가 가능할 수도 있다.

보도자료 배포는 타이밍이다

　보도자료를 잘 쓰는 것도 중요하지만 배포 타이밍을 잘 잡는 것도 그에 못지않게 중요하다. 보도자료를 배포할 때 체크해야 할 사항 중 하나는 '배포 날짜와 시간'이다. 아무리 뉴스 가치가 높아도 배포 타이밍을 놓치면 기사화되기 어렵다. 신문이나 인터넷 매체는 간혹 지난 뉴스를 기사화하기도 하지만 특히 당일 뉴스를 전파하는 방송, 특히 공중파 TV의 경우 과거 뉴스는 기사화하지 않는다.
　보도자료를 배포하기 전에 기업 내부 외에 업계나 경쟁사 행사도 확인해야 한다. 국가적인 큰 행사나 사회적으로 큰 이슈가 있는 날에 보도자료를 배포하면 지면이 부족한 탓도 있지만 뉴스 가치에 밀려 기사화될 확률이 낮아져 평소 같으면 보도될 수 있는 뉴스도 제외될 수 있다. 외부 행사는 직접 확인할 수 없는 경우가 많으므로 우선 친한 출입기자들에게 확인하는 것도 방법이다.
　신문이나 방송 등에 기사가 보도되기를 원한다면 그 전에 메커니즘을 이해해야 한다. 기업의 경우는 드물겠지만 국가나 정부 부처의 경우 긴급한 사안은 최종 마감시간 이전까지 자료를 제공하면 긴급 뉴스로 들어가기도 한다. 마감시간 이후에는 '호외'를 제작하는 경우도 있다.
　조간을 발행하는 신문사를 기준으로 부장들은 기자들이 보고한 정보와 아이템을 취합해 오전 9시 30분 전후로 열리는 편집회의에 들어가는데 1차적인 기사 아이템과 지면 배치는 이 자리에서 정해진다. 취재 등을 거쳐 오후 2시 전후에 열리는 편집국 간부회의를 통해 다음 날 보도할 주요 기사의 위치와 기사 크기 등이 결정된다.

언론에 보도되기를 원한다면, 보도자료는 보도 전날 오전 9시 이전에 기자에게 전달하는 것이 가장 좋고, 늦어도 2시 간부회의 이전에는 기자에게 전달해 회의에 참석하는 데스크에 보고할 수 있도록 해야 한다. 오전 회의 때보다 중요한 기사가 오후 회의에 보고될 경우 기사 배치가 바뀐다. 그런데 큰 뉴스거리도 아닌데 애매한 시간에 보내면 기사화는 어렵다고 봐야 한다.

　석간 신문사는 아침 7시 전후로 편집회의를 한다. 홍보를 몇 년 해본 시니어들은 알겠지만 조간과 석간신문에 보도자료를 배포하는 시점을 정하기는 여전히 어렵다. 예를 들어 아침에 보도자료를 보내면서 다음날 조간부터 보도를 원한다고 멘트를 하지 않았다면 석간신문 기자는 당일 석간에 보도하게 된다. 이미 석간에 기사화가 되었기 때문에 조간신문은 다음날 조간에 보도하지 않을 가능성이 높다. 하지만 중앙일간지의 경우, 조간신문이 석간신문보다 많다 보니 대부분 기업들은 조간신문에 맞춰 보도를 요청하는 경우가 많아 석간신문 기자들은 손해를 보고 있다고 여기기도 한다. 중요한 기사라면 며칠 전부터 기자들에게 미리 공지를 하고 지면을 잡아줄 것을 부탁해야 한다. 물론 홍보를 하다 보면 갑자기 보도해야 할 경우도 있기 마련이다. 그런 때라도 정오 전에는 보도자료를 전달해야 한다.

　기업에서 배포하는 보도자료의 경우, 게재 희망일자나 보도 시점을 정확하게 요청해야 한다. 예를 들어, 4일 조간에 보도되기를 원한다면 3일 아침에 배포해야 한다. 보도자료를 배포하는 날짜가 3월 3일이라고 하자. 3일 아침에 '3월 4일 조간부터 보도해 주시기 바랍니다'라고 적은 보도자료를 배포하면 인터넷은 오전부터 기사가 올라오지만 조간신문은 4일 아침 지면에, 방송은 사안에 따라 3일 낮부터 보도한다.

그런데, 3일 오후에 '3월 4일부터 보도해 주시기 바랍니다'라고 적은 보도자료를 배포하면 기자들은 어떻게 받아들일까? 대서특필할 빅뉴스가 아니라면 영상자료가 필요한 방송사는 보도가 어렵고 조간신문도 지면 배치가 끝나 지면 반영은 어렵다고 봐야 한다. 결국 4일 석간신문을 노려야 하는데 오후에 보도자료를 받은 기자 대부분은 홍보담당자의 역량을 의심할 수도 있다. 다급한 사안이 아니라면 무리해서 3일 오후에 배포하기보다는 4일 아침에 보도자료를 보내는 방법이 더 낫다. 보도자료에 '~4일 밝혔다'는 표현을 넣으면 된다. 그럴 경우 방송사는 4일 낮부터, 석간은 4일, 조간은 5일 아침에 보도될 수 있다. 하지만 타이밍을 놓친 보도자료이기 때문에 크게 보도되기는 어렵다.

매번 어중간한 시간에 보도자료를 배포하면서 건건이 보도 시점을 요구하기보다는 정확한 시간에 보도자료를 배포해야 한다. 특히 그림이 필요한 TV는 충분한 시간을 줘야 기사화할 수 있다. 전날이나 늦어도 아침 일찍 방송기자에게 미리 연락을 해서 취재 가능 여부를 확인해야 한다.

신문이든 방송이든 제때 보도되기를 원한다면 미리 계획해서 적절한 타이밍에 보도자료를 배포해야 한다는 것은 아무리 강조해도 지나치지 않다.

어떤 방법으로 배포할 것인가

　기업에서 기자들에게 보도자료를 보내는 가장 흔한 방법은 이메일이다. 이메일은 보내는 사람도 편하지만 받는 입장에서도 편하다. 메일 하나에 보도자료 본문은 물론 참고자료, 사진, 참고 사이트 링크까지 담을 수 있다.

　보도자료 배포에 이메일을 주로 이용하는 이유는 첫째, 빠르다는 것이다. 이메일로 보도자료를 발송하면 실시간으로 기자에게 전달된다. 보도자료만 빨리 작성하면 이메일을 통해 최단 시간에 기자에게 자료를 전달할 수 있다. 당일 발생한 뉴스가 다음 날 조간신문에 보도가 가능한 이유다.

　둘째, 동시에 여러 명에게 보낼 수 있다. 이메일을 통해 참조나 숨은 참조 기능을 이용해 한 번에 자료를 여러 기자들에게 보낼 수 있다.

　셋째, 쉽게 복사할 수 있다. 기자들은 이메일로 받은 보도자료를 복사한 다음 취재한 내용을 덧붙여 기사를 쓴다. 이메일로 전달된 보도자료를 복사해 기사를 작성하면서 기사를 작성하는 시간이 획기적으로 줄었다. 이러한 편이성이 이메일 확산에 크게 기여했다. 메일로 받은 보도자료는 ctrl+C, ctrl+V 키를 이용할 수 있어 신속하게 기사 작성이 용이하다. 그리고 당장 기사로 작성하지는 않더라도 메일함에 저장해 두고 나중에 쓸 수도 있다.

　넷째, 수신확인 기능이다. 수신확인 기능을 통해 이메일을 열어보지 않은 기자에게 전화를 걸어 보도자료 확인을 요청할 수 있다.

　다섯째, 이메일은 다른 사람에게 전달하기가 용이하다. 보도자료가 자신의 취재 영역이 아니거나 출장 중일 경우 동료에게 전달하기 쉽다.

여섯째, 편리하다. 기자를 찾아가거나 전화를 하면 기자는 하던 일을 멈추고 시간을 따로 내야 하지만 이메일은 기자가 편할 때 읽어볼 수 있다. 기자는 수시로 이메일을 체크하므로 기자에게 이메일로 이러저러한 자료를 보냈으니 확인해 달라고 문자를 보내놓으면 바쁜 일을 처리한 후에 기자가 읽어볼 수 있어 편리하다.

일곱째, 하이퍼링크 기능을 추가할 수 있다. 보도자료 본문에서 참고가 가능한 웹사이트 등으로 이동이 가능하다.

여덟째, 이메일은 용량 제한이 없다. 고해상도 사진이나 첨부파일을 얼마든지 보낼 수 있다.

이메일로 보도자료를 보낼 때 가장 신경 써야 할 부분은 앞서 말했듯이 제목이다. 기자는 보도자료 외에도 스팸 메일을 많이 받는다. 기자의 이메일이 기사 바이라인에 노출되어 있기 때문이다. 스팸 메일 속에서 기자가 자사의 보도자료를 쉽게 찾을 수 있도록 제목을 눈에 잘 띄게 붙여야 한다.

기자들은 메일함을 열면 여러 출입처에서 들어온 보도자료 중에서 중요한 출입처나 연락받은 출입처 외에 눈길이 가는 제목이 달린 메일부터 열어본다. 기업이나 정부기관에서는 보통 보도자료를 보내는 이메일 제목 앞에 '[보도자료]'나 혹은 회사 이름을 붙여 '[OOO 보도자료]'라고 붙이기도 한다.

보내는 사람은 '메일 환경 설정'에서 보내는 회사를 알 수 있도록 설정하는 게 좋다. 회사 이름을 적거나 회사 이름에 홍보담당자 이름을 덧붙여도 된다.

그리고 이메일 제목은 보도자료를 읽는 기자 입장에서 작성해야 한다. 굳이 메일을 열어보지 않아도 어떤 내용인지 알 수 있도록 하는 것이 좋다.

〈좋은 사례〉

보낸사람	제목
OOO그룹 홍보팀 OOO	CEO 기자간담회 OO월 OO일 OO시 OO호텔

아래 사례는 ㅇㅇ그룹에서 보낸 메일이라는 것은 알 수 있다. 하지만 중복이고 메일이 무슨 내용인지는 알 수 없다. 차라리 보낸 자료가 어떤 내용인지 제목에 언급하는 것이 낫다.

〈나쁜 사례〉

보낸 사람	제목
OOO그룹 홍보팀	OOO그룹 홍보팀입니다.

그런데, 제목을 클릭했는데 메일에도 'ㅇㅇ그룹 홍보팀 ㅇㅇㅇ입니다. 첨부와 같이 보도자료 보내드립니다. 많은 관심 부탁드립니다.'라고 적혀 있다면? 결국 첨부파일을 열어 보도자료를 확인해야 무슨 내용의 보도자료인지를 알 수 있다. 제목, 이메일, 첨부파일까지 3단계를 거쳐야 보도자료를 보여 주는(?) 상황이다. 만약 기자가 마감시간이라면 짜증이 폭발한다. 이메일에 보도자료 내용을 언급했으면 기자는 수고를 덜었을 것이다. 그리고 메일 본문에는 하나마나한 얘기 말고 보도자료가 어떤 내용인지 간단히 요약하는 게 좋다. 당연히 담당자 연락처도 남겨야 한다.

첨부파일의 장점은 기자가 읽기 편하게 편집되어 있겠지만 자료의 양이 많지 않을 경우라면 메일 본문에 붙이는 게 좋다. 보도자료 내용도 그렇지만 보도자료에 대해 기사화할지 말지 판단은 기자가 하지만 그 과정에서 기자의 수고를 덜어주는 것도 홍보담당자의 몫이다.

홍보 주니어들이 가장 많이 하는 실수 중 하나가 보도자료를 첨부하지 않고 이메일을 보내는 것이다. 내용이 틀린 게 없으니 다시 보내면 되겠지만 '[재전송]'이라고 붙여 재발송하는 순간 해당 기업의 홍보 품질과 신뢰는 바닥에 떨어지고 만다. 보도자료를 보내기 전에 첨부는 했는지, 기자 문의에 대비해 홍보담당자 연락처는 제대로 입력했는지 확인에 확인을 거듭해야 한다. 그리고 중요한 보도자료라면 보내기 전에 자신에게 보내서 보여지는 내용을 한 번 확인하는 것도 방법이다. 배포하고 나서 잘못된 곳을 발견한 뒤에 다시 전화를 걸어 틀린 곳을 바로잡아 자료를 다시 보내는 실수는 하지 말자. 바쁜 기자들의 수고를 덜어주기 위해 사전에 철저하게 확인하는 습관을 들이는 것이 좋다.

배포 양식을 만들어라

보도자료는 기업이나 기관 등 배포하는 조직에 따라 제공하는 서식에 차이가 있다. 보도자료 서식은 크게 머리글과 헤드, 본문 등으로 나눌 수 있다. 머리글 부분에는 기업명과 보도시점, 연락처 등을 적는다. 특히 '00월 00일 조(석)간부터 보도바랍니다'는 문구는 많은 홍보 주니어들이 착각하고 헷갈려하는 부분이다. 꼼꼼히 확인해서 착오가 없도록 해야 한다. 헤드부분은 제목과 부제목으로 보도자료의 핵심이 들어가는 부분이다. 그리고 본문은 헤드를 기반으로 작성한 리드부터 작성하면 된다.

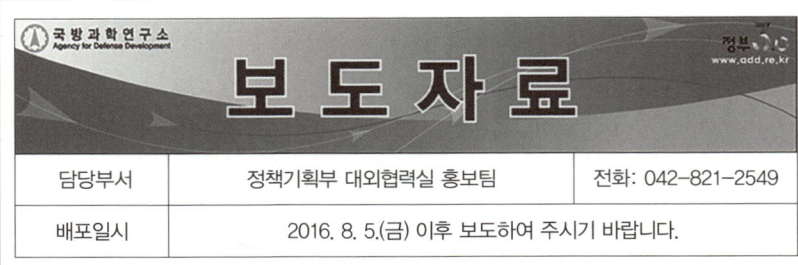

북 전역을 타격할 수 있는 유도무기 개발과 더불어 지상, 해상, 공중 등 각 전장에서 운용 중인 174종의 무기를 국산화한 ADD는 국방과학기술의 불모지였던 우리나라를 세계 수준의 무기를 독자 개발하는 선도적 국가로 탈바꿈시켰다. 또한 국방연구개발에 25조원을 투자하여 297조원의 경제효과를 창출했다. KT-1 기본훈련기, K2전차 기술, 함대함유도무기 해성 등의 방산 수출과 국방기술을 민간으로 이전하는 민군기술협력의 활성화로 국가경제에도 기여했다.

	8월 5일(금) 오전 대전 본소에서 개최된 ADD 창설 46주년 기념식에서는 임직원 400여 명이 모여 그동안 연구소가 걸어온 역사를 돌아보고, 제2의 도약을 완성하여 새로운 ADD로 나아가기 위한 미래 비전을 공유하는 등 다양한 기념행사를 진행했다.

	또한 이번 행사에는 ADD 역대 소장 6명이 참석하여 그 의미를 더했다. 우리나라 정보통신의 산 증인이자 연구소 5대 소장인 서정욱 前 과학기술부장관을 비롯해 10대, 11대 김학옥 소장, 12대 황해웅 소장, 17대 박용득 소장, 18대 안동만 소장, 19대 박창규 소장 등이 기념식에 참석해 자리를 빛냈다.

	김인호 ADD소장은 기념사를 통해 "지난 46년을 되돌아보고 이제 미래 50년을 준비할 수 있도록 새로운 ADD를 구현해야할 때"라고 말하며, "연구소의 연구개발 역량을 강화하고, 방위산업체와의 상생협력을 통해 북한의 위협에 대비 할 수 있는 고품질 무기체계를 개발해야한다"고 강조했다. 또한 "게임 제작자 닌텐도가 증강현실 기술을 아이디어와 결합해 전 세계를 거대한 게임공간으로 만들어 흥행에 성공한 것은 참신한 창의력이 빚어낸 결과"라고 말하며, "연구소도 46년간의 지식과 지혜를 결집한 신개념, 신기술 개발을 통해 우리나라 안보의 중심으로 거듭나도록 노력할 것"이라고 전했다.

	붙임. 연구소 개발 무기 사진

보도자료를 배포할 때도 제목을 강조하라

보도자료 배포 형식을 갖춰 보도자료를 배포했다 하더라도 기자들은 먼저 보도자료 제목을 보고 기사화할 것인지 판단한다. 보도자료 제목이 마음에 들어야 본문을 읽어보는데 제목에서 기사화 여부를 결정한다고 보면 된다. 물론 평소 기자와 친분이 있다면 보도자료를 읽어보겠지만 기자들은 홍보담당자들을 한두 번 봐서는 잘 기억하지 못한다. 독자들이 기사 제목을 보고 읽을 뉴스를 선택하는 것처럼 기자들도 보도자료 제목을 보고 그 자료의 가치를 가늠한다. 그래서 보도자료 제목이 중요한 것이다.

짧은 시간 안에 기사를 써야 하는 기자들에게 '친절한' 보도자료만큼 반가운 건 없다. 일반 독자들이 이해할 수 있도록 기사를 써야 하는 기자 입장에서 쉽게 풀어쓴 보도자료라면 기사를 쓰기가 훨씬 수월할 수밖에 없다. 기자의 재해석이나 재가공을 거치지 않고 독자에게 직접 전달되어도 이해될 만한 내용이라면 보도자료 자체가 기사의 자격을 갖추었다고 할 수 있다.

제목은 일단 눈에 띄는 것이 좋다. 제목 하나만으로도 기사 내용을 짐작할 수 있어야 한다. 제목이 길면 눈에 쉽게 들어오지 않는다. 보통 15자 이내가 좋다고 말한다. 핵심을 찌르는 제목이 좋은 제목이다. 물론 쉽지 않다. 홍보 주니어들이 기자들처럼 제목을 잘 뽑기는 어렵겠지만 제목은 기사의 핵심을 보여줘야 한다. 그럴 리는 없겠지만 본문과 동떨어진 데다 무슨 내용인지 알 수 없는 제목이 가장 좋지 않다.

보도자료 내용은 배포 전에 한번 더 확인하라

홍보 주니어들은 쉽고 간단하게 쓸 수 있는 내용을 어렵게 표현하는 경향이 있다. 보도자료를 정확하게 작성하는 데에는 쉬운 말로 짧게 쓰는 것이 중요하다. 긴 문장을 이해하기 위해서는 몇 번 읽어야 한다. 어려운 용어와 화려한 표현은 쓰지 않는 것이 좋다. 한눈에 들어오고 한 번에 이해할 수 있도록 쉽고 간결한 문장을 쓰는 것이 좋다. 문장이 길어지면 짧은 문장으로 끊어 줘야 하는데 접속사가 필요한 부분에서 끊어 주면 된다. 유사하거나 중복되는 단어는 과감하게 줄일 필요가 있다.

그리고 한 문장에는 하나의 사실만 담아야 한다. 하나의 문장에 두 개 이상의 사실을 담으면 읽는 사람이 이해하기 어렵고 전달하고자 하는 내용의 초점도 흐려져 글이 매끄럽지 못할 가능성이 있다. 기자들은 문장 이해력이 빠르고 글에 관한 한 전문가다. 문장을 나누어 쓴다고 이해 못할 사람들이 아니다.

제목 못지않게 본문도 중요하다. 특히, 보도자료는 주어와 술어를 분명하게 써야 하고, 여러 문장으로 이뤄진 본문은 주어와 술어 간 서술 관계가 명확해야 한다. 그리고 주어와 술어가 가깝게 있으면 의미 전달이 더 명확하다. 주어와 술어 외에 꾸미는 말과 꾸밈을 받는 말도 가능한 가까이 있어야 문맥이 자연스럽고 이해가 쉽다. 만약 꾸미는 말이 길 경우에는 문장 앞쪽에 놓으면 이해하기가 쉽다.

무엇보다 보도자료 본문에서 중요한 것은 문맥이다. 보도자료 초안을 작성한 뒤에 누가 읽더라도 이해할 수 있어야 한다. 문장을 다듬는 순서는 우선 문단의 배치 순서가 자연스러운지 살펴야 한다. 그다음은 주술 관계를 따져 주어와 서술어가 잘 호응하는지 살펴보자. 그리고 동일한 주어를 반복해야 한다면 대명사를 쓰거나 문맥상 빼도 된다면 생략하는 것이 좋다. '이'나 '그' 등 지시대명사를 적절히 활용하면 글자 수가 줄어들어 문장도 짧아지고 이해하기도 쉽다. 물론 보도자료를 간결하게 작성할 수 있다는 장점도 있다.

보도자료는 추상적인 단어를 쓸 경우 의미를 이해하기 어렵기 때문에 홍보담당자들은 보도자료를 작성할 때 구체적인 단어를 쓰는 습관을 길러야 한다. 그리고 사람 이름이나 소속과 직책, 고유명사, 숫자, 날짜, 행사시간 등 보도자료와 관련된 정보는 꼼꼼하게 확인해야 한다. 틀린 내용이 보도되면 파장이 큰 것도 있지만 경영진이나 기자들로부터 홍보 역량에 대한 의심을 받을 수 있다.

특히 기업 입장에서 이름이 중요한 것처럼 기자들에게 행사 시간이 중요한 것은 두말할 나위가 없다. 언론 입장에서 방송사는 카메라를 배정해야 하고 보도자료에 언급된 시간이 틀리면 기자들은 물론 카메라 기자들도 고생한다. 이름도 마찬가지다. 틀린 이름으로 보도된 기사를 접한 당사자는 '홍보팀은 뭐하는 거야?'라고 생각하며 기분이 나쁠 수 있다. 내용에 따라 항의 전화를 받을 수 있고 심한 경우 명예훼손 소송을 당할 수도 있다.

보도자료를 읽는 독자는 기자들이다. 기자들은 보도자료 요지를 쉽게 파악하고 부족한 부분은 질문을 통해 보완할 줄 안다. 다양한 사회 현상과 취재원들을 취재하면서 기자들은 상황 판단력은 물론 기사 작성 능력을 갖고 있다. 홍보담당자가 제대로 보도자료를 작성했다면 이해하지 못할 기자는 없다.

기자들은 기사 끝에 바이라인(By-Line)을 적는다. 이름을 걸고 기사를 작성한다는 얘기다. 당연히 자신의 기사에 대한 애착을 갖고 있다.

사실과 다른 내용을 보도자료에 담는 것도 문제지만 틀린 내용 역시 후폭풍이 따른다. 홍보담당자는 제목뿐만 아니라 보도자료에 담는 내용에 대해 확인에 확인을 해야 한다.

퇴고(推敲)

'밀고 두드린다'는 말로 글을 쓸 때 문장을 가다듬는 것을 의미한다.

가도(779~843)라는 당나라 시인이 장안 거리를 거닐면서 시 짓기에 골몰하고 있었다.
閑居隣竝少 한거린병소 (한가로이 머무는데 이웃도 없으니)
草徑入荒園 초경입황원 (풀숲 오솔길은 적막한 정원으로 드는구나)
鳥宿池邊樹 조숙지변수 (새는 연못가 나무 위에서 잠들고)
僧敲月下門 승고월하문 (스님은 달 아래 문을 두드리네)

그런데 '스님은 달 아래 문을 두드리네'가 나은지 '문을 미네'가 나은지 고민할 때 갑자기 큰소리가 들려왔다. 깜짝 놀란 가도가 돌아보니 경조윤이란 벼슬을 지내고 있는 시인 한유(768~824)였다. 가도가 길을 막게 된 자초지종(自初至終)을 들은 한유가 가도에게 "내 생각에는 '두드리네'가 좋을 듯 하군."이라고 말했다.
이후 문학 작품을 가다듬는 것을 '퇴고'라고 부르게 되었다.

보도자료는 동시에 배포하라

　기자들에게 보도자료를 보낼 때에는 동시에 보내야 한다. 보도자료를 특정 매체 기자에게 먼저 보내고 다른 매체 기자에게 후에 보내는 것은 언론에 대한 예의가 아니다. 중요한 뉴스인데 보도자료를 늦게 주거나 보내지 않는다면 기자에게 물을 먹이는 것이 된다. 기자는 물먹는 상황을 가장 싫어한다고 앞에서 이야기했다. 물을 먹은 기자는 보도자료를 배포한 홍보담당자에게 항의를 하거나 이러한 상황이 반복될 경우 데스크에 건의해 해당 기업을 출입처에서 제외할 수도 있다. 좋은 뉴스는 굳이 그 매체에 나오지 않아도 되지만 문제는 부정적인 뉴스다. 불필요하게 특정 매체 기자와 불편한 관계가 되면 회사 이미지에 부정적인 영향을 미칠 수 있다. 기자들은 타 매체 기자들과도 친분을 갖고 정보를 공유한다. 보도자료를 보낼 때는 매체를 차별하지 말고 기자들에게 동시에 보내야 뒷말이 없다.
　신문은 물론 방송, 전문지, 인터넷 매체까지 동시에 보도자료를 보내려면 평소에 기자 리스트를 평소 꼼꼼하게 관리해야 한다. 공중파 등에 보도되면 좋겠지만 아이템 중에는 영상을 준비하기에는 시간 제약이 있거나 상황이 여의치 않아 방송에는 보낼 수 없는 경우도 있다. 신문이나 인터넷 매체에만 보내야 할 때도 있다. 종이신문이 인터넷 매체보다 영향력이 있다고 생각하는 사람들이 많은데, 종이신문에 보도된 기사는 다음 날 조간에 보도되기 직전에나 보도되고 나서 포털 사이트에 전송된다. 하지만 인터넷 매체는 기사 작성 직후 바로 포털 사이트에 전송된다. 인터넷 매체가 많다 보니 비슷한 기사가 동시에 포털 사이트에 게재가 되고 모바일 등을 통해 빠르게 확산된다.

큰 언론사의 경우, 하나의 분야에 재계팀, 전자팀, IT팀, 정당팀 등 여러 명이 팀을 이루어 취재를 하는 곳이 많다. 이런 팀은 많게는 십여 명이 넘는다. 보도자료를 공유하고 팀장의 지시에 따라 기사를 쓴다. 따라서 출입기자에게 문의를 해서 가능하면 해당 팀의 모든 기자들에게 보도자료를 보내는 것이 좋다. 팀원 전체에게 보도자료를 보내면 업계 기사를 묶어 보도할 수도 있고 어쨌든 기사화될 확률도 높아진다.

하지만 전혀 관련이 없는 기자에게 보도자료를 보내서는 안 된다. 기자들은 출입처를 옮겨 다니는데 예전 출입처에서 보낸 보도자료를 받기도 한다. 기자들이 예전 출입처로부터 보도자료를 받았을 때 담당기자에게 전달해 줄 수도 있지만 업데이트 하지 않은 것에 대해서는 좋지 않은 인상을 받을 수 있다는 것을 명심해야 한다.

보도자료를 배포할 때 간단한 편지를 써라

직장생활을 하다 보면 하루에도 몇 번씩 이메일을 주고받을 것이다. 아침에 출근하면 이메일부터 확인하지 않는가? 단순히 정보만 담은 이메일보다는 앞에 간단한 안부를 적은 이메일이 기억에 남는 법이다. 직원끼리 주고받는 이메일의 경우, 정보만 보내도 '바쁘다 보면 그럴 수도 있겠지만' 기자에게 보도자료만 달랑 보내는 것은 예의가 아니다. 기자도 사람이기 때문에 텅 빈 메일을 보면서 예의가 없다고 생각할 수도 있다.

편지라고 하니 주니어들은 뭔가 대단한 내용을 적어야 하나 싶겠지만, 먼저 자신이 누구인지 밝히고, 어떤 보도자료인지, 그리고 핵심 내용이 무엇인지 간단히 정리하면 된다.

다시 말하지만, 보도자료만 첨부한 것과 보도 요청 편지를 써서 보내는 것은 분명 차이가 있다. 다만 편지는 간단히 쓰고, 보도자료 핵심 내용을 정리해야 한다. 그리고 왜 뉴스거리가 되는지 구체적으로 설명하는 것이 좋다. 바쁜 기자들이 메일만 보고도 이해할 수 있도록 보내는 것이 관건이다.

보도자료는 메일 본문에 얹어라

보도자료는 기자를 대상으로 한다. 기자가 기사 작성하는 데 어려움이 없어야 한다. 이메일로 보도자료를 보낼 때는 보도자료 전체 내용을 이메일 본문에 얹어서 보내는 것이 좋다. 기자가 긁어서 바로 활용할 수 있다. 하지만 아직도 많은 홍보 주니어들이 본문에 쓰지 않고 보도자료를 첨부해 보내고 있다.

요즘 기업마다 보안을 강조해서 기업 내부에서 저장한 파일에 자동적으로 암호가 걸리기도 한다. 보도자료 파일을 열었는데 열리지 않을 경우 다시 홍보담당자에게 연락해 보도자료를 받아야 한다. 기자는 귀찮기도 하지만 귀한 시간을 빼앗겼다고 생각할 수 있다.

본인이 메일을 받았다고 생각해보라. 제목을 보고 메일을 열었을 때 내용을 바로 보는 것이 편할 것이다. 기자가 바쁜 상황이라면 첨부된 파일을 보지 못하고 메일 본문만 읽고 그냥 넘어갈 수도 있다. 그리고, 보도자료에 표나 사진이 있다면 보도자료 본문은 이메일에 얹고, 표와 사진은 별도 파일을 만들어 첨부해서 보낸다. 파일을 첨부할 때는 별도로 파일이 첨부되어 있다는 사실을 기자가 알 수 있도록 표기해야 한다.

일부 기업이나 기관 등에서는 보도자료를 멋지게 보이기 위해 워드파일에 디자인을 얹어 양식을 만들고 본문에 텍스트와 사진을 조합해 보도자료를 작성한다. 같은 내용을 한글파일과 PDF 파일로도 만들어 첨부한다. 보도자료를 보내는 홍보담당자 입장에서는 안전장치를 한다고 생각하겠지만 기자들은 좋아하지 않는다. 워드파일 안에 텍스트와 사진을 섞어 놓으면 기자들은 본문에서 사진을 분리하느라

애를 먹는다. 그리고 사진은 첨부파일로 보내야 한다. 사진을 본문에 텍스트와 섞어 만든 보도자료만 보내고 사진 파일을 별도로 보내지 않는 것은 '저는 초보입니다'라고 홍보하는 것과 같다.

또 주니어들이 많이 하는 실수는 사진만 보내고 사진설명을 누락하거나 반대로 사진설명은 있는데 사진을 보내지 않는 것이다. 사진을 별도로 첨부할 경우, 반드시 보도자료에 '사진설명'을 넣어야 한다. 사진이 여러 장이라면 사진마다 번호를 붙이고 모두 설명을 붙인다. 그럴 경우 기자들은 다시 전화를 걸어 물어보거나 바쁠 경우 기사가 작아지거나 최악의 경우 기사화를 포기할 수도 있다는 것을 잊지 말자. 때로 사진 설명은 보도자료 본문보다 중요할 수도 있다. 보도자료는 사진이 첨부될 때 크게 기사화될 가능성이 높아지기 때문이다. 시간 차이로 보도자료와 사진을 같이 보낼 수 없을 경우 보도자료 먼저 보내고 사진은 행사 후에 보내겠다고 언급하고 행사 후에 보내면 된다. 서두르다 보면 실수할 확률이 높다. 메일 본문에 인사를 하고, 본문을 얻으면서 정리가 된다. 보도자료 하나에도 꼼꼼하게 챙기는 습관이 몸에 배도록 하자.

중요한 사안은 기자회견을 통해 발표하라

　홍보담당자라면 기자회견과 기자간담회를 구분할 수 있어야 한다. 기자회견은 중요한 사건을 설명하거나 신제품을 소개하기 위해 신문, 통신, 방송과 같은 언론사를 통하여 그 내용을 알리기 위해 기자들을 초청해 입장을 발표하는 공식적인 행사다. 반면 기자간담회는 기자회견보다는 비공식적인 자리로, 시내 음식점이나 특정 장소로 기자를 초청해 사안에 대해 간략히 설명하고 이야기를 나누는 격식을 덜 갖춘 형태라고 할 수 있다.

　언론홍보 관점에서 보면 기자회견 현장을 방송 카메라로 스케치해 담으면 그 자체가 뉴스로 보도될 수 있다. TV를 통해 많이 접했겠지만 발표 내용도 무게감이 있고 분위기도 차분하다. 반면 기자간담회는 공식적인 입장 표명보다는 기업은 물론 업계의 전반적인 이해를 돕기 위한 자리다. 취재를 전제로 하지 않기 때문에 기자나 홍보담당자 모두에게 부담이 적다.

　기자회견의 목적은 공식적인 퍼블리시티(publicity)를 통해 언론에 뉴스를 공급하는 것이다. 공식적인 기자회견은 CEO가 주관하고 관련 임원들이 배석한다. 기자들은 뉴스로서 가치가 높은 콘텐츠를 기대하고 참석하므로 홍보담당자는 기자들의 기대에 부합하는 창조적인 퍼블리시티를 제공해야 한다.

　기자회견은 가장 전형적인 뉴스 발표 방법으로서 대중을 상대로 뉴스를 발표하는 데 있어 매우 효과적인 수단임에는 틀림없다. 그러나 기업에서의 기자회견은 신중하게 접근해야 한다. 미국 오하이오대학의 멜빈 헬리처(Melvin Helitzer, 1924~2009) 교수는 "기자회견은 반드시 필요할 때에만 진행하고 미디어의 시각에서 이루어져야 한다"고 했다. 요즘은 이메일이 일반화되어 보도자료는 물론 사진도 쉽게 보낼 수 있다 보니 기자회견이나 기자간담회는 많이 줄었다. 하지만 기자들과 지속적인 관계를 맺어나가기 위해서는 가끔은 기자 초청이나 간담회를 하는 것도 분명 효과가 있다.

그렇다면 기자회견을 열 수 있는 기준은 무엇인가? 발표 내용이 기자회견을 열어 발표할 정도의 가치를 지닌 것이어야 한다. 최고경영자의 승인을 받기 전에 언론의 속성을 가장 잘 아는 홍보부서의 사전 검토와 판단이 중요하다. 최고경영자가 기자회견을 해야 한다고 하더라도 홍보담당 임원을 포함한 홍보담당자들은 기자회견을 할 만한 사안이 아니라고 판단이 되면 논리적 근거를 들어 기자회견이 불가하다고 하든지 아니면 기자간담회 등으로 개최하는 등 다른 방법을 건의해야 한다. 만약 기자회견을 할 사안이 아닌데 기자회견을 강행할 경우, 기자들의 참석률이 저조할 뿐더러 참석한 기자들도 불만이 쌓일 것이다.

만약 홍보부서에서 판단이 서지 않는다면 기자단 간사를 만나 기자회견을 하는 이유와 발표하고자 하는 핵심 내용이 무엇인지, 장소는 어디가 좋은지, 또 진행은 어떻게 해야 하는지 등에 대해 협의를 해보는 것이 좋다. 만약 발표 내용이 보안이 필요하다면 엠바고를 지켜달라고 요청해야 한다. 그리고, 출입기자 간사가 없다면 친한 기자 몇 명에게 도움을 요청해도 괜찮다.

기자회견을 하기로 결정했다면 다음은 기자회견을 누가 주관할 것인가를 정해야 한다. 드물겠지만 기자회견을 임원이 주관할 경우 무게감이 떨어질 뿐 아니라 기자들도 참석하지 않을 확률이 높다. 기자회견은 언론사를 대표하는 기자들과 만나는 공식적인 자리이기 때문에 CEO 등 최고경영자가 주관하는 것이 좋다. 기자회견을 주관하는 사람은 발표하는 내용을 외우고 예상되는 질문과 답변 역시 충분히 숙지하고 있어야 한다. 완벽하게 준비되지 않았다면 기자회견은 연기하거나 안하는 게 낫다. 해당 주제는 물론 불쾌하거나 곤란한 돌발 질문 등 어떤 질문에도 능숙하게 답변할 수 있어야 하고 준비가 되어 있어야 한다.

기자들은 기자회견하는 회사나 조직의 입장 외에 업계 전반의 흐름을 알고 싶어한다. 회사에서 발표하는 뉴스가 업계는 물론이고 경제 전반에 어떤 영향을 미치는지 꿰뚫고 답변할 때 기자들은 만족한다. 큰 그림을 그려줘야 한다는 얘기다.

기자회견 당일에는 해당사업 담당임원이나 기술관련 책임자가 배석해 CEO가 답할 수 없는 전문적인 내용에 대해 부연 설명을 해줘야 한다. 사전에 불필요한 얘기를 하지 않도록 트레이닝을 시키는 것도 홍보담당자의 역할이다. 말 한마디 실수했다가 계획했던 기자회견과는 다른 방향으로 기사가 나갈 수도 있다.

주관자를 정했으면 날짜와 장소를 정해야 한다. 날짜를 정하기 전에 친한 기자 몇 명에게 중요한 행사나 기자단 일정이 없는지 확인해야 한다. 기자회견은 대부분 오전 10시 30분에서 11시 사이에 하는 것이 무난하다. 점심식사로 이어지면서 기자회견 때 나누지 못했던 얘기를 추가로 나눌 수 있고 분위기가 부드러워져 기자들과 스킨십하는데 유리하기 때문이다. 식사시간이라 편하게 얘기할 수 있으므로 사전에 CEO나 배석하는 임원들에게 기자회견 주제 외에는 자의적으로 답변하지 말고 홍보팀을 통하도록 해야 한다.

오후에 기자회견을 하게 되면 마감시간에 쫓기는 기자들은 상당한 부담을 가지기 때문에 참석률이 낮아진다. 단독이거나 뉴스메이커가 아닌 이상 바쁜 일상에 쫓기는 기자들은 근무시간이 아닌 저녁 시간에 하는 기자회견은 참석하지 않는다고 보면 된다. 그리고, 장소는 특별한 경우가 아니라면 기자들이 접근하기 쉬운 시내에서 하는 것이 좋다.

회사가 서울 시내에 있다면 회사 대회의실 등에서 하는 것도 괜찮다. 회사 규모를 보여 줄 수 있는 기회가 되기 때문이다. 지방이라면 기자들이 접근하기 쉬운 시내 호텔 등 콘퍼런스 룸에서 격식을 갖춰 진행하는 것이 좋다. 호텔의 경우, 직원 중에 기자회견 전문 선수(?)들이 많기 때문에 처음 기자회견을 하는 경우에 도움을 받을 수 있다. 꼭 호텔이 아니어도 회사 상황과 처지에 맞게 잡으면 된다.

기자들은 점심식사 후에 기사를 작성하는데, 홍보담당자들은 기자회견이 끝나자마자 회견 내용을 정리해 기자들이 기사를 작성하는 데 도움이 되도록 보도자료와 함께 배포해야 한다. 보도자료는 기자회견 전에 써놓고 추가내용은 업데이트 하면 된다. 물론 기자회견에 참석하지 못한 기자들에게도 보내 줘야 한다.

날짜와 장소를 정했다면 기자들에게 기자회견 참석 요청 이메일을 보내고 전화로 참석이 가능한지 확인해야 한다. 기자회견은 많은 기자들이 참석하도록 해야 한다. 다시 말하지만, 참석하겠다는 기자가 두세 명뿐이라면 일정을 바꾸는 것도 검토해야 한다. CEO가 주관하는 비전 선포나 유명인사가 참석할 경우 그리고 신제품을 출시하는 행사라면 취재기자 외에 사진기자와 카메라기자도 초청하는 것이 좋다.

취재기자에게 초청 메일을 보낼 때 사진이나 카메라 촬영을 요청하는 내용을 언급하고 전화를 통해 요청하면 된다. 홍보담당자가 판단할 때 기업의 역사 자료로서 가치가 있고 중요한 행사라고 판단이 되면 별도로 사진과 동영상 전문업체에 맡겨 별도로 촬영하게 하고 해당 자료를 참석하지 못한 기자들에게 이메일로 보내 줘야 한다.

다음에는 기자회견문을 준비해야 한다. 기자회견문은 대중들에게 알리고자하는 내용을 포함해야 한다. 길게 쓸 필요 없이 핵심 내용 위주로 작성하면 된다. 하지만 기자회견문은 기자회견의 성공 여부를 결정지을 만큼 중요하다. 기자들의 이해를 돕기 위해 불필요하게 길게 쓸 경우 오해를 불러일으킬 수도 있고 자칫 논란이 생길 경우 기자회견의 흐름이 다른 방향으로 바뀔 수도 있으므로 주의해야 한다.

기자회견문 작성이 마무리되면 기자회견문을 기초로 해서 보도자료를 작성해야 한다. 회사와 CEO 소개자료, 업계 동향 등을 모아 프레스 킷(Press Kit)을 만드는 것이 좋다. 보도자료 작성이 끝나면 기자들의 예상 질문을 뽑고 답변도 작성해야 한다. 질문은 홍보담당자가 주도적으로 작성하겠지만 답변은 관련 사업담당 직원들의 도움을 받는 게 낫다. 기자회견 후에는 간단한 기념품을 선물하는 것도 좋다. 비싼 선물이 좋을 수도 있겠지만 기자들이 부담스러워할 수 있으므로 기자단 간사와 사전 협의해서 정하는 것이 무난하다. 하지만 김영란법의 발효로 기자회견 등 기자대상 행사에 신경쓸 일이 많아졌다.

글로 풀었지만 기자회견 준비 과정을 체크리스트로 만들어 점검하고 혹 빠진 것은 없는지 꼼꼼하게 파악해야 한다.

기자회견 주요 순서

■ 기자회견 전

기자회견 필요성 검토 → 기자회견 이유 및 핵심 주제 선정 → 기자단 간사 미팅 및 협희 → 기자회견 장소와 시간 및 진행 방법 선정(장소/시간 확정) → 주관자 및 배석자 지정 → 보도자료 작성(프레스 키트 작성) → 예상 질문 및 답변 준비 → 기자회견 진행 계획 최종 보고 → 기자단 대상 참석 요청 → 전날 참석자 확인 → 현장 점검 → 기자회견 준비 완료

■ 기자회견 당일

당일 참석자 확인 → 프레스 킷 및 발표문 점검 → CEO 및 배석자 참석 확인 → 현장 확인(마이크 등) → 기자단 영접 및 안내(보도자료 배포) → 기자회견 및 이후 일정 공지 → 기자회견문 발표 → 질의 응답(주요 내용 정리) → 기사 작성 → 식사 장소 이동 → 선물 증정 및 환송

※ 기자회견 특성 및 발표 주제에 따라 순서나 내용은 달라질 수 있으므로 기업 현황에 맞게 운용해야 함.

기자회견을 하기 전에 리허설을 하라

　기업에서 기자회견을 한다는 것은 사안이 뉴스 가치가 높기 때문이다. 사안이 중요한 만큼 많은 기자들이 참석한다. 아침마다 몇 개 신문을 읽는 홍보담당자들은 알겠지만, 같은 내용의 사안이라도 누가 발표하느냐에 따라 크게 보도되기도 하고 단신에 그치기도 한다. 따라서 기자회견은 CEO가 주관하는 것이 효과가 크다.
　기자회견 때 발표할 내용은 이사회나 임원회의 등에서 결정하는 것이 좋다. 기자회견은 회사 입장만 발표하고 끝나는 것이 아니다. 언론을 통해 보도되었을 경우 기업 내부는 물론 대외적으로 어떤 영향을 미칠 것인지 예측하고 입장이나 대책을 준비하고 있어야 한다. 기자회견을 하면 엉뚱하거나 불쾌한 질문을 하는 기자가 있기 마련이다. 발표 내용에 대한 기자들의 질문에 어떻게 답변하느냐에 따라 언론의 보도 태도가 달라질 수 있기 때문이다. 전혀 예상하지 못한 질문 때문에 답변하는 사람이 당황해 불필요한 답변이나 행동을 하기도 한다. 불필요한 말 한마디, 행동으로 인해 기자회견 결과가 전혀 다른 방향으로 흐를 수 있다. 이런 불상사를 막으려면 첫째, 예상 질문을 잘 뽑아 적절한 답변을 준비하는 것이다. 또 질문을 들은 뒤 곧바로 답변하는 것보다 잠깐 생각하는 시간을 가지는 것이 좋다. 대답할 내용이 생각나면 말을 해도 되고 아니면 배석한 사람이 답변을 하면 된다.
　유명인사들이 답변을 잘하는 것은 타고난 것일 수도 있지만 질문을 예상하고 답변을 제대로 준비한 것도 있고 전문가로부터 체계적인 트레이닝을 받고 피나는(?) 연습을 한 덕분이다. 그리고 마지막으로 리허설, 즉 '가상 기자회견'을 한다. 예상 질문과 답변을 만들어 숙지한 뒤 기자회견을 하듯 카메라를 켜놓고 예행연습을 한다. 가상 기자회견에서는 홍보담당자가 실제 기자처럼 CEO에게 불쾌한 질문을 하고 약점을 캐묻는다. 실전처럼 진행하는 가상 기자회견을 반복하다 보면 웬만한 사람은 기자회견의 분위기에 익숙해진다. 가상 기자회견이지만 실전처럼 연습하다 보면 실제 기자회견에서 분명 실수를 줄일 수 있다.

기자회견에서 가장 주의할 것은 '오프 더 레코드'를 말하며 이것저것 늘어놓는 것이다. 질문에 답을 할 수 없다면 답을 할 수 없다고 말하고 모르는 것은 모른다고 하는 게 낫다. 정확하게 알지도 못하면서 대충 말했다가 낭패를 보는 사람들이 한둘이 아니다.

모른다고 답변하더라도 태도가 중요하다. 기자 질문에 대한 답변이므로 최대한 예의를 갖춰야 한다. 그럴 리는 없겠지만 기자의 질문에 거짓말을 하면 안 된다. CEO를 비롯해서 홍보담당자는 회사를 대표하는 사람이다. CEO가 거짓말을 하는 것은 물론이고 홍보담당자도 문제가 된다. 기자가 아무리 다그쳐도 바로 답변하지 말고 내부에 보고를 하고 관련 부서와 협의를 통해 정제된 답변을 해주는 것이 좋다. 기자에게는 보고하고 연락주겠다고 해야 한다.

'오프 더 레코드'외에 주의할 것은 '노 코멘트'다. 기자들은 자신의 질문에 '노 코멘트'라고 하면 인정하는 것으로 받아들인다. 모르면 모른다고 하고, 아니면 아니라고 답변해야 한다. '그 질문에 답변할 수 있는 위치에 있지 않다'거나 답변할 수 없는 이유를 솔직하게 말하는 것이 오해를 피하는 방법이다. 이런 답변을 가상 기자회견을 통해 연습하는 것이다.

기자들의 사명은 진실을 밝히는 것이고 언론의 사명은 진실을 보도하는 것이다. 기자는 늘 의심한다. 기자들이 기업이나 조직에 불쾌한 질문을 하는 이유는 사실 확인에 대한 취재 방법이다. 그러므로 기자의 질문이 불쾌하더라도 당황하지 말고 침착하게 답변해야 한다. 불쾌한 질문은 사실을 확인하려는 것 외에 답변하는 사람의 태도를 보는 면도 있다. 당황하면 계속 몰아붙여 대답을 유도한다. 기자가 다그치더라도 확인을 통해 감정적으로 대응하지 말고 답변에 대해 여유를 갖고 답하는 것이 좋다. 기자들은 기사가 된다고 생각하면 당장 기사로 쓰지 않더라도 언젠가는 쓴다. 한번 뱉은 말은 엎질러진 물처럼 절대 주워 담을 수 없다는 것을 명심하자.

뉴스현장에 기자들을 초청하라

흔히 대기업이라고 말하는 재계 순위 안에 드는 그룹이나 기업 등은 행사를 자주 한다. 스타트업 기업까지 포함하면 매일 한두 번은 행사가 있을 수 있다. 기업에서 기자를 초청하는 대표적인 행사는 기자회견, 비전 선포, 신제품 발표, 공장 초청, 기업설명회 등이다. 기자들은 프로그램이 알차다면 가능한 참석하려고 한다. 주관한 기업에 대한 관심도 있겠지만 CEO를 만날 수 있고, 평소 관심 있던 주제에 대한 트렌드나 깊이 있는 지식을 접할 수 있기 때문이다.

기업 입장에서는 중요한 이슈일지라도 언론사 입장에서는 크게 관심이 없을 수도 있다. 기자가 관심을 가질 수 있도록 프레임을 만들고 언론의 관심을 끌어야 기자가 관심을 갖고 참석하게 된다. 기업이든 정부단체든 행사를 개최하고 기자를 초청하는 가장 큰 이유는 언론을 통해 뉴스를 확산하고 긍정적 여론을 형성하기 위해서다.

기자회견 성공 여부는 기자단을 성공적으로 초청하느냐에 달렸다고 해도 과언이 아니다. 기자들이 관심을 가질 만한 주제를 잡고 참석이 용이한 장소를 정한 뒤 참석을 요청하는 간곡한(?) 편지도 써야 한다. 보도자료를 별도로 작성하기 때문에 초청장은 구구절절 길게 쓸 필요가 없다. 간단한 인사를 하고 주제와 일시, 장소, 식순 등을 한눈에 볼 수 있도록 행사 개요를 보내면 된다. 물론 중요한 행사일 경우 여건이 된다면, 아니 만들어서라도 언론사를 돌면서 행사를 알리고 기자회견에 초청을 해야 한다. 메일보다는 직접 만나 요청하는 것이 낫다는 얘기다.

삼성이나 현대자동차, SK, LG 등 그룹이나 대기업에도 기자실이 있다. 재계나 업계 기자들은 기자실에 정기적으로 들리거나 상주하면서 취재원을 만나고 취재나 미팅 등을 통해 기사를 작성한다. 기업이 별도로 기자실을 운영하지 않더라도 행사가 있거나 중요한 뉴스가 있을 때는 기자실로 찾아가 간사를 만나 협조를 요청하고 기자단을 대상으로 약식 간담회 등을 통해 행사 취지를 설명하고 참석을 요청할 수 있다. 기자실을 찾아가는 것을 귀찮아하거나 두려워하는 홍보담당자들이 있는데, 그럴 필요 없다. 시간이 여유가 있을 때는 식사를 하면서 얘기해도 되지만 일정이 바쁜 경우에는 기자실을 찾아가 인사를 하고 티타임을 가지면서 설명을 하거나 취재 요청을 해도 된다.

자주 있는 경우는 아니지만 기업이 관련 정부부처와 사업적으로 연관이 있다면 부처 기자실에서 브리핑을 할 수도 있다. 기업에서 해당 기자실이 아닌 정부부처 등 기자실에서 브리핑을 하고자 한다면 늦어도 2주일 전에는 해당 기자실 간사와 상의를 해야 한다. 다른 기업 등에서 브리핑을 할 수도 있고 정부부처 기자실은 매주 홍보 계획을 통해 일정을 공유하기 때문에 간사에게 발표할 내용에 대해 설명하고 브리핑할 수 있는 시간을 협조하면 된다.

기자실로 찾아가는 것 외에 1~2년에 한 번씩 공장이나 연구소 등으로 기자를 초청하는 방법도 있다. 공장을 완공했거나, 신제품이나 신기술 등을 개발했을 때 기자들을 초청해 취재를 지원하는 것이다. 기자들은 현장에서 보고 들은 정보로 취재원이 미처 생각하지 못했던 것들을 기사화하기도 한다. 기자들은 현장을 직접 보고 생생한 기사를 쓸 수 있고, 업계 동향이나 제품에 포함된 기술 등에 대해 지식과 정보를 얻을 수 있기 때문에 얘기가 된다고 생각하면 적극적으로 참가한다. 기업에서는 여건이 된다면, 정기적으로 기자 초청행사를 하는 것도 좋은 홍보방법이다.

취재협조 요청 사례

취재요청서

■ 홍보팀장 OOO
010-OOO-OOOO / pr@ligcorp.com

"홀트아동복지회 가정위탁 아동들 가을나들이 떠나요"

■ 행사 개요
- 행사명: 2014 LIG 사랑의 나들이
- 주 최 / 후 원: 홀트아동복지회 / (주)LIG
- 일시: 2014년 10월 14일(화) 오전 11시~11시30분(전달식)
  (세부 일정 아래 참고)
- 장소: 과천 서울대공원 테마가든/어린이동물원
※ 연락을 주시면 최선을 다해 지원하겠습니다.

홀트아동복지회(회장 김대열)는 (주)LIG 후원으로 10월 14일(화) 경기도 과천에 소재한 서울대공원에서 위탁아동과 위탁부모 300명이 참여하는 'LIG 사랑의 나들이'를 개최한다.

'LIG 사랑의 나들이'는 위탁아동들의 건강한 성장을 돕고 위탁부모와 애착을 증진시켜 보다 아동의 행복을 도모하는 자리로, 홀트아동복지회 서울지역 위탁부모 및 자원봉사자 200여명과 위탁아동 100명이 참여하는 대규모 나들이로 (주)LIG 후원으로 올해 3년째를 맞이하는 행사이다. 이날 위탁아동들은 비록 친부모가 아니지만 위탁부모의 손을 잡고 동물원도 가고 함께 뛰어보는 '생애 첫 나들이'로 의미 있는 시간이 될 것이다. 홀트아동복지회 김성은 홍보대사도 위탁아동의 가족으로 함께 참여할 예정이다.

홀트아동복지회에서 보호 받고 있는 위탁아동들은 위탁가정에서 지내는 기간이 길어 야외활동과 학습지원 등이 필요한 상황이지만 현실적으로 어려운 입장이었다. 이번 'LIG 사랑의 나들이'로 아이들과 위탁가정 모두 즐거운 행사가 될 것으로 기대하고 있다.

홀트아동복지회는 1965년부터 가정위탁사업을 시작하고 보호가 필요한 아동들의 신체적 정서적 발달을 도모해 왔으며, 59년 동안 우리 사회의 보호가 필요한 아동과 소외된 이웃을 위해 전문적인 복지서비스를 펼치고 있다.

■ 세부 일정

09:40	홀트아동복지회에서 출발
10:40	과천 서울대공원 도착
10:40~11:00	유모차 대여와 행사장 이동
11:00	김성은 홍보대사와 LIG사랑의 나들이 지원금 전달식/ 단체사진
11:30~14:30	점심 및 유아레크레이션
14:30~15:30	동물원 나들이, 자유시간
15:30	행사 종료 및 귀가

이메일 수신확인 기능을 활용하라

대기업이나 정부기관에서 보도자료를 발표할 때는 'OO월 OO일 조간부터'라든지 '배포 후 즉시' 등 보도를 희망하는 날짜와 시간을 정확히 기재한다. 하지만 보도자료를 자주 발표하지 않는 중소기업이나 스타트업에서는 보도를 희망하는 날짜와 시간을 정확하게 기재하지 않거나 아예 기재하지 않는 경우가 많다. 보도자료에 보도를 원하는 일시를 적어야 기자들도 언제 보도를 해야 할지 가늠할 수 있다. 아무 날짜도 없으면 언제 써야 할지 알 수가 없다.

보도요청 날짜는 보도자료 배포 양식이 있다면 첫 페이지 상단에 표시하고 별도 배포양식이 없다면 기자가 잘 알 수 있도록 보도자료 첫 줄에 잘 보이도록 표기해야 한다.

발표 날짜보다 앞서 날짜와 시간을 명시해 언제까지 보도를 하지 않는 조건으로 미리 보도자료를 보낼 때 엠바고(embargo)를 붙인다. 엠바고는 기자들이 기사를 준비할 충분한 시간적 여유를 주고자 할 때 붙이는 것이 목적이다. 엠바고를 붙이려면 출입기자단이 있으면 기자단을 대표하는 간사와 상의를 해서 확실한 약속을 받든지, 기자단이 없다면 보안을 철저히 하고 당일 보도자료를 배포하는 수밖에 없다. 엠바고는 기자들이 추가 취재를 해야 할 만큼 중요한 뉴스가 아니라면 피하는 게 좋다. 엠바고였는지 모르고 깨는 수도 있고, 알면서 의도적으로 지키지 않는 경우도 있다. 언론사에서 특종을 위해 기자에게 엠바고를 깨도록 지시하는 경우도 있고 기자가 특종 욕심에 깨기도 한다. 엠바고는 언제든지 깨질 수 있다는 걸 숙지하고 명심해야 한다.

엠바고를 붙이려면 보도자료 맨 앞머리에 붉은 글씨로 눈에 잘 띄도록 붙이면 된다. 예를 들어, '2000년 10월 10일(목) 조간부터 보도해 주시기 바랍니다'라고 엠바고를 붙이면 신문은 10일 아침에 게재하고, 방송은 9일 저녁 9시 뉴스에 보도를 하게 된다.

통신사와 인터넷 매체는 별도 마감시간이 없기 때문에 통신사나 인터넷 매체에도 엠바고를 지정하려면 날짜뿐만 아니라 시간까지도 지정해 엠바고를 붙이는 게 관례이다. 예를 들어 '신문은 10월 10일(목)자로, 통신 및 인터넷 매체는 9일(수) 오전 11시부터 보도해 주십시오'라고 붙이면 된다.

기자에게 보도자료를 보내고 나서 홍보담당자들은 기자에게 보도자료를 배포했다는 사실을 알려야 한다. 문자를 보내기도 하고 전화를 하기도 하지만 FN메신저나 카톡 등을 많이 활용하는 것으로 알고 있다. 이미 상당한 신뢰관계가 구축되었다면 보도자료를 보내기 전에 보도자료 배포 계획을 알려줬을 수도 있고 보도를 원하는 매체 기자에게는 그전에 알려줬을 수도 있다. 어쨌든 보도자료를 보내고 나서는 문자든 전화든 정중하게 보도자료 발송 사실과 수신 여부를 확인하는 것이 좋다.

새로 출입하게 된 기자에게 보도자료를 보낸다면 그전에 반드시 전화를 걸어 기업이나 자기소개를 하고 이러저러한 보도자료를 보내겠다고 연락을 해야 한다. 자연스럽게 식사 약속을 잡는 것도 괜찮다. 만약 출입기자가 바뀌었는데 누구인지도 모르고 예전 담당기자에게 보도자료를 보냈다면 어떻게 해야 할까? 기자가 전달해 주겠다고 하더라도 새로 출입하게 되는 기자에게 전화를 걸어 보도자료를 받았는지 확인해야 한다. '알아서 전달해 주겠지'하고 기다려서는 보도에 대한 의지가 없다고 판단해 보도 순위에서 밀릴 수 있다. 그렇다고 전화해서 꼭 보도해 달라고 부담을 주는 것도 바람직하지 않다. 보도자료의 핵심이 무엇인지 왜 보도를 해야 하는지 등에 대해 간단히 얘기하는 것이 낫다는 얘기다.

　기자들은 출입처에 따라 다르겠지만 대부분 신문사에 있지 않다. 정치부는 정당이나 국회, 각 부처 등에, 경제부 역시 각 부처, 금융당국, 은행 등에, 그리고 산업부는 그룹사나 업계 기자실 등 각각 맡은 출입처에 있기 때문에 기자들의 핸드폰 번호 확보는 필수다. 미디어 리스트는 언론홍보의 기본이다. 평소 기자들의 핸드폰 번호나 메신저 아이디 등을 확보해놓고 급한 일이 있으면 바로 연결될 수 있도록 해야 한다.

　보도자료 배포 후 기자에게 확인할 때는 이메일 수신확인 기능을 통해 기자가 메일을 확인하지 않을 경우 문자메시지 등으로 언질을 주는 것이 좋다. 보도자료 보내는 시간이 대부분 오전이므로 정보 보고를 하거나 회의 등으로 인해 확인할 겨를이 없을 수 있기 때문이다. 그래서 보도자료를 보내고 나서 문자를 통해 보도자료 배포 여부를 알리고 30분에서 1시간 이내에 메일을 확인하지 않으면 그때 전화를 해서 확인하면 된다. 물론 전화통화를 싫어하는 기자가 있으므로 주의해야 한다.

　보도자료는 이메일로 보내기만 하면 끝나는 게 아니다. 담당기자가 휴가나 당직, 외근 등으로 확인을 하지 못할 수도 있고, 메일이 꽉 찼거나 오류로 인해 기자에게 전달조차 되지 않았을 수도 있다. 이메일로 보도자료를 보냈을 때는 수신확인 기능을 통해 30분 정도 지나 수신확인이 되지 않는 기자들에게는 문자를 보내는 것이 좋다. 수신확인이 된 상태에서 문자를 보내 확인할 필요는 없다. 수신확인이 된 상태에서 문자까지 보내 확인하라고 하면 바쁜 기자를 독촉하는 셈이다. 이후에는 기자에게 맡겨보자.

보도자료 배포 후 기자의 전화를 잘 받아라

　기자들은 보도자료를 받으면 우선 보도자료 제목을 보고 기사를 쓸 것인지 말 것인지, 쓴다면 무엇을 야마로, 분량은 어느 만큼 쓸 것인지 결정한다고 한다. 기자들은 보도자료로 부족하면 홍보담당자에게 추가 자료를 요청한다.
　새로 출입했거나 얼굴을 모르는 기자라면 전화를 해서 인사도 하고 점심약속을 잡는 것도 괜찮다. 물론 오자마자 인사를 하는 것이 제일 좋다.
　보도자료를 보냈으면 다음에 할 일은 기자들의 취재 문의 전화를 잘 받는 것이다. 기자들이 전화해서 문의하는 것은 신문과 방송에 따라 조금 차이가 있겠지만 비슷하다. 상세 내용이나 구체적인 숫자 확인, 보도자료 관련하여 전문가 소개, 관계자 인터뷰 요청, 관련 영상자료나 사진 요청 등이다. 보도자료를 작성할 때 잘 반영하면 좋겠지만 혹 누락되었더라도 기자의 문의 전화를 받아 대응하면 된다.
　기자들이 요청할 경우에는 가능한 즉시 조치해 주는 것이 좋다. 바로 대응할 수 없는 것은 중간에 진행 상황을 공유해 주고 협조가 어려운 것은 어렵다고 말하는 것이 낫다. 간혹 방송기자들은 보도자료 아이템이 방송 취지에 맞다면 좋은 그림을 위해 보도자료에 언급된 현장에 대해 취재협조를 요청하기도 한다. 보도자료에 언급한 취재현장에 대해 취재요청을 할 경우 최대한 취재 지원을 하고, 취재 지원이 어렵다면 보도자료에 관련 내용을 넣지 말아야 한다. 그리고 보도자료를 냈으면 보도가 되는지, 된다면 언제 뉴스가 보도되는지 모니터링을 해야 한다.

기업에서 보도자료를 과도하게 부풀려 써서도 안되겠지만 보도자료를 배포했으면 모니터링을 해야 한다. 언론사의 보도 내용이 틀리거나 보도 방향이 다르면 신속히 취재기자에게 연락해서 관련 내용을 설명하고 오보를 바로잡아야 한다.

보도자료 배포 후 통신사나 다른 인터넷 매체에서 보도자료가 최초 보도된 후에는 저녁 가판신문에 보도가 된다. 현재는 가판이 많이 없어졌지만 가판신문의 경우 기사 정정이 가능하기 때문에 가판을 확인하고 기사에서 잘못된 내용이 있으면 바로잡아야 한다. 방송사가 취재를 했으면 방송뉴스도 모니터링을 해야 한다. 마지막으로 다음 날 조간신문을 모니터링 해야 한다.

보도가 끝나면 보고를 해야 하는데 매체별로 보도된 기사를 비교 분석해서 기사 제목과 주요 내용 그리고 기자명과 기사 분량, 지면 보도 유무 등을 정리한다.

보도 내용을 보고한 뒤에는 취재기자에게 기사에 대한 소감과 반응을 알려 주는 것이 좋다. 기자는 독자나 시청자들이 기사에 대해 긍정적인 반응을 보일 때 보람을 느낀다. 문자나 이메일을 보내도 좋고 식사 약속도 잡으면 좋다. 언론에 매번 긍정적인 기사만 보도될 수는 없으므로 부정적인 기사가 났을 경우 사실 확인도 할 겸 피드백을 해 주는 것이 좋다.

오보는 신속하게 대응하라

언론홍보 관점에서 오보(誤報)는 사실과 다르게 보도된 경우를 말한다. 사회 현상이 다양해지면서 언론매체는 전통매체 외에 인터넷 매체까지 그 수가 기하급수적으로 늘어나고 있다. 다양한 미디어 환경에서 기자의 수는 늘어나고, 이들에 의해서 생산되는 뉴스의 수도 늘어난다. 아울러 기자들의 취재 범위가 넓어지면서 직접 취재보다는 루머나 소문만으로 기사를 작성하기도 한다. 사실과 다르게 보도된 뉴스는 그 대상이 된 기업이나 인물에게 이미지 손실과 명예훼손 등 부정적 영향을 미친다. 여러 원인이 있겠지만 오보는 홍보담당자의 전문 지식이나 정보 등의 부족이나 역량 부족으로 인한 판단 착오가 가장 크다. 물론 언론사나 기자들이 가진 불가피한 상황 때문에 발생하기도 한다.

기자들이 정확한 사실 보도보다는 확인이 덜된 내용을 서둘러 기사화하는 속보 경쟁으로 인해 종종 뉴스의 사실 확인을 생략하고 선보도 후 확인하는 현상이 증가하고 있다. 특종과 낙종이라는 언론사의 이원화된 평가 시스템으로 인해 기사 생산량이 많아지면서 오보 발생률이 높아지고 있는 것이 현실이다. 전문가들은 간략하게 축약된 보도의 관행이나 마감시간의 상황, 취재원의 신뢰성 여부, 기자의 전문 지식 부족과 선입견, 경쟁적 보도 관행 등 이유는 다양하다.

기업 입장에서 보도자료의 작성과 배포 과정에서 꼼꼼하게 확인하면 오보를 막을 수 있다. 보도자료 내용을 알기 쉽게 작성하고, 전화나 미팅을 통해 충분히 설명하고, 참고할 만한 배경 자료 등을 충분히 준비해서 기자의 이해도를 높일 필요가 있다. 기자들이 충분한 시간을 갖고, 담당기자와 대화를 통해 보도자료 주요 내용을 충분히 숙지시키고 제대로 기사화가 될 수 있도록 준비하는 체계가 필요하다. 그리고 기사를 작성하게 될 기자의 성향을 사전에 잘 파악하는 것도 오보를 최소화하는 데 도움이 될 것으로 본다.

하지만 언론보도는 일정한 통과 틀을 유지하고 특정 뉴스를 전달하기 때문에 보도자료가 맞지 않으면 보도에서 누락되기도 한다. 또한 함축된 내용으로 보도해야 하기 때문에 지면이나 시간에 제약이 많다. 따라서 오보를 방지하기 위해 홍보담당자들은 전달하고자 하는 핵심을 잘 선정하고 이를 명쾌한 표현으로 자료를 작성하는 역량을 길러야 한다. 그리고 자료 등을 제공할 때에는 꼼꼼하게 확인하는 시스템을 구축해야 한다. 특히 급박하게 돌아가는 위기 상황에서 오보가 발생할 경우를 대비해 신속하고 전략적인 대응을 할 수 있도록 위기관리 매뉴얼을 구축할 필요가 있다.

오보가 위험한 이유는 다양한 매체들이 펼치는 보도경쟁으로 인해 내용의 진실 여부와 상관없이 특정 내용들이 순식간에 확산되는 언론 환경 때문이다. 특히 최근에는 스마트폰의 확산으로 실시간으로 뉴스를 접한 이용자들은 실시간으로 뉴스를 재확산한다.

오보가 발생할 경우 기사를 작성한 기자나 보도한 언론 매체는 명예가 훼손되고 신뢰가 하락되는데 오보의 대상이 되는 기업 역시 국민과 고객들에게 대한 이미지가 추락하는 불이익을 당한다. 물론 정정 보도를 통해 추후에 사실을 보도할 수도 있지만 국민들이 해당 정정 보도를 접할 수 있을지도 미지수고 정정 보도를 접하더라도 얼마나 신뢰할지 알 수 없다.

기업 홍보담당자가 오보를 막는다는 것은 불가능하다고 보는 견해가 많다. 막기보다는 오보를 사전에 예방하고 발생 시 신속히 대응해 확산을 차단하고 피해를 최소화하는 노력이 현실적인 대안이 될 수 있다. 그러기 위해서는 오보가 발생할 수밖에 없는 위와 같은 상황에 대한 이해와 발생할 여지를 줄이는 노력은 물론 발생시 신속하게 대응함으로써 리스크를 최소화하는 전사적인 시스템 구축이 필요할 것으로 본다.

그렇다면 이러한 오보에 대응하는 방법과 절차는 무엇일까? 오보는 아무리 방지한다고 하더라도 완벽한 예방은 불가능하다. 그렇다고 오보를 그냥 두면 사실이나 진실이 왜곡된 형태로 공중에게 전달되는데, 문제는 전달된 내용은 국민이나 공중이 그 내용을 사실로 받아들이게 된다는 것이다. 이러한 오보로 대국민 신뢰도가 떨어지고, 내부고객인 직원들의 조직 만족도가 하락하는 부작용이 발생할 수 있다. 오보를 예방하고 그로 인한 피해를 최소화하는 일은 기자만의 일이 아니라, 홍보담당자 역시 중요한 과제라 할 수 있다. 신속한 대응도 중요하지만 임기응변으로 대응하지 말고 관련 부서나 법무팀의 검토를 포함, 회사 차원으로 대응해야 한다. 오보는 또 다른 오보를 부르기 때문이다.

정정 요청은 신속하게 하라

　홍보를 하다 보면 모르는 기자로부터 전화를 받을 때도 있다. 물론 부정적인 이슈가 발생했을 때가 대부분이지만 긍정적인 뉴스가 나간 뒤에 전화를 받을 때도 있다. 당연히 긍정적인 내용으로 보도되는 줄 알고 답변을 했는데 가끔 부정적으로 보도가 되는 경우가 있다. 관계자 멘트까지 넣어서 홍보담당자를 난감하게 할 때다. 기자에게 수정을 요청했을 때 수정을 해 주면 다행이지만 묵묵부답인 경우도 있다.

　파급력이 큰 기사가 아니라면 몰라도 오해의 소지가 있거나 관계자가 불이익을 당하거나 피해를 입을 수 있는 경우라면 찾아가서라도 빨리 수정을 해야 한다. 물론 처음부터 정제된 답변을 해야 하지만 기자가 의도를 갖고 전화를 걸어 멘트를 땄다면 답이 없다. 답변할 때 신중했어야 하지만 기자가 정색하며 '직접 한 얘기 아니냐?'며 나 몰라라 할 수도 있다. 그래도 논리적으로 그리고 단호하게 의견을 말하고 수정을 요청하는 것이 좋다. 그래도 안 된다면 기자에게 양해를 구하고 수정이나 삭제가 필요한 내용을 정리한 뒤 데스크를 찾아가 설명하는 방법도 있다.

　신문은 인터넷판이라도 수정할 수 있는 반면 방송은 한 번 방송되면 인터넷판이나 다음 시간 뉴스에 보도되기 전에 편집될 수 있도록 신속하게 움직여야 한다. 이미 방송에 나간 화면은 어쩔 수 없더라도 포털 등에 게재되는 다시보기 화면에는 수정된 내용이 반영되도록 노력해야 한다. 홍보 주니어뿐 아니라 홍보담당자들이 가장 난감한 상황이다.

※오보에 대한 단계별 대응 4단계(홍장선)

1. 단순 오보의 시정 단계

이 단계에서는 평소 업무 습관의 생활화를 강조하는데, 언론 매체와 각 담당기자의 연락처는 지갑처럼 항상 지참해야 한다. 연락처는 전화, 휴대폰 번호, 팩스, 이메일 등 기초 항목이 제대로 적혀 있어야 한다. 기사 중에 실적이나 수치, 이름 등 틀린 내용이나 틀린 문자가 발견되면 즉시 담당기자의 부서나 편집부, 교열부에 이를 알리고 수정을 요구하면 된다. 시정이 생각보다 늦거나 안 될 경우 정확한 사실이 전달되도록 정정 보도를 요구하거나 추가로 정확한 사실 보도를 진행토록 한다.

2. 오보 시정이 가능할 경우의 단계

오보의 내용이 보도된 해당 언론 매체의 담당기자에게 연락을 취해서 상황을 설명하고, 오보의 잘못된 면을 언급해 수정을 요구한다. 오보 내용을 뒷받침할 수 있는 사실 자료를 빨리 해당 기자에게 전달해 빠른 대응의 자세가 필요하다. 혹 담당기자가 오보임을 인정하지 않는다거나 수정 요구를 거절한다면, 해당 부서의 데스크와 접촉해 오보 내용에 대한 상황을 잘 설명하고, 수정 보도가 신속하게 이루어질 수 있도록 강하게 요구한다. 해당 부서의 데스크와 접촉할 경우는 PR 담당자뿐만 아니라 부서장이나 기관장도 같이 동석해 설득하면 좋다. 오보 수정의 요구는 흥분된 감정을 최대한 자제하고 논리적 화술로 대응해야 하는데, 해석 문제로 마찰이 있을 경우 기자가 바라본 측면이 아닌 다른 측면에서 다각적 해석이 가능할 수 있음을 합리적으로 설명해야 한다. 그리고 신문의 경우 오후판이나 익일 오전판과 같은 후속 발행 신문에, 방송의 경우 다음 방영시간대 뉴스 프로그램에 수정한 내용이 보도될 수 있도록 요구한다.

만약 오보 내용이 시정되지 않는 경우는 해당 행정기관이나 공공기관의 반론이 게재될 수 있도록 별도의 입장이 표현된 내용을 게재할 수 있어야 한다.

3. 오보 시정이 안 될 경우

이 단계는 담당기자 선에서 해결이 되지 않는 상태로, 해당 부서 데스크나 편집국장, 해당 언론 매체의 고위간부와 접촉을 시도해 사태의 문제점을 확실하게 밝혀야 한다. 동시에 타 매체에서 추가 기사화가 되는 파급을 최소화하기 위해 언론 매체를 직접 방문해 사정을 설명하고, 해명자료나 추가 이슈화할 수 있는 아이템 퍼블리시티를 전달해 추가 확산을 막아야 한다.

혹 불가피한 경우 엠바고를 요청해 양해를 구할 수도 있다. 엠바고 기간 동안 문제의 원인을 찾아 시정하고, 담당기자와 해당 언론 매체와 신뢰도 유지와 관계를 긍정적으로 가져갈 수 있도록 노력해야 한다. 그리고 경우에 따라서는 해당 언론 매체를 위한 특별 광고를 집행하거나, 언론 매체 주최 거대 이벤트나 프로모션 행사 협찬 등 재정 지원 제의를 시도하는 등 문제 해결을 위한 다양한 해법을 제시해야 한다.

4. 언론중재 제도를 활용하는 단계

반론 보도 청구나 정정 보도 청구와 같은 해결 방법이 있으며, 보통 언론중재위원회를 통해서 시행한다. 반론 보도는 언론 매체의 뉴스화로 피해를 입은 기관이나 당사자가 해당 언론사에 반론 보도를 요청하는 행위를 말한다. 반론 보도는 해당 기관의 PR 담당자가 작성한 반론문을 게재하거나 방송할 것을 요구해서 올바른 사실관계를 밝히는 작업이 있어야 한다. 정정 보도는 허위 보도를 진행한 언론 매체 스스로가 해당 기사의 내용이 오보임을 인식하고 잘못을 시인하는 행위다. 정정기사를 게재하거나 방송해 주도록 요청해야 하며, 올바른 사실관계를 밝힐 수 있도록 사실에 근거한 원래의 기사 내용을 사과문과 함께 보도할 수 있도록 한다.

언론중재위원회는 언론 보도로 피해를 입은 기관이나 사람들이 해당 문제를 해결하고 피해를 제대로 구제받기 위해 만들어진 제도다. 방송이나 신문, 인터넷과 같은 언론 매체의 잘못된 보도로 피해를 입은 당사자나 기관이 중재 신청을 할 수 있다. 서울을 비롯한 10여개 도시에 언론중재위원회 중재부가 설치되어 있다. 언론중재위원회에 중재 신청은 언론에 보도된 기사의 내용을 접한 날을 기점으로 1개월 이내에 진행하거나, 뉴스화가 된 날로부터 6개월 이내에 신청한다.

또한 언론 매체에 직접 반론 보도나 정정 보도를 청구한 경우 기자와 언론 매체, 그리고 PR 담당자와 해당 기관 간에 조율이나 합의가 되지 않는 날을 기점으로 14일 이내에 중재 신청을 하는 것이다. 언론 중재 신청은 소정의 양식 1부와 함께 문제된 언론 매체의 보도 내용문 원본 혹은 본문과 PR 담당자가 작성한 반론 보도문이나 정정 보도문을 함께 첨부해 언론중대위원회에 제출하면 된다. 만일 신고 기간을 초과하거나 넘겼을 경우에는 민사소송이나 형사소송과 같은 여ㄹ도의 법률제도를 이용한 구제를 진행할 수도 있다.

방송용 보도자료는 영상이 중요하다

아무리 좋은 뉴스라도 영상이 없으면 방송으로 보도하기 어렵다. 그렇다고 불가능한 건 아니다. 방송뉴스는 영상으로 메시지를 전달하기 때문에 영상의 완성도에 따라 시청자들이 받아들이는 영향력은 강력하다. 빅뉴스(Big News)인 경우 방송사는 관련 영상을 편집해 뉴스를 만들기도 한다.

방송은 신문보다 적은 수의 뉴스를 보도하지만 공중파 TV의 위력은 신문보다 훨씬 강하다고 보는 견해가 많다. 뛰어난 홍보담당자라 하더라도 광고와 아이템의 도움 없이 공중파 메인뉴스에 기업 뉴스가 보도되도록 하는 것은 그만큼 어려운 일이다. 일단 보도되면 수백만 명 이상의 시청자에게 동시에 노출되므로 영향력이 엄청나다. 하지만 부정적인 뉴스라면 그만큼 기업 이미지와 기업 가치는 추락하고 주가도 곤두박질친다.

기업들은 중요한 행사가 있을 경우 방송사 등에 취재 요청을 하거나 직접 촬영한 뒤 방송용 보도자료를 제작해 방송사에 제공한다. 별도 제작한 뉴스는 사내 게시판이나 유튜브 등에도 게시한다. 규모가 큰 그룹들은 뉴스를 제작할 수 있는 방송팀을 운영하기도 하지만 보통 기업들은 중요한 행사가 있을 경우 방송용 보도자료를 전문적으로 제작해 주는 회사에 의뢰해 제작도 한다. 물론 보도자료 발표없이 기념사진 몇장 촬영하는 것으로 끝나는 회사도 있지만 말이다.

방송용 보도자료는 신문보다는 내용을 압축하는 것이 좋다. 방송기자에게 보도 요청을 할 때에는 보도자료 중 어떤 내용이 방송 영상으로 적합한지 설명할 수 있어야 한다. 어떤 아이템이 준비되어 있으며 왜 취재를 해야 하는지 설득할 수 있어야 한다. 1차로 기자를 설득하지 못하면 방송에 보도되기는 불가능하다. 방송용 보도자료는 신문에 보내는 보도자료와는 조금 다르다. 하지만 대부분 홍보담당자들은 신문과 방송 구분없이 일률적으로 작성된 보도자료를 기자들에게 동시에 배포한다. 인력 등에서 여력이 없는 것도 있지만 신문과 방송이라는 매체 특성을 감안하지 않는 탓이 크다. 귀찮았을 수도 있고 몰랐을 수도 있고 여러 이유가 있을 것이다. 다르다는 것을 몰랐다면 왜 다른지, 어떻게 다른지 별도로 공부를 해야 한다.

방송뉴스는 방송이 가능한 시간대가 제한적이다. 일간지 신문에 실리는 기사가 200여 건 정도인 반면 9시 뉴스에 나오는 뉴스는 보통 35~40개 정도라고 한다. 더구나 방송의 경우 국민적인 관심이나 사회적인 이슈를 많이 다루기 때문에 절반 이상이 정치 경제나 사회와 관련된 뉴스다. 결국 기업이 보도자료를 통해 발표한 내용이 뉴스로 보도될 확률은 그만큼 낮다고 봐야 한다. 하지만 보도자료가 국민적인 관심과 사회적 이슈와 연관되어 있다면 얘기는 달라진다. 평소 기자들과 적극적으로 소통하고 방송 뉴스에 맞는 아이템을 보도자료로 만들어 배포해보자.

방송 뉴스는 방송기자들이 흔히 말하는 '그림'을 중시한다. 신문 기사는 제목과 리드로 독자들의 관심을 끌지만 방송 뉴스는 제목과 영상이 관건이다. 결국 제목은 두 매체 모두 중요시하므로 신문의 리드와 방송의 영상이 각 매체 특성을 반영했다고 볼 수 있다. TV나 라디오를 흔히 '헤드라인 서비스'라고 한다. 요즘 네이버 등 포털 사이트나 모바일에서도 제목, 즉 헤드라인으로 주목을 끌어야 이용자의 클릭을 유도할 수 있다. 오죽하면 클릭을 유도하기 위한 낚시용 제목이 있겠는가? 포털 업체에서도 기자들을 비롯해 언론사 출신들을 채용해

기가 막히는 제목을 붙이고 있다.

　방송뉴스는 전달하고자 하는 메시지와 적확한 케이스, 그리고 전문가나 관계자의 인터뷰 등 3가지로 구성되어 있다. 방송용 보도자료를 보낼 때 주제가 무엇인지, 언제, 어디서, 누구 인터뷰를 할 수 있는지, 어떤 제품이 촬영 가능한지 등 기자들이 헤드라인을 뽑을 수 있도록 방송에 필요한 핵심 내용을 알려 줘야 한다. 방송뉴스는 리포트와 단신으로 나뉘어지는데 리포트(주요 뉴스 1꼭지)는 보통 취재기자 리포트 1분 10초, 앵커 멘트 10초, 인터뷰 10초 등 1분 30초짜리 24개(36분) 분량이다. 그리고 단신은 10초~20초짜리 12개(3분), 띠단신 등으로 분류된다. 방송기자들은 1분 30초 내외의 제한된 시간과 싸움을 하고 있다고 보면 된다. 그 싸움에서 이기려면 영상, 즉 그림이 생명이다.

　특히 인터넷 방송은 지면이 제한된 종이신문과 달리 뉴스 가치가 상대적으로 낮거나 업계에 한정된 지엽적인 얘기도 뉴스가 될 수 있다. 하나의 기사에 여러 사진과 박스 기사, 그리고 인터뷰까지 넣을 수 있다.

　홍보 기획을 할 때 이러한 인터넷 매체의 장점을 적극 활용할 수 있도록 다양한 자료를 준비하면 의외의 성과를 거둘 수도 있다.

　꼭 뉴스가 아니더라도 프로그램을 통해 기업 소식을 알릴 수도 있다. 방송사에는 기자들이 만드는 뉴스 말고도 PD들이 만드는 프로그램이 많다. 방송을 통해 홍보를 하고 싶다면 뉴스 외에 다른 방송 프로그램도 분석해서 우리 회사를 알릴 만한 프로그램은 없는지 찾아보자. 방송뉴스가 잘 나가야 1분 30초라면 TV 프로그램은 10분 이상도 노출이 가능하므로 홍보 효과는 뉴스에 결코 뒤지지 않는다.

　이런 프로그램에 노출하기 위해서는 해당 프로그램의 PD나 방송

작가에게 전화를 통해 문의하고 관련 정보를 제공하면 된다. 프로그램 출연에 실패하더라도 프로그램에 관심을 가지고 성의를 보였다면 언젠가 PD나 방송작가들이 연락을 해올 수도 있다. PD나 방송작가들도 기자들 만큼이나 아이템에 목말라 있기도 하지만 섭외를 담당하는 작가들은 1~3개 프로그램을 겹치기로 작업하는 것은 물론 작가들끼리 아이템이나 취재원을 공유하기 때문이다.

기업 홍보담당자 입장에서는 우리 회사가 어떤 기업군에 속하는지 그리고, 어떤 신사업을 하고 있는지, 그리고 공장 등 현장에서 어떤 제품을 생산하는지 등을 보여 주는 것도 홍보 아이템이 될 수 있다. 사실 이런 아이템은 특정 시기가 아니면 방송 뉴스에 노출하기가 쉽지 않다. 매체별로 프로그램을 분석해서 우리 회사와 연관되는 아이템을 발굴해 내는 것도 홍보담당자로서 중요한 역할이다.

방송용 보도자료에 대한 이해

방송용 보도자료는 완성형 VNR과 B-roll 등 두 가지가 있다. 완성형 VNR은 스토리가 있어 뉴스를 보는 것처럼 만드는 것이고 B-roll은 스토리보다는 녹화한 영상 그 자체라고 할 수 있다. B-roll은 방송사가 뉴스나 프로그램을 편집할 때 자료화면으로 쓰게 되므로 스토리 전개에 따라 편집을 할 필요는 없다. 보통 기업에서는 VNR과 B-roll의 중간 단계 수준에서 방송기자에게 전달하는 경우가 많다.
요즘은 종이신문도 닷컴을 보유하고 있고 인터넷 매체에서도 활용할 수 있기 때문에 인터넷 매체용으로 VNR을 편집해서 제공하는 것도 좋을 것이다.
단, 주의할 것은 VNR을 제작할 때는 방송기자들이 재편집할 수 있도록 VNR의 비디오 음성을 분리해야 한다. 인터넷 매체나 웹뉴스로 쓸 수 있도록 WMV 형식의 압축 파일이 화질이 선명하다.
VNR은 일단 만들어놓으면 사내 홍보용으로도 활용할 수 있다. 편집해서 홈페이지에 게시해도 되고, 기업 홍보동영상으로도 활용할 수 있고, 신제품 발표회나 전시회 등에서도 활용할 수 있다.

부정적인 기사에 대응하는 법

기업 관련 부정적인 기사가 보도되는 상황은 여러 경우가 있다. '이 또한 지나간다'고 생각하고 무대응으로 기다리는 경우도 있는데, 현명한 방법은 아니라고 생각한다. 기업의 대응 역량과 노하우에 따라 대응 방법이 다르겠지만 신속히 대책회의를 열고 대처하는 것이 중요하다.

일반 직원들도 마찬가지겠지만 특히 홍보담당자들에게 출근 전에 걸려오는 전화는 부정적인 기사에 대한 확인 전화인 경우가 대부분이다. 단독기사인 경우 마지막 판에 싣고 인터넷에도 늦게 올리기 때문에 조간신문을 본 기자들이 보고를 위해 사실 확인과 상황 설명을 듣기 위해 전화를 한 것이다. 이럴 경우는 홍보담당자들도 모르는 경우가 많으므로 최대한 빨리 상황을 파악하고 타 매체 기자들의 추가 문의에 대비해야 한다.

이처럼 갑자기 부정적인 기사가 보도되는 경우 단독으로 보도된 기사에 대한 사실 확인과 상황 파악이 중요한 이유는 소위 물먹은 기자들의 추가 취재에 대비하기 위한 최소한의 조치이기 때문이다.

사실을 확인한 뒤에는 기자들에게 논리적으로 설명할 수 있는 자료를 만들어 회사 내 주요 관계자들에게 전파하고 한목소리로 대응해야 한다. 기자들 중에는 필요한 취재거리가 있으면 바로 해당 임원이나 CEO는 물론이고 경쟁사 등에 전화해 취재한다. 물론 국민의 알 권리를 지키기 위해서가 이유다. 이런 경우는 사실 홍보담당자들에게도 부담스러운데 해당 부서 직원들은 어떻겠는가? 전화를 받은 직원이 주니어거나 홍보에 대한 감이 없다면 기자의 유도 심문에 불필요한 내용까지 답변할 수 있어 자칫 기사 방향이 틀어지거나 이슈가 확대될 수 있다. 전화 취재는 기자가 녹취를 할 수도 있고 직원들은 기자가 원하는 답변을 할 수도 있다. 또 부정적인 상황이다 보니 감정적으로 답변을 하거나 제대로 해명을 했음에도 변명을 하는 것처럼 들릴 수 있다.

전후 사정을 잘 알고 있어 필요한 말만 했다고 생각하는 시니어들도 막상 신문이나 방송에서는 언론에서 정한 기사 방향에 필요한 답변만 편집되어 나온다는 것을 잊을 때가 있다. 여기서 주의해야 할 점은 언론사를 차별 없이 대해야 한다는 것이다. 어떤 경우에는 영향력이 떨어지는 매체라고 무시하는 직원들도 있는데, 홍보담당자는 돌발상황에 대비해 절대 매체를 차별하면 안 된다.

적절한 대처방법은 내부 직원들에게 기자의 전화를 받으면 무조건 홍보팀을 통해 취재요청을 하도록 전달해 달라고 공지하는 것이다. 그렇다고 기자 전화를 피하고 상황을 왜곡하거나 진실을 축소하라는 것이 아니다. 갑자기 기자 전화를 받으면 당황하게 되고 긴장한 탓에 생각지도 않았던 말을 할 수 있다는 것을 인지시키라는 것이다. 어느 매체, 어느 기자가 무엇을 물어봤는지를 적어서 연락처와 함께 홍보팀에 전달하도록 교육하는 것도 홍보담당자들의 역할이다.

기업은 크고 작은 이슈를 갖고 있다. 문제가 있을 때 가장 피하고 싶은 것이 바로 기자들의 취재전화다. 그렇다고 기자들의 문의를 무조건 피하는 것만이 상책은 아니다. 홍보팀이 일관성있게 '한 목소리'를 유지하면서 논리적으로 대응하면 오히려 상황을 긍정적으로 반전시킬 수도 있다. 아직도 많은 기업 홍보담당자들이 지나치게 내부고객 눈치만 보고 언론 동향이나 상황보고만 하다 골든타임은 물론 중요한 마일스톤(Milestone)을 놓쳐 여론관리에서 실패하고 있다.

한 번 기사가 나가면 이를 바로잡거나 수정하는 것은 번거롭기도 하지만 타 매체로 확산될 경우 홍보담당자의 역량에도 부정적인 영향을 미친다. 그렇기 때문에 더욱 '한목소리 내기'라는 기본 방침을 내부 직원들에게 숙지시켜야 한다.

※부정적인 이슈 취재에 대한 대응 프로세스

구분	내용	비고
해당 부서로 문의	기자 질문에 직원 개인이 설명을 바로하지 말고, 매체명, 기자 이름, 문의내용, 연락처, 문의 시간 등을 홍보팀에 전달하도록 한다	
관계자 대책회의	홍보팀은 기자 질문 의도와 배경 등을 파악하고 관련 부서와 함께 상황을 파악해 공식적인 회사 입장을 수립한다	
보팀이 답변	홍보팀이 기자에게 답변하되 기자가 추가 질문을 하면 임의로 답변하지 말고 관련 부서와 협의한다 (기자가 해당 부서와 직접 통화를 원하더라도 홍보팀으로 창구를 단일화해달라고 양해를 구한다)	
후속 보도 예측	취재 후 보도 범위, 보도 예정일 등을 기자에게 구체적으로 확인하여 보도 내용을 예측하고 후속 보도 및 타 매체로 미칠 파장에 대비해야 한다	
뉴스 스크랩 및 결과 보고	모니터링을 통해 보도 결과를 정리하고 추후 대책과 함께 보고한다	

현직 기자가 말하는 보도자료 이야기

심재훈 _ 연합뉴스 기자

Q. 언론홍보의 효과를 무엇이라고 생각하시나요?

A. 요즘 웬만한 기업이나 정부 부처에는 홍보담당자가 있다. 삼성전자나 현대자동차처럼 큰 대기업은 홍보실 규모가 100여 명에 달할 정도다. 이처럼 기업이나 관공서가 직접적인 수익을 내지 않는 홍보 조직 또는 홍보 인원을 운용하는 데는 그만한 이유가 있기 때문이다.

가장 큰 이유는 자사 이미지를 대외적으로 좋게 보이고 싶기 때문이다. 꾸준히 광고나 언론의 기사를 통해 자사의 상품이 자사 이름이 노출되지 않을 경우 수많은 기업이나 관공서 중에 하나로 치부될 수 있기 때문이다. 특히 자동차 회사의 경우 언론홍보에 총력을 쏟는다. 제품 자체가 고가인 데다 워낙 경쟁회사가 많다 보니 언론홍보를 통해 보다 많은 언론사와 기자들이 자사에 관심을 두고 기사를 써 주길 원하기 때문이다. 이 때문에 심지어 신차 출시 날짜가 겹칠 경우 서로 기자 빼 오기 경쟁까지 하는 등 한 명의 기자라도 자기편으로 끌어들이려는 노력은 눈물겹기까지 하다.

어떤 경우에는 기사 한 꼭지가 1억 원의 광고보다 효과가 크기 때문이다. 특히 신차 출시의 경우 기자들이 시승차를 타고 쓰는 시승기는 소비자의 구매에 절대적인 영향을 끼치기 때문에 가장 신경을 쓰기도 한다.

그리고 관공서나 대기업들이 대놓고 얘기는 못 하지만 언론홍보가 악재가 터질 경우를 대비한 보험용 효과도 크다. 최근 언론매체가 급중하면서 기업 최고경영자 또는 기업에 대한 부정적인 기사도 쏟아지는 게 현실이다. 일례로 SK의 경우 최태원 회장이 출소한 뒤 혼외자 사태가 벌어지자 언론에서 온갖 루머부터 시작해 기업 위기론까지 조명했다. 그래도 그나마 다행인 것은 최 회장이 이전에도 횡령 등의 혐의로 구속되면서 언론인 출신 홍보맨들을 대거 고용해 언론사에 대면 마크를 통해 사태를 그나마 최소화했다는 평가를 받기도 했다.

이처럼 대외 환경 급변으로 기업을 둘러싼 각종 문제가 터질 가능성이 커짐에 따라 기업들은 평소 언론사 및 출입기자들과 관계를 돈독히 부정적인 기사를 최소화하는 데 주력하기도 한다.

Q. 보도자료에 대한 정의와 역할은 무엇이라고 생각하시나요?

A. 보도자료란 기업이나 관공서가 하는 일 또는 상품에 대해 대외적으로 알리는 포맷이다. 일종의 대외 소통 창구인 셈이다. 따라서 기업이나 관공서로서는 가장 신경을 쓰는 부분이기도 하다.

보도자료의 역할은 간단하다. 관공서는 정부가 실행하는 정책 또는 계획 등을 보도자료를 통해 널리 알리고자 한다. 기업은 자사 상품이나 기업 이미지 홍보를 보도자료를 통해 극대화하고자 한다. 보도자료를 보면 대부분 장문의 자사 홍보성 문구로 도배돼 있는 것도 바로 그 때문이다.

정부 부처의 보도자료의 경우 심할 경우 장관 승인까지 받아야 나가는 경우도 있다. 정부 정책 등이 잘못 보도자료로 뿌려질 경우 다시 주워 담기 어렵기 때문이다. 심지어 해당 부처 고위직이 책임을 져야 하는 경우도 생긴다. 따라서 정부 부처의 경우 사무관에 이어 과장이 보도자료를 완성하면 국장 또는 차관까지 승인을 받고 공보실을 통해 보도일시 등을 조율하게 된다.

일반 대기업의 경우 홍보실에서 보도자료를 작성하면 해당 팀장이 홍보 임원에게 최종 허락을 받아야 보도자료 배포가 이뤄지게 된다.

Q. 통신사에 대해 설명해 주세요. (국가기간뉴스통신사와 민영통신사, 외신 통신사 등과 차별점)

A. 최근 매체가 다변화되고 인터넷을 통해 뉴스를 실시간으로 접하게 되면서 통신사와 신문사 등 매체 간 특수성이 많이 사라졌다고 해도 과언이 아니다. 그런데도 아직 각 매체 간 고유 영역은 나름대로 유지되고 있다.

통신사는 간단히 말하자면 뉴스 도매상이다. 과일 등을 사 먹을 때도 경매를 통해 받은 도매상에게 과일 가게를 하는 소매상들이 사서 일반인들에게 판다. 뉴스의 유통 경로로 유사하다. 연합뉴스 등 통신사의 기사를 원재료로 받아 스트레이트 기사를 쓰기도 하고 나중에 기획기사에 참조하기도 하고 여러 방면에 쓰게 된다.

즉 통신사는 모든 언론사 뉴스의 원천이라고 할 수 있다. 특히 연합뉴스는 국가기간통신사라는 특수한 지위를 부여받고 있다. 이는 연합뉴스사법에 규정된 것으로 국가로부터 일정액을 지원받는 대신 국내 언론진흥을 위해 일정 부분 공익적인 일을 해야 한다는 의미다.

이에 따라 연합뉴스는 뉴시스나 뉴스원과 같은 민영통신사와 달리 30개국이 넘는 지역에 특파원을 파견하고 영문, 스페인어, 아랍어, 중국어, 프랑스어 사이트를 별도로 운영하며 한민족뉴스센터 등 공익적인 사업을 수행하고 있다. 또한 국가 기간통신사로서 올림픽이나 월드컵 등 국내에서 열리는 주요 행사의 경우 주관 통신사 역할도 하고 있다.

연합뉴스가 AP, 로이터, AFP 등 외신 통신사와 다른 점은 우리의 시각에서 전 세계 뉴스를 타전한다는 점이다. 우리나라뿐만 아니라 대부분 국가의 언론들은 AP 등의 기사를 인용해 세계 소식을 전한다. 그러다 보니 보도하는 시각 또한 이들 통신사가 속한 미국, 영국, 프랑스에 경도되기 쉽다.

그러나 연합뉴스는 AP 등의 내용을 보도하기도 하지만 세계 각지의 자사 특파원들을 통해 국익을 대변하는 독자적인 기사를 쓰며 영문 등 각국 언어로 우리나라의 입장을 전 세계에 타전하기도 한다.

Q. 신문사와 방송사와 다른 통신사의 특성은 무엇인가요?

A. 도매와 소매의 관계라고 할 수 있다. 통신은 뉴스 정보를 신문사에 뿌려 주고 신문사는 이를 정제해 자사 시각 또는 편집 의도에 맞게 기사화하게 된다. 이에 따라 통신사는 사건, 사고 발생 시 1보, 속보, 종합 등을 통해 시시각각 상황을 알려주는 기사를 신문사 등에 보낸다. 신문사를 이를 바탕으로 기사를 쓰거나 해설 박스 등을 신문 지면에 배치하게 된다.

그러나 스마트폰 등 인터넷 매체가 발달함에 따라 신문사들도 속보 경쟁에 나서면서 통신사와 신문사의 영역이 상당 부분 무너져 있는 상황이다. 통신사도 최근에는 네이버 등 인터넷 포털사이트를 통해 직접 독자와 만날 수 있는 공간이 생기면서 신문사처럼 스트레이트성 기사뿐만 아니라 기획 기사, 해설 박스 등 다양한 기사를 제공하는 사례가 늘고 있다.

Q. 통신사용 보도자료가 따로 있나요?

A. 통신사용 보도자료는 따로 존재하지 않는다. 다만 신문의 경우 조간, 석간으로 지면으로 찍혀서 나오는 시간이 정해져 있어서 기업이

나 관공서에서는 보도자료를 배포할 때 엠바고를 거는 경우가 많다. 보도자료를 보고 통신사에서 바로 처리할 경우 신문사 입장에서는 지면에 싣기에 김이 새버리는 경우가 많기 때문이다.

일례로 금융감독원에서 금융사 민원 제기 실태 보도자료를 낸다고 하면 보통 조간 엠바고로 "이 보도자료는 00일 오전 11시 이후 사용할 수 있습니다"라고 조건을 달게 된다.

이 경우 통신사들은 오전 11시에 일제히 기사를 게재하며 조간은 오후 6시께 나오는 가판에서 기사를 올린 뒤 일부 수정을 거쳐 다음날 신문으로 뿌려지게 된다. 석간 엠바고일 경우 보통 오전 6시로 엠바고가 걸린다. 석간이 오후 1시에 나오기 때문이다. 이때도 통신사들은 오전 6시에 일제히 기사를 송고하며 석간을 이를 바탕으로 석간신문에 싣게 된다. 조간으로선 아침부터 통신사, 석간에 모두 실린 기사라 다음날 신문에 싣지 않는 경우가 많다.

Q. 보도자료 야마를 잘 잡으려면 어떻게 해야 하나요?

A. 보도자료의 야마를 잘 잡으려면 일단 해당 안건의 핵심을 꿰뚫는 게 중요하다. 정부나 기업에서 낸 보도자료 제목과 내용을 그대로 쓰면 말 그대로 '보도자료 기사'가 되고 말기 때문이다.

이 때문에 보도자료를 받게 되면 일단 보도자료의 제목과 리드를 읽어본 뒤 이게 타당한지 판단이 필요하다. 이를 위해 보도자료에 적혀 있는 홍보실이나 공보실 담당자에 전화해 보도자료를 내게 된 경위를 정확히 물어보는 게 좋다. 문의를 하다 보니 알지 못한 중요한 사실을 알게 되는 경우가 심심치 않게 있기 때문이다.

아울러 이 자료가 국민 또는 소비자에게 어떤 영향을 줄 수 있는지를 종합적으로 판단해 기사 야마를 잡는 게 바람직하다.

예를 들어 폴크스바겐이 배출가스 조작으로 곤욕을 치르는 가운데 신차를 출시했다고 가정해보자. 폴크스바겐 측은 신차 출시를 홍보하는 내용의 보도자료를 낼 것이다. 그렇다고 '폴크스바겐 OO 출시'라고 기사를 쓰면 핵심을 파악하지 못한 기자가 되고 만다. 폴크스바겐 스캔들로 국내외에서 비난을 받는 상황에서 출시하는 것이므로 '비난도 끄떡없는 폴크스바겐… 신차 출시 강행'이라는 제목의 기사가 훨씬 소비자에게 어필할 수 있을 것이다.

Q. 보도 가능한 아이템은 어떤 것이 있고 어떻게 발굴하나요?

A. 보도 가능한 아이템은 한마디로 무궁무진하다고 할 수 있다. 다만 출입처에 따라 한계가 있다. 출입처 영역을 넘어서는 분야는 자신이 임의로 보도하는 데 제한이 있다. 만약 자신이 자동차와 조선 분야를 출입한다면 전자와 철강 분야 기사는 쓰기가 어렵다. 왜냐하면 그 업계를 출입하는 자사 기자가 따로 있기 때문이다.

보도 가능한 아이템은 제품 출시, 트렌드, 업종 통계, 최고경영자 동정, 해외 업계 동향 등이다. 취재만 가능하다면 모두 쓸 수 있는 셈이다.

아이템 발굴은 주로 취재원을 통하는 경우가 많다. 취재원을 만나 대화를 하면서 해당 기업이나 기관의 현안 또는 새로운 진척 사항을 듣게 되는 경우가 많다. 또는 경쟁사 직원을 통해 상대 업체의 현안을 알 수도 있다. 최근에는 인터넷의 발달로 포털 검색이나 해당 업체의 홈페이지를 방문해 IR사이트를 뒤지거나 전자공시 등을 참고해 업계 통계 기사 등을 쓸 수 있다.

Q. 보도자료를 배포하기 전에 미리 알려 줘야 하나요?

A. 기자들은 매일 시간에 쫓기다 보니 취재원들이 미리 알려 주면 매우 고마워하는 경향이 있다.

보도자료의 경우도 당일 예고 없이 뿌릴 경우 일부 기자의 경우 메일로 들어왔는지도 모르는 경우가 생긴다. 홍보담당자가 보도자료를 보내고 전화를 해도 관심을 기울이지 않는 경우가 적지 않다. 당일 취재 계획을 세우고 열심히 전화를 돌리고 있는데 뜬금없이 보도자료가 나오면 기자들로선 짜증부터 나는 게 일반적이기 때문이다.

따라서 센스 있는 홍보맨이 되려면 내일 오전에 뿌려질 보도자료의 경우 적어도 주요 언론사 출입기자에게는 미리 전날 알려 주면 좋은 이미지를 얻을 수 있다. 이런 작은 성의가 쌓이면 해당 출입기자는 그 홍보맨을 신뢰하며 어려운 일이 있을 때 서로 배려가 가능하게 된다.

Q. 보도자료를 작성할 때 어떤 점에 신경 써야 하나요?

A. 기자들은 입사 후 기사 작성 교육을 받을 때 '간단명료하게 핵심을 쓰라'는 주문을 선배들에게 받는다. 보도자료도 똑같은 원칙이 적용된다. 정부 부처나 기업으로선 자신들의 정책이나 상품을 홍보하고 싶어 수 페이지짜리 장문의 보도자료를 만들지만, 이는 기자들에게 짜증만 야기할 뿐이다. 기자들은 육하원칙에 따라 핵심만 전달해 주길 바라기 때문이다.

따라서 보도자료를 작성할 때는 홍보하고 싶은 부문을 최대한 핵심만 담아 전달하는 게 더 많이 기사화될 수 있다. 일례로 현대차의 경우 신차 출시 등 중요한 보도자료 배포 시 핵심 요약본과 별도 보도자료를 같이 첨부한다. 이럴 경우 1장짜리 핵심 요약본 보도자료를 통해 일목요연하게 신차 성능, 가격 등을 보도할 수 있다. 그리고 더 궁금한 것은 첨부된 10여 페이지짜리 구체적인 보도자료를 통해 해결이 가능하다.

Q. 보도자료가 기사로 채택되기 위한 요건은 무엇인가요?

A. 당연히 기사 가치가 있어야 한다. 기사 가치란 기자마다 판단이 다르지만 중요한 건 시의성, 중요성이다. 예를 들어 현대중공업이 무슨 선박을 수주했다고 보도자료를 낼 경우 조선일보부터 시작해 거의 모든 매체가 기사화한다. 이는 산업계에서 중요한 뉴스이기 때문이다.

문제는 중소기업들이 내는 제품 출시 또는 박람회 등 행사 관련 등 애매한 경우다. 대부분의 경우 기사 가치가 없어 기사화하기 쉽지 않지만, 시의성과 맞아 떨어질 경우 큰 기사가 되기도 한다. 예를 들어 최근 옥시의 가습기 살균제 파동과 관련해 중소기업에서 가습기 살균제와 관련한 제품을 만들었다고 하자. 비록 중소기업 보도자료지만 옥시 파동의 연속선상에서 기자들에게 큰 주목을 받을 수 있다.

Q. 기자를 감동시키는 보도자료는 어떤 자료인가요?

A. 솔직히 말해 기자들을 감동하게 할 만한 보도자료는 없다. 기자들이 보기에 일목요연한 보도자료면 충분하다. 어떤 업체의 보도자료를 보면 육하원칙이 빠져 있어 신경질이 나는 경우가 많다. 이 보도자료를 처리하려면 이 업체 홍보담당자에게 전화해서 다시 문의를 해야 하기 때문이다. 기자들이 꼭 원하는 팩트 그리고 그 팩트가 어떤 의미가 있는지를 보도자료에 담으면 그걸로 족하다.

Q. 기획(특집)기사는 어떤 경우에 보도되나요?

A. 통신사의 경우, 기획기사는 시의성이다. 어떤 사건의 몇십 주년 또는 현재 공론화되는 현안에 대해 기존 스트레이트 기사나 박스 기사로는 종합적으로 조망해 주지 못한다고 생각될 때 편집국 또는 부서 차원에서 기획기사를 쓰게 된다.

예를 들어 현대중공업 등 잘나가던 조선업체들이 사상 최대 적자로 구조조정에 들어갔다고 가정하자. 현대중공업뿐만 아니라 삼성중공업, 대우조선해양도 비슷한 조치를 취하게 된다. 이럴 경우 각 업체에 관해서만 써서는 조선업 전체 현황을 보기 어렵다. 이럴 때 조선업 현황, 구조조정 배경 및 업체 추진 현황, 전문가 진단 등을 곁들여 기획기사를 쓰게 된다.

또한 천안함 피격 사건 몇 주기 등의 경우에도 워낙 중요한 사건이므로 이 주기를 맞아 다시 조명할 부분에 대해 기획기사로 다뤄 주는 경우가 많다.

Q. 보도자료를 배포할 때 주의사항은 무엇인가요?

A. 요새는 매체가 많아지다 보니 대기업이나 관공서의 경우 보도자료만 일방적으로 뿌리는 경우가 많다. 기자로선 해당 업체로부터 보도자료와 관련해 어떤 협조 요청도 받지 않은 상태에서 무더기로 보도자료 메일을 받게 된다. 최근에는 언론사마다 취재 경쟁이 심해지고 시간이 없다 보니 업체에서 일방적으로 보낸 보도자료로 짤막하게 처리해 주는 경우가 적지 않다.

하지만 홍보맨으로서 가장 기본은 취재원과의 스킨십이다. 보도자료를 뿌린 뒤에는 반드시 전화 등을 통해 보도자료를 보냈음을 알리고 협조를 요청하는 게 정석이다. 전화받는 걸 귀찮아 하는 기자들도 있지만 이런 정석을 계속 지키면 반드시 기자들이 그 업체 또는 홍보맨에 대해 관심을 두게 된다.

또 하나 중요한 점은 보도자료를 뿌릴 때 보도자료에 연락처를 명기해 놓는데 정작 그 담당자에게 연락이 안 되는 경우가 있다. 보도자료를 배포한 뒤에는 2~3시간 정도는 자리를 지키고 기자들의 문의 전화를 받을 자세를 가지고 있어야 한다.

Q 보도자료를 배포하는 날짜는 어떻게 잡나요?

A 보도자료 배포 날짜는 아직 국내에서는 신문을 위주로 잡히고 있다. 토요일 조간은 면이 적기 때문에 금요일 오전 엠바고 보도자료는 중요하지 않으면 잘 내지 않는 편이다.

월요일 아침 신문에 실리기 위해서는 보통 일요일 오전 엠바고 보도자료를 많이 뿌린다. 나머지 평일은 평소대로 보도자료를 뿌린다.

통신사의 경우 보도자료가 들어오면 엠바고 시간에 맞춰 처리한다. 특별히 구애받지는 않는 편이다.

Q 보도자료는 몇 시에 보내는 게 좋은가요?

A 기자들도 쉬어야 하기 때문에 토요일이나 일요일에 갑자기 보도자료 뿌리는 건 정말 싫어한다. 그래서 업체들은 금요일에 주말용 보도자료를 미리 출입기자들에게 전달하는 경우가 많다.

또한, 오후 6시가 넘은 시간에 보도자료를 뿌리는 것도 웬만하면 삼가야 한다. 보통 저녁 시간에는 기자들이 취재원과 저녁 자리를 하므로 이메일을 열어보기 어렵다.

따라서 오전 10시 또는 오전 11시 엠바고 조간 보도자료는 전날 저녁 또는 당일 오전 8시 이전에 보내는 게 좋다. 석간용 보도자료는 오전 6시에 엠바고가 걸려 있기 때문에 반드시 전날 오후 4시까지는 보내는 게 좋다. 그래야 기자들이 퇴근 전에 석간용 보도자료를 처리할 수 있기 때문이다.

Q. 보도자료를 보내고 꼭 전화를 해야 하나요?

A. 사실 홍보실에 1~2년 정도만 있다가 순환보직으로 옮길 계획이라면 보도자료만 뿌리고 그 후 문의전화가 오면 응대만 해도 된다.

그러나 홍보맨으로 크고 싶다면 보도자료를 보낸 뒤 반드시 전화를 해야 한다. 수많은 보도자료 홍수 속에 사는 기자들에게는 전화 한 통이 소중할 수 있다. 그리고 해당 기자 입장에서는 이 출입처가 자신을 그만큼 생각해 준다는 느낌이 들 수 있다. 따라서 같은 보도자료라도 한 문단 정도 처리될 내용이 전화로 두 문단으로 늘어날 수도 있다. 인지상정이라는 말이다.

Q. 보도자료를 보냈는데 담당기자가 출장을 갔을 때 어떻게 하나요?

A. 출입기자가 자리에 없는 경우도 많다. 출장 등도 대표적인 사례다. 이럴 때를 대비해 대부분의 대기업이나 주요 부처는 백업 기자의 연락처까지 알아두고 있다. 홍보담당자라면 출입기자를 대신할 기자의 연락처까지 미리 알아 두는 게 상식이다.

만일 이런 준비가 안 돼 있을 때는 어떻게 할까. 우선 해당 언론사 대표번호로 전화를 걸어 해당 부서를 연결해 달라고 한다. 그러면 해당 부서 내근 기자가 전화를 받게 된다. 이때 어느 업체 홍보직원이라고 자신을 소개한 뒤 출입기자가 연락이 안 되는데 이 보도자료를 누구에게 드리면 되느냐고 물으면 내근 기자가 안내해 준다. 출입기자가 출장을 가는 경우 출입처를 커버할 후임이 반드시 있기 때문이다.

Q. 보도자료를 보냈는데 기사화가 안 되는 이유가 무엇인가요?

A. 가장 큰 이유는 기삿거리가 안 되기 때문이다. 수많은 부처와 업체에서 보도자료가 쏟아진다. 해당 업체나 부처 입장에서는 자신들의 보도자료가 정말 중요하고 꼭 기사화가 필요하다고 생각하지만, 하루에 수백 건의 보도자료를 받는 기자들의 생각은 다르다.

출입처에서 전화 등을 통해 꼭 써 달라고 부탁하지 않을 경우 보도자료 내용의 경중을 가려 자체 '킬'하거나 간단히 처리하게 된다. 따라서 기사화하기에 내용이 좀 약하다 싶을 때는 출입기자에게 부탁하는 게 가장 빠르다.

Q. 특종은 어떤 기사를 말하나요?

A. 특종은 말 그대로 자신만이 취재해서 쓴 기사를 말한다. 흔히 단독 기사라고 말한다. 그중에서도 특종은 적어도 그날 하루 또는 그 이상 동안 해당 분야를 들썩일 수 있게 만들 정도는 되어야 한다.

예를 들어 모두가 북한 핵실험에 대해 주시하는 가운데 제일 먼저 '북한 4차 핵실험 실시'라고 1보를 날릴 경우 이 또한 특종이 된다. 정부가 확인해 주기 전에 자신의 정보망을 가동해 1보를 쓴 셈이기 때문이다.

Q. CEO나 직원 인터뷰를 추진하려는데 어떻게 해야 하나요?

A. 언론사에서는 아무나 인터뷰하지는 않는다. 인터뷰를 원한다고 기자가 무조건 응하는 게 아니라는 의미다. 업체 CEO의 경우도 마찬가지다. 물론 대기업 CEO일 경우 매체마다 서로 인터뷰를 하려고 줄을 섰지만, 중소기업의 경우 CEO 인터뷰에 시큰둥할 수 있다. 이는 투자 시간 대비 기사의 파급효과가 크지 않다는 판단 때문이다.

따라서 자사의 CEO 인터뷰를 추진하고 싶다고 하면, 언론사 또는 출입기자에게 자사 또는 자사 CEO만이 가지고 있는 차별점을 부각하면 인터뷰 성사가 용이하다. 직원 인터뷰도 마찬가지다. 일반 직원이 아닌 특정한 분야에서 성과를 낸 직원이 있다면 기자들이 당연히 관심을 가질 것이다. 특히 요즘에는 연성 기사에 대한 관심이 크기 때문에 화제가 되는 주제를 가진 직원이라면 효과 만점이다.

Q. 보도자료에 비해 인터뷰는 어떤 경우에 하면 좋은가요?

A. 업체의 입장에서는 보통 인터뷰는 자사 관련 내용을 절실히 알릴 필요가 있을 때 하게 된다.

예를 들면 카드사 정보 유출 사태가 터졌을 경우 대내외 비난이 폭주한다. 그러나 이들 카드사 중에서도 분명히 억울한 업체도 있을 것이다. 그러나 보도자료 등을 통해 해명을 해봐야 다른 업체들과 함께 도매금 취급을 당하는 것을 피하기 어렵다.

이럴 때 대안이 인터뷰다. 해당 업체 CEO가 전체 기자는 아니더라도 믿을 수 있는 출입기자들을 일부 불러서 티타임 형식으로 자신이 하고 싶은 말을 하게 된다. 참석한 기자들 또한 CEO의 솔직한 얘기를 듣고 보다 심층적이며 우호적인 관련 기사를 쓸 가능성이 크다.

Q. 인터뷰용 보도자료를 작성하는 방법이 있나요?

A. 보통 대기업 또는 정부 부처 장관과 인터뷰를 할 때는 미리 질문을 주면 서면 답변서를 보내온다. 왜냐면 짧은 시간에 현안을 물어보기도 힘들 뿐 아니라 서로 질의 응답을 미리 하면 편하기 때문이다.

그리고 실제 인터뷰 때는 가볍게 차를 마시면 질의 응답에 없었던 담소도 나누며 더욱 허심탄회하게 얘기할 수 있다.

Q. 미담 사례는 어떤 점을 부각시켜야 하나요? 주의사항은 없나요?

A. 업체의 미담 사례는 사실 기사화되기 쉽지 않다. 미담은 주로 사회부 기자들이 많이 쓴다. 일상생활에서 일어나는 일들이 미담으로 다뤄진다.

그렇다고 기업체나 부처에서도 미담 사례 기사가 없는 것은 아니다. 어떤 직원이 금연 펀드를 만들어 회사 직원들이 담배를 끊도록 유도하는 운동을 한다든지 하는 경우는 재밌는 미담 기사로 쓸 수 있다. 홍보맨 본인이 생각하기에도 이런 일은 기사로도 보면 좋겠다는 느낌이 들면 된다.

Q. 보도된 기사를 분석하는 방법이 있나요?

A. 똑같은 보도자료를 가지고도 매체마다 기사화하는 내용은 차이가 있다. 제목이 다른 경우도 많다. 보통 네이버 등 포털 사이트에 자사가 뿌린 보도자료 키워드를 넣으면 관련 기사가 쭉 뜨게 된다. 이를 바탕으로 비교해보면 각 기자와 언론사마다 똑같은 보도자료를 어떻게 처리했는지 알 수 있게 된다.

Q. 회사의 부정적인 사안에 대한 취재 시 어떻게 대응하나요?

A. 부정적인 사안에 대해 취재가 들어왔을 때 가장 나쁜 방법은 회피하는 것이다. 피하는 것은 당장에는 좋을지 모르겠지만 그럴 경우 더욱더 부정적인 기사가 양산될 수밖에 없다. 기사 압박에 시달리는 기자로선 해당 사안에 대해 기사를 쓰려면 확인이 필요한데 전화도 안 받고 회피해 버리니 그 업체에 좋은 내용을 써줄 리 만무하다.

따라서 안 좋은 사안일수록 전화를 꼬박꼬박 받고 "현 상황에서는 아는 게 없지만 파악되는 대로 바로 알려드리겠다"고 성의껏 답해 주는 게 좋다. 이후 조금씩 진전되는 상황에 대해 출입기자들에게 적극적으로 알려 주면 부정적인 사안 자체를 막을 수는 없지만 말도 안 되게 확산하는 일은 막을 수 있다.

Q. 유능한 홍보담당자의 역량은 무엇인가요?

A. 유능한 홍보맨은 기자가 뭘 원하는지 정확히 캐치하는 사람이다. 취재하러 홍보맨들을 만나다 보면 어떤 홍보맨은 마치 내 속을 꿰뚫고 있다는 느낌을 받을 정도로 자료 요구 등에 신속 정확하게 응한다. 이런 홍보맨은 출입기자마다 어떤 성향이 있고 어떤 종류의 기사를 좋아하는지를 잘 알고 있다. 상대방의 성향을 파악해 거기에 맞는 기사 서비스를 하는 것이 아주 중요하다.

아울러 원만한 대인 관계도 빼놓을 수 없다. 홍보라는 게 결국 사람 장사이기 때문에 대인 관계를 잘하지 않고서는 유능한 홍보맨이 될 수 없다. 홍보맨의 경우 대부분 10년 이상 부서 이동 없이 홍보만 하는 경우가 있는데 이는 결국 많은 사람을 알면서 쌓인 그 홍보맨의 노하우를 회사로선 버릴 수 없기 때문이다.

Q. 홍보 주니어에게 해 줄 조언이 있나요?

A. 요즘 홍보맨에게 가장 부족한 점은 스킨십이다. 특히 홍보 주니어의 경우 젊음이라는 최대의 무기를 발휘해 기자들을 만나기 위해 부지런히 현장을 뛰어야 한다.

모 보험사 과장은 사원 때부터 보도자료를 낼 때면 직접 30여 부를 복사해 모든 출입기자를 일일이 찾아다니며 인사하고 배포해왔다. 이런 발품을 파는 정신이 기자들에게 인정받아 보험업계에서는 이 과장을 모르는 사람이 없을 정도가 됐다. 결국, 사내에서도 인정을 받아 과장인데도 부장의 역할을 하는 자리까지 올라갔다.

　인터넷 시대에 매체마저 많아지면서 홍보맨들은 갈수록 기자들을 만나기보다 보도자료를 이메일로 뿌리고 전화 정도만 돌리는 데 안주하는 경향이 강하다. 하지만 그럴 경우 이는 단지 일회성 성과일 뿐 본인이 진정한 홍보맨이 되는 데는 나쁜 걸림돌만 될 가능성이 크다.

Epilogue

　시니어들은 물론이고 홍보 주니어들이 욕심내는 능력은 말을 잘하는 것과 글을 잘 쓰는 것이다. 말은 내용 외에 화자의 외모나 말투, 목소리 등에 영향을 많이 받는다. 하지만 글은 순수하게 콘텐츠의 질이 절대적이라는 데에 매력이 있다. 그런 의미에서 글을 잘 쓴다는 것은 말을 잘 하는 것 못지 않게 중요한 홍보담당자의 역량이다.

　홍보업무 중 보도자료 쓰기로 국한시켜 말하면, 보도자료는 말이 아니라 글을 통해 '우리 회사 최고입니다'라고 자랑하는 글이다. 대중들에게 알리고자 하는 행사나 정책 등을 보도해달라고 기자들에게 배포하는 기사문 형태의 글이다. 쉽게 뜻을 전달하는 보도자료가 가장 잘 쓴 보도자료라고 생각하면 된다. 글솜씨가 뛰어나면 좋겠지만 꼭 그럴 필요는 없다.

　홍보 담당자들은 주니어시절부터 사실에 입각해서 보도자료를 논리적으로 쓰는 연습을 하고 기자들을 비롯해 고객들과의 대화에서 말을 조리있게 할 것을 요구받는다. 그렇다고 별도로 체계적인 교육을 받는 경우는 거의 없다. 현실적인 제약이기도 하고 개인적인 문제이기도 하다. 부족하다고 판단되는 부분은 별도로 개인학습 등 노력이 필요하다. 특히 보도자료는 언론홍보를 하고자 하는 홍보 주니어들에게는 기본이다. 보도자료를 잘 쓰는 요령은 보도자료를 쓰기 전에 '야마'를 잘 잡아야 하는데 야마는 리드문을 쓸 때 핵심이 된다. 보도자료를 읽어 본 기자가 '야마가 뭐야'라고 질문하면 홍보 주니어들은 즉시 답할 수 있을 만큼 작성하는 보도자료 내용에 대해 꿰뚫고 있어야 한다.

기업에서 어떤 사안에 대해 홍보를 하기로 결정이 되면 우선 보도자료 작성에 대한 지시가 떨어진다. 홍보 주니어들은 부담이 앞서는 게 사실이다.

자료가 있다면 다행이지만 자료가 부족하거나 없다면 그 자료는 어떻게 취합할지, 시작은 어떻게 해야할 지 고민이 된다. 자초지종을 모르는 홍보팀에서는 관련부서에 보도자료 작성에 참고할 만한 자료나 보도자료 초안을 요청한다. 관련 부서 책임자는 실무 담당자에게 보도자료 초안 작성을 지시하고 실무담당자는 '보도자료는 홍보팀에서 쓰는 거 아닌가? 왜 내가 보도자료를 작성해야하지?'라고 생각하는 경우도 있다. 이렇듯 실무 담당자에게는 귀찮기도 하고 부담도 되기 때문에 대부분 보도자료는 홍보팀에서 작성하는 게 일반적이다.

홍보 주니어들은 보도자료 쓰기를 부담스러워 할 수는 있겠지만 어려워할 필요는 없다. 처음부터 완벽하게 보도자료를 쓰는 홍보 주니어가 드물기도 하고 보도자료는 검수하는 선배나 팀장의 관심에 따라 언제든지 기준이 달라질 수 있기 때문이다. 사전 토론 등을 통해 '야마'만 잘 잡으면 보도자료 작성은 어렵지 않다. 그리고, 보도자료는 훈련을 통해 어렵지 않게 쓸 수 있다는 걸 명심하고 좋은 보도자료와 기사를 읽고 따라 쓰고, 보도자료를 고치는 훈련을 반복하면 보도자료 쓰는 능력에 노하우가 쌓인다.

또 하나 홍보 주니어들이 명심할 것은 모든 보도자료가 기사화되는 것은 아니라는 것이다. 신문 지면과 방송시간은 한정되어 있기 때문에 뉴스 가치가 부족한 보도자료는 기사화되지 않는다. 보도할 만한 가치가 있는 보도자료는 당연히 기사화되지만, 그렇지 않다고 판단되는 자료들은 바로 삭제당한다. 결국 기자들은 자신들의 가치관이나 언론사 성향에 맞는 보도자료라야 기사화한다. 사안에 따라 다르겠지만 기자들은 보도자료만 갖고 기사화하지 않는다. 보도자료를 그대로 인터넷에 올려주는 고마운 기자들도 있지만 보도할 만한 가치가 있다고 판단되면 보도자료 외에 타 언론사 보도내용, 제보 등을 참고하거나 추가 취재 등을 통해 기사를 작성한다.

기자들은 기사 아이템을 제공하는 홍보담당자를 제일 좋아한다. 뉴스 가치가 높고 섹시한(?) 아이템이면 더할 나위 없다. 더구나 단독이나 특종을 하면 그 홍보담당자와 기자는 평생 가는 벗이 될 확률이 높다. 언론사에 소속된 기자들도 기업에 소속된 홍보담당자와 같이 성과를 통해 평가받는 월급쟁이다. 그들의 실적은 담당한 면을 좋은 기사로 채우는 것이다. 기자들은 톱 기사를 취재해 특종을 하면 데스크로부터 인정받는다. 그 톱 기사 소스를 홍보담당자가 제공했다면 그 홍보담당자는 당연히 기자로부터 인정받게 되는 것이다. 이러한 긍정적이고 친밀한 네트워크는 기업에서 부정적인 이슈가 발생했을 때 기사 삭제나 제목 순화 등의 효과를 발휘할 수 있다. 또한 루머 등 부정적 기사의 확신을 차단하는 데도 요긴하다.

2014년 가을에 '李팀장의 언론홍보 노트'를 처음 낼 때도 언론환경이 빠르게 변하고 있다고 썼다. 여전히 언론환경은 신문과 방송 등 전통미디어 외에 인터넷과 모바일 등 SNS를 통해 수많은 뉴스들이 쏟아져 나오고 있다. 뉴스를 이용하는 매체 순위도 10년 전인 2006년에는 지상파 TV와 신문이 1, 2위였지만 최근에는 인터넷뉴스가 지상파 TV 다음으로 많이 읽히는 언론매체라고 한다. 모바일 환경의 급격한 발달로 인터넷 이용이 용이해졌기 때문인 것으로 보인다.

뉴스의 대량 생산은 이용자들로 하여금 뉴스를 선택하도록 했다. 뉴스를 이용할 시간이 부족한 이용자들은 필요한 뉴스만 이용하고 있다. 그만큼 언론홍보도 전문적인 수준이 필요하고 방법도 복잡해졌다.

기업관련 뉴스에 국한시켜 말하면, 언론사들도 기업에서 제공하는 보도자료에 의존하기보다 직접 취재를 통한 뉴스를 게재하는 추세다. 타 언론사와 차별화된 뉴스 없이는 경쟁에서 뒤쳐질 수 밖에 없다고 판단하기 때문이다.

기업 역시 일상적인 보도자료는 품질을 높이고 기획보도 아이템을 발굴하기 위해 노력하고 있다. 큰 그룹에서는 홍보실 조직을 개편하여 홍보기획, 홍보지원 등 업무를 추가하여 언론홍보의 전문화를 꾀하고 있다. 언론홍보는 처음 만들어놓으면 3~4년은 방치(?)하는 홈페이지 운영이나, 예전보다는 열독률이 높지 않은 사보 발행 등 다른 홍보업무보다 가중치가 높다. 언론홍보 영역이 기업에서 전문영역으로 인정받고 있으며 향후 기업의 지속경영에도 큰 축을 담당할 것임을 알 수 있다.

원고를 다시 읽어보니 전문가도 아니면서 '보도자료는 이런 것이다'라고 말한 것 같아 쑥스럽기도 하다. 필자도 주니어 시절 어떻게 하면 언론에 회사를 잘 홍보할 수 있을까, 보도자료를 잘 쓸 수 있을까? 고민했던 기억이 있다. 홍보 관련 책이 많은 것도 아니지만 몇 권 읽었다고 언론홍보를 잘 해내기란 쉽지 않다. 위기관리 매뉴얼을 매일 들여다보고 달달 외운다고 대응을 척척 해낸다고 장담할 수 없는 것과 같다. 이 책은 홍보 전문가가 되고 싶었던 선배가 '언론홍보는 직접 몸으로 부딪치고 겪어봐야 한다'는 말을 구구절절 얘기한 것에 지나지 않는다. 언론홍보를 잘 하고 싶은 주니어들이 보도자료에 대한 기본적인 지식을 익히고 경험들을 시뮬레이션할 수 있도록 필자의 얕은 지식과 일천한 경험을 정리했다.

'언론홍보는 어디서, 무엇부터, 어떻게 시작해야 하나요?'라는 질문은 지금도 스스로에게 끊임없이 하고 있고 앞으로도 이러한 자문은 계속될 것이다. 확실히 말할 수 있는 것은 언론은 스스로 끊임없이 움직이고 발전하고 있다는 것이다. 언론이 언제, 어떻게 바뀔지 예측하고 준비한다는 것은 매우 어렵고 벅찬 것이 사실이다. 그렇다고 막막할 정도는 아니다. 언론의 사명과 역할을 존중하고 진정성을 갖고 대하면 된다고 생각한다.

효과적인 언론홍보를 위해서는 신문, 방송, 인터넷 등 매체별 특성에 따라 타겟을 잘 활용해야 한다. 언론홍보는 보도자료를 통해 누구에게, 무엇을 알리고자 하는지, 어떤 매체를 통해 홍보할 것인지 전략을 잘 세우는 것이 중요하다. 그 과정에서 가장 기본이 되는 것이 보도자료다.

이 책이 발행되는 데 많은 분들이 도움을 주었다. 바쁘신 중에도 귀하고 귀한 시간을 할애해 주니어들의 질문에 애정으로 답해주신 연합뉴스 심재훈 차장님께 머리숙여 감사드린다. KBS 조태흠 기자님, 동아일보 손영일 기자님께도 고맙다는 말씀 올린다. 기자님들의 소중한 조언이 없었다면 이 책은 미완으로 남았을 것이다. 덕분에 이 책이 더욱 빛날 것임을 믿는다.

추천사로 힘을 실어주신 조선일보 성진혁 차장님, 한국일보 이왕구 차장님, 중앙일보 유성운 기자님, 연합뉴스 한지훈 기자님, SBS 이호건 기자님, 매일경제신문 이승훈 기자님께도 감사드린다. 성원을 보내 주신 직장 선후배님과 동료들에게도 고마움이 전달되기를 바란다. 그리고 알게 모르게 응원해주시고 조언해주시고 격려해 주신 모든 분들게 소중한 인연 지켜가겠다고 이 자리를 빌려 감사 말씀 올린다.

  아들이 틔지 않고 무난하게 살아갈 수 있도록 지금도 기도하고 계실 어머니 김용이 여사님께 이 책을 바친다. 인생으로 이름 붙인 링 위에 오를 수 있도록 길러주셔서 감사하다. 언제나 관심과 격려를 아낌없이 보내준 영원한 파트너인 아내와도 기쁨을 나누고 싶다. 주말은 물론 휴가에도 서재에 틀어박힌 아빠를 이제는 이해하게 된 큰 딸 정현이와 같이 놀아주지 못하는 아빠에게 내심 서운한 마음을 갖고 있는 아들 준우에게도 미안하다는 말을 남긴다. 우여곡절 끝에 제 자리를 찾을 수 있도록 큰 도움을 주신 그분께도 감사드린다. 살면서 조금씩 갚아나가도록 할 것을 다짐하며, 이 책이 언론홍보 업무를 맡은 주니어들에게 도움이 되기를 바란다. 다시 한번 일천한 경험을 한권의 소중한 책으로 만들어 주신 청년정신 양근모 대표님께도 감사드린다.

  '기자는 기자다'라는 말처럼 기자는 모두 기자다. 언론 매체에 종사하는 기자들은 매체력과는 상관없이 기자의 자질과 능력을 보유하고 있는 존재들이다. 따라서 기자와 언론 매체에 대한 응대는 어떠한 매체에 상관없이 모두 동등한 태도를 보여야 한다. 모든 매체를 차별하지 않고 동등하게 다루어야하는 사실을 홍보담당자들은 보도자료 전략에서도 보여줄 수 있어야 한다. 필자가 생각하는 홍보담당자는 조직에 대한 장악력, 정무적인 판단력, 무거운 입과 구설에 오르지 않는 처신 등이라고 생각한다. 기업을 대표하는 홍보담당자는 기자를 비롯해 여러 고객을 만난다. 전화는 물론 평소 대화나 행동에 겸손과 예의가 몸에 배어 있어야 한다. 특히 전화 통화를 많이 하므로 '솔'톤 목소리로 통화를 해야 상대방도 기분이 좋아진다. 기자가 때론 거칠게 대할 경우 '매너 없다'는 기분이 들더라도 차분하게 대응해야 한다. 물론 주니어들은 쉽지 않겠지만 오래하다보면 그만큼 내공이 쌓인다. 홍보 특히 언론홍보는 CEO를 비롯한 회사 임직원들의 선행과 업적을 보도자료를 통해 언론에 기사화함으로써 기업의 이미지를 제고하는 일이다. 전략을 통해 체계적으로 아이템을 수집하고 자료를 작성하고 배포 시점을 정하면 더 큰 성과를 얻을 수 있을 것이다. 막연하게 글쓰기 영역으로만 느꼈던 보도자료에도 전략이 필요한 이유가 여기에 있다.

홍보 주니어들이 보도자료에 대한 두려움을 없애고 전략적으로 접근하는 데 이 책이 조금이나마 도움이 되었으면 한다. 주역에 '적선지가 필유여경(積善之家 必有餘慶) 불선지가 필유여앙(不善之家 必有餘殃)'이란 말이 있다. 착한 일을 많이 한 집안에는 자신은 물론 후손에게도 그 경사가 미친다는 뜻이다. 진심으로 홍보를 하다보면 기자들이 알아 주고 회사에서도 보답이 있을 것이다.

조급해하지 말고 차곡차곡 기본기를 다지고, 항상 겸손하며 더 나은 홍보 품질을 위해 노력하는 홍보 주니어가 성공한다. 학습하고, 경험하며 나만의 노하우를 쌓아, 언젠가 다가올 '그날'을 준비하자!

李팀장의 **보도자료 전략**
홍보주니어를 위한 현장 멘토링

지은이 이상헌 (namoo1015@naver.com)
발행일 2016년 9월 9 일 초판 1쇄
2023년 2월 24일 초판 7쇄
펴낸이 양근모
발행처 도서출판 청년정신 ◆ 등록 1997년 12월 26일 제 10-1531호
주　소 경기도 파주시 문발로 115 세종출판벤처타운 408호
전　화 031)955-4923 ◆ 팩스 031)623-6928
이메일 pricker@empas.com

이 책은 저작권법에 의해 보호를 받는 저작물이므로
무단 전재와 무단 복재를 금합니다.